上　海　市　应　用　型　本　科　社　会　工　作　专　业　建　设　项　目　系　列　丛　书

上海政法学院社会工作丛书编写组　组织编写

SIFA SHEHUI GONGZUO YU

SHEHUI ZHILI

司法社会工作与社会治理

张善根 ◎ 著

知识产权出版社
全国百佳图书出版单位
—北京—

图书在版编目（CIP）数据

司法社会工作与社会治理／张善根著．—北京：知识产权出版社，2021.9
（上海市应用型本科社会工作专业建设项目系列丛书）
ISBN 978-7-5130-7681-4

Ⅰ.①司…　Ⅱ.①张…　Ⅲ.①司法—社会工作—研究—中国②社会管理—研究—中国
Ⅳ.①D926.04②D63

中国版本图书馆CIP数据核字（2021）第175233号

责任编辑：雷春丽　　**责任校对：**潘凤越
封面设计：乾达文化　　**责任印制：**孙婷婷

司法社会工作与社会治理
张善根　著

出版发行：知识产权出版社有限责任公司　　**网　　址：**http://www.ipph.cn
社　　址：北京市海淀区气象路50号院　　**邮　　编：**100081
责编电话：010-82000860转8004　　**责编邮箱：**leichunli@cnipr.com
发行电话：010-82000860转8101/8102　　**发行传真：**010-82000893/82005070/82000270
印　　刷：北京九州迅驰传媒文化有限公司　　**经　　销：**各大网上书店、新华书店及相关专业书店
开　　本：720mm×1000mm　1/16　　**印　　张：**20.25
版　　次：2021年9月第1版　　**印　　次：**2021年9月第1次印刷
字　　数：280千字　　**定　　价：**98.00元
ISBN 978-7-5130-7681-4

序　言

我国社会发展已经进入新的发展阶段和历史时期。十九大报告指出"我国社会主要矛盾已经转化为人民日益增长的美好生活需要和不平衡不充分的发展之间的矛盾"。我国社会发展的目标不再局限于经济的增长，而是扩展到社会生活的各个方面。减少和降低收入差距，消除贫困，让不同的社会阶层都能享受到改革开放和经济增长的成果，就成了社会发展和社会治理的目标。这一目标的实现，不但需要政府机构、有关部门与公务人员的努力，也需要社会组织、机构和人民群众的参与。"共享、共建、共治"成为创造社会治理新格局的重要途径。

在解决社会主要矛盾，促进社会积极发展和社会治理新格局的形成过程中，社会工作就成为一种不可或缺的力量。社会工作专业是以以人为本、助人自助、平等公正等为价值观念，以尊重人和价值中立、自决和保密为职业原则，运用专业知识、专业技能与专业方法，通过激发服务对象的内在动力、整合社会资源、协调社会关系等途径，帮助处于社会弱势地位的个人、群体和社区，恢复、改善和发展其社会功能，克服困难、解决问题、摆脱困境并预防问题的发生的专业。如果说社会学的重要价值就是发现社会问题，分析产生社会问题的原因，那么社会工作的价值就是解决社会问题，促进社会公平正义的实现。从这个意义上说，社会工作专业在我国目前的社会建设和社会发展中的作用会越来越大，社会生活的各个领域对社会工作专业人才的需求将越来越多。为了适应社会对社会工作专业的要求，培养具有理论素养与实践能力的社会工作专业人才就成了社会工作专业教育的重要职责。

上海政法学院于2005年设立了社会工作专业，专门培养社会工作专业人才，在十几年的专业建设中，我们始终把培养具有完整的生命意识和助人自助的专业理念，掌握个案工作、小组工作和社区工作方法与帮助社会弱势群体、解决社会问题能力的社会工作人才作为目标。经过专业教师十多年的努力，上海政法学院在应用型、复合型社会工作专业人才培养模式方面走出了一条自己的专业发展之路，探索出了具有自己专业特色的人才培养模式。上海政法学院社会工作专业2009年成为上海市教育高地建设专业，2010年成为以培养司法社工为特色的第六批国家教育部特色专业，2017年成为上海市应用型本科专业。我们依托上海市教育高地和国家特色平台，探索应用型、复合型社会工作人才培养模式，以终身学习理念为指导，培养学生终身学习能力；以三十几家实践基地为平台，巩固学生专业理念与促进学生专业技能的提升；以多元智能理论为基础，建立多样化的学生专业能力评价体系；以开放的态度扩大对外交流；以精益求精、追求卓越的精神打造双师型专业教师队伍。

上海市应用型本科社会工作专业建设项目系列丛书是上海政法学院应用型社会工作专业人才培养建设项目的重要成果，它反映了上海政法学院社会专业建设的水平与成就。本丛书立足基层，结合鲜活的社会工作事例，选取社会工作重点服务对象，如社区老人、家庭弱势成员、失业青年、重病患者等，从制度构建、服务模式、心理疏导、社会资源调动等综合视角阐释如何发挥社会工作的作用，提高社会救助水平和社会服务能力，为促进社会公平正义的实现和社会治理水平的提升发挥社会工作的专业价值。

本丛书作者都是长期从事社会工作专业教学与实践研究的老师，不但具有一定的社会工作与社会学的理论造诣，也具有丰富的实践经验，我们组织撰写本丛书的核心目标就是为培养应用型社会工作人才和社会治理人才服务。希望通过我们的努力培养出既具有社会工作专业理论，又具有关注社会问题与解决社会问题能力的专业人才。为了实现这个目标，我们在组织撰写本丛书时，注重社会工作理论与社会实践的结合，注重社会工作理论和伦理的本土化，注重社会工作方法与我国社会工作实际的结合。具体来说，本丛书做到了三个统一：

第一，社会工作理论与社会工作实践经验的统一。本套应用型社会工作人才培养丛书涉及的话题都与社会生活中出现的问题有关。这些问题的解决，就需要以社会工作理论为指导，寻求解决问题的方法。我们追求理论性与实践性的统一。

第二，社会工作发展规律与中国社会工作本土特色的统一。社会工作作为一门专业，起源于西方，目前的专业理论与方法都具有西方文化的痕迹。在我国社会工作专业发展过程中，一方面我们需要掌握社会工作专业发展理论，遵循专业发展规律，另一方面我们又不能简单、生硬地理解这些规律，还需要探索适应中国文化传统与民族文化理念的社会工作方法。因此，在本丛书的撰写过程中，我们追求社会工作发展规律与本土化实践的结合。

第三，社会工作专业领域丰富性与社会工作对象聚焦性的统一。本丛书涉及的领域具有多样性，如青少年犯罪的预防、司法社会工作的实践模式探索、学校社会工作的理论与实践、心理治疗模式在社会工作领域的应用、失业青年抗逆力建设以及医疗社会工作等都是我们涉猎的话题。虽然涉及的领域具有多样性，但是每一个问题都是现代社会生活中需要关注的问题，所有问题都聚焦于发挥社会工作专业在现代社会治理中的作用。

本丛书撰写团队的所有成员，都是抱着真诚的态度从事这项工作的。希望我们的努力能为中国社会工作专业人才的培养工作发挥一些积极的作用。我们也知道本丛书还存在不少的问题，愿意以真诚的态度与社会专业领域的学者和实务工作者交流，也渴望得到大家的指导与帮助。

本丛书得以出版，与很多人的努力分不开。作为丛书的组织者，我真诚地感谢所有参与丛书撰写的成员，没有团队成员的参与，本丛书不可能完成；感谢知识产权出版社的领导与编辑们精心策划与审稿，保证了本丛书的质量，特别感谢雷春丽编辑，她一丝不苟、兢兢业业的工作态度和严谨认真的工作方法使我们受益匪浅；感谢社会工作专业从成立到现在的所有学生，他们在专业学习中的发问与研讨学习中的参与给老师们很多有益的启发；感谢社会工作专业实践基地的实务专家，他们为我们提供了大量的实践案例与实务经验，丰富了本丛书的内容；感谢虽未参与丛书撰写工作，但一直从事社会工作专业与社会学专业教学的同事，本丛书的内容包含着他们理论与实践经验和辛勤工作的汗水；感谢我们所处的这个时代，时代的要求和发展进程为社会工作专业提供了可以发挥作用的舞台。

本丛书的出版不是我们探索社会工作专业人才培养途径和模式的结束，而是新征途的开始。我们抱着不悔过去、不负现在、不惧未来的态度，抱着爱和责任统一的理念，将继续在社会工作专业人才培养中探索。我们也期待在下一个十五年，社会工作专业在我国社会治理和社会建设中发挥更大的作用。

上海政法学院应用型社会工作专业本科人才培养项目负责人
上海政法学院社会工作专业硕士（MSW）教育项目负责人
张可创
2021 年 1 月于佘山野马浜

前　言

党的十八大以来，社会治理逐渐成为新时代的主题词之一。党的十八届三中全会通过《中共中央关于全面深化改革若干重大问题的决定》并提出要“推进社会领域制度创新，推进基本公共服务均等化，加快形成科学有效的社会治理体制”。这是党首次提出“社会治理”这一概念。党的十九大提出“打造共建共治共享的社会治理格局。加强社会治理制度建设，完善党委领导、政府负责、社会协同、公众参与、法治保障的社会治理体制，提高社会治理社会化、法治化、智能化、专业化水平”。党的十九届四中全会进一步提出要“完善党委领导、政府负责、民主协商、社会协同、公众参与、法治保障、科技支撑的社会治理体系，建设人人有责、人人尽责、人人享有的社会治理共同体”。而党的十九届五中全会则进一步提出要“加强和创新社会治理”，强调要“完善共建共治共享的社会治理制度”。党中央的一系列重要政策文件对社会治理的战略布局，体现出国家对社会治理的高度关切。

从学理上理解中央的关切，不难发现，社会治理的顶层设计包含了自上而下和自下而上两个不同而又互补互动的基本脉络。在自上而下的脉络中，社会治理的关切不仅意味着国家制度建构的社会化过程，也意味着治理重心的下沉过程。在自下而上的脉络中，国家之治不能仅依赖国家的力量。因此社会治理的关切包含了人民群众才是历史创造者的思维，只有发挥人民群众的力量，促进社会协同和公众参与，才能实现国家治理。只有实现自上而下和自下而上的互动与互补，才能通过治理有效建构“中国之治”，保障经济社会的发展，实现中华民族的伟大复兴。

社会工作，作为一项正在兴起的社会事业，其与社会治理具有什么样的关系，是社会工作研究者必须重视的问题。一直以来，社会工作主要被视为社会福利的事业，其理论基础也与福利理论紧密关联。然而，不管是西方的社会工作，还是我国的社会工作都与社会治理相关。社会工作不仅具有福利属性，而且具有社会治理属性。甚至在某种意义上说，福利制度本身就蕴含了社会治理思维，是基于国家对社会治理的隐忧所采取的一种社会治理之道。

然而，我国社会工作的理论路径主要以福利视角为主。只有当社会治理成为新时代的关键词时，社会工作才开始成为被关注的话题。实际上，这种关怀是把社会工作视为社会治理之外的一个事务加以对待，其基本特征表现为社会工作对社会治理的理论嫁接和实务参与。因此，有学者提出社会工作参与的社会治理是利用政府和社会资源向困难群体、特殊群体和有需要的人士提供专业服务，缓解和解决他们在基本生活方面问题的服务型治理。[①] 在我看来，这一观点并不准确。实际上，我国的社会工作始终隐含了社会治理的寓意，而这一点在司法社会工作中体现得最为明显。从某种意义上说，国家之所以鼓励、扶持和推动社会工作的发展，主要是把社会工作纳入社会治理体系，以实现现代社会的治理。

本书对司法社会工作的理解就是放在社会治理的视野中进行探讨和研究的。然而，无论是司法社会工作，还是社会治理，其所包含的领域都是非常广泛而纷繁复杂的。因此，本书难以全面系统地阐述这一论题的全部，也不是一个系统的学术专著，而是将近十年来笔者的教学与科研加以总结。大体而言，本书的结构可以分为两个部分：第一部分是笔者从自己的研究生课程“司法社会工作”的教学讲义中精选出来的，这一部分主要由本书的前五章构成。第二部分是笔者从自己近十年来发表的、与本书

① 王思斌. 以社会工作为核心实现服务型治理［N］. 中国社会科学报，2015-01-23（A06）.

主题相关的论文中挑选出来的，这一部分主要由本书的后六章构成。这两部分的内容搭配在一起，看似主题分散，但实际上都集中展示了社会治理的各领域及各层面。总的来说，第一部分针对的是社会治理的“问题人”，而第二部分主要针对的则是社会治理的“问题域”。很显然，本书并没有尝试建立司法社会工作与社会治理的体系化结构，但却可以看出笔者对这些问题的所思所想。

实际上，一直以来，司法社会工作在我国的教学科研中存在“两头重，中间轻”的格局。所谓“两头重”，就是指在司法社会工作的教学科研中，特别重视犯罪前的犯罪预防社会工作和犯罪后的矫正社会工作。而所谓的“中间轻”，就是指在我们的教学科研中忽略了司法审判过程中的社会工作。从法律对司法界定角度上讲，司法审判中的社会工作才是“正宗”的司法社会工作。然而，当我们谈及司法社会工作时，往往只谈犯罪预防社会工作和矫正社会工作，司法审判中的社会工作却往往被遗忘。这是不应当的，也是需要被纠正的。

基于此，本书并没有去赘述犯罪预防社会工作和矫正社会工作，而是在重新界定司法社会工作的基础上，对司法审判中的社会工作进行了详细的阐述。实际上，本书在阐述司法审判中的社会工作时，也做了类型学的区分，因为我国司法审判中的社会工作正在经历一个由“刑”转“民”的过程。尽管民事审判中的社会工作还处于起步探索阶段，但也构成司法社会工作的一个重要组成部分，是司法社会工作的前沿领域。另外，基于2020年修订的《未成年人保护法》和《预防未成年人犯罪法》均融入了社会工作条款，这对我国司法社会工作产生了巨大的影响。因此，笔者也对立法中的司法社会工作做了一个比较研究。尽管上述研究是笔者自己在教学科研中的一些心得，初始成文，并不是很成熟，但笔者也期望能引发学界的一些思考、探索和争鸣。需要提请读者注意的是，本书的法律、法规、规章和规范性文件名称中的“中华人民共和国”省略，其余一般不省略。例如，《中华人民共和国未成年人保护法》简称为《未成年人保护法》，《中华人民共和国预防未成年人犯罪法》简称为《预防未成年人犯罪法》，《中华人民共和国民法典》简称为《民法典》。

本书得以完成并最终出版，起源于多种因素，并得到了来自多方面的鼓励、帮助与支持。首先，感谢时任社会管理学院副院长（主持工作）的张可创教授，本书是他所策划的社会工作系列丛书中的一本。从某种意义上说，这本书是张可创教授给我布置的一项科研任务。其次，感谢提出诸多修改意见的编辑和老师。最后，感谢本书的责任编辑雷春丽女士，她不辞辛劳与我进行沟通，认真仔细地审读文稿，为本书的出版作出了很大贡献。我的研究生龙旋、温正苗及王磊磊对民事审判中的司法社会工作这一章做了一定的贡献，并且承担了部分校对工作。当然，文责自负，书稿中的不足之处，还请学界同人多多批评指正。

张善根

2021 年 3 月于上海政法学院

目　录
CONTENTS

第一章

司法社会工作概述

CHAPTER 1

第一节　社会工作的概念与特征

研究一个社会现象或社会问题首要的工作就是要把这些社会现象或社会问题概念化。概念化的过程就是一个对众多具有共同特征的现象或问题进行抽象化的过程。对社会现象与社会问题的概念化很多时候都是通过下定义的方式来实现的，其目的就是让社会对这些现象与问题有更为准确的理解与把握。界定一个概念的核心就是确定这个概念的内涵与外延，而界定概念的捷径就是寻找其种属概念。种属概念本是一个生物学意义上的概念，表明生物演进与传承关系。而在概念的界定上，种属概念也具有概念史上的演进与传承关系。在 1979 年版《辞海》中，“属概念”被解释为“上位概念”，“种概念”被解释为“下位概念”。[1] 种属概念关系有点类似于母子关系，母概念就是属概念，子概念就是种概念。一方面，子继承了母的基因，因此母子之间具有很多共同的特征；另一方面，对社会而言，人们可能先熟悉其母，然后可以通过其母的特征来识别其子。新概念就像子概念，刚出现时大家对它一无所知，定义起来也不知如何下手，也容易出现概念偏差。但如果从其母概念入手，可能就会好很多。换言之，要想定义子概念，可首先找到母概念，并找到母概念的相关特性，从而就容易界定子概念。也就是说，对一个新概念而言，通过其母概念来探寻其内涵与外延可能更容易把握。

对司法社会工作而言，其作为一个晚近出现的新概念，是一个下位子概念，那么就有必要找到司法社会工作的上位概念。从术语表达的渊源看，司法社会工作的概念来自两大领域：一个是司法，另一个是社会工作。也就是说，这两个词都可能构成司法社会工作的上位概念。但两个词在概

① 杜天木．“属概念”与“种概念”[J]．辞书研究，1982（4）：181－183.

念界定的功能分工上，却有所差异。司法这个术语在司法社会工作概念中，主要是外延的界定，而社会工作这个术语在司法社会工作概念中，则是内涵的界定。对于司法这个上位概念，我们将在后面的章节中做专门讨论。本节主要讨论作为内涵型上位概念的社会工作。

一、国外社会工作概念界定

从现有的研究来看，自西蒙·帕滕（Simon Patten）于1900年提出“社会工作”这个概念以来，西方社会工作研究经历了一百多年的发展。当前西方社会工作的研究较为成熟，社会工作的概念也有很多，但已经达成基本共识，其中比较有代表性和影响力的观点主要有：

威特默尔（Witmer）于1942年在《社会工作：一种制度的分析》一书中认为：社会工作是有组织的机构或团体为解决个人所遭遇的困难而实施的一种援助，是为协助个人调整其社会关系而实施的各种服务。①

史坡林（Siporin）在1975年出版的《社会工作实务概论》一书中认为：社会工作是一种协助人们去预防和解决社会问题，恢复并增强他们社会生活功能的一种社会制度化方法。②

康普顿（Compton）认为，社会工作是帮助个人、群体或社区恢复或增强其社会能力，并创造有利于其目标实现的社会条件的专业活动。③

弗里兰德（Friedlander）等人于1980年在《社会福利导论》一书中强调：社会工作是一种专业服务，也是一种专业助人的过程。④

斯基摩尔（Skidmore）等人于1994年出版的《社会工作导论》一书

---

① WITMER H L. Social work: an analysis of a social institution [M]. New York: Farrar & Rinehart, Inc., 1942.

② SIPORIN M. Introduction to social work practice [M]. New York: Macmillan Publishing Co., 1975.

③ COMPTON B R. Introduction to social welfare and social work: structure, function and process [M]. Homewood, Ill. and Georgetown, Ont: The Dorsey Press, 1980: 109.

④ FRIEDLANDER W A, APTE R Z. Introduction to social welfare [M]. Hoboken, New Jersey: Prentice Hall, 1980.

中对社会工作下了一个综合性定义：社会工作是一种艺术、一种科学，也是一种专业，其目的在于协助人们解决其个人、群体（尤其是家庭）、社区的问题，以及运用个案工作、群体工作、社区工作、行政和研究等方法，促使个人、群体和社区之间的关系达到满意的状态。①

美国社会工作者协会（National Association of Social Workers）对社会工作所下的定义是：社会工作是一种专业活动，用以协助个人、群体、社区去强化或恢复能力，以发挥其社会功能，并创造有助于达成其目标的社会条件。②

二、我国社会工作概念界定及其演进

在我国，社会工作研究较为滞后，从某种意义上说是对西方先进经验的学习。从概念的起源来讲，社会工作对学界来说是一个外来词，是 social work 的中文翻译。但在民国时期，当 social work 翻译引入中国时，有的译为“社会事业”，有的译为“社会工作”，也有的译为“社会服务”“社会福利”“社会行政”。出现这种翻译分歧的原因在于对社会工作这一活动的性质和范围有着不同的理解。③ 新中国成立之后，也出现了社会工作的概念，学界对将 social work 译为社会工作并没有异议，但对什么是社会工作却众说纷纭。这恰恰表明，社会工作概念在不断成长过程中逐渐成熟。

20 世纪五六十年代再次出现了社会工作的提法，但此时的社会工作并非现在意义的社会工作，而是泛指与经济工作相对的概念。改革开放后，费孝通先生较早且较为系统地提出了社会工作的概念，他指出，“社会工作就是在党和政府领导下应用各种社会力量（包括民间和各种群众

---

① SKIDMORE R A，THACKERAY M G，FARLEY O W. Introduction to social work（6th edition）[M]. Hoboken，New Jersey：Prentice Hall，1994.

② MOLALES A T，BRADFORD W S. Social work：a profession of many faces（9th edition）[M]. Boston：Allyn & Bacon，2001.

③ 孟亚男. 民国时期“社会工作”概念之辨 [J]. 河北大学学报（哲学社会科学版），2013，38（3）：40.

团体的力量）对群众的社会生活福利事业进行管理，其中特别是对丧失或缺乏适应社会生活的人，采取适当措施，帮助他们恢复健全的社会生活，维护社会秩序，保持一定的社会制度的巩固与发展”①。这一概念突出了社会工作的核心工作范畴、功能和目的，但却忽略了对社会工作自身特点的界定。实际上，直到20世纪90年代，社会工作一直被视为解决社会转型问题的一个重要机制，社会问题越多，社会便越需要社会工作。②但对社会工作自身究竟是什么样子，并没有明确的界定。

可喜的是，20世纪90年代就有了研究什么是社会工作的成果，并逐渐形成社会工作的规范性界定。早在1994年，陈良瑾主编的《中国社会工作百科全书》对社会工作做了如下界定：“社会工作是一种不以赢利为目的的助人自助的专业性社会服务工作，也是一门独立的学科和专门的职业。社会工作帮助人们满足那些仅凭个人努力无法满足的需求而采取各种有组织的做法；它视受助者为积极能动的主体，而不只是被动消极的客体；它提供必要的条件、运用专业方法使受助者发挥潜能自己解决自己的问题；它是一门以现代科学所提供的知识为基础的应用性社会科学。”③张乐天认为：“社会工作是一种以助人为宗旨、运用各种专业知识、技能和方法去解决社会问题的专门职业，是确保现代社会和谐稳定的重要制度。”④ 很明显，早期的社会工作界定比较偏向于社会工作的对象或范畴，即通过社会工作要解决什么社会问题来确定社会工作的概念，这是一种外延界定概念的方法。而之后的社会工作界定，更偏重于内涵界定法，即通过界定社会工作自身是什么，来界定社会工作的概念。因为外延会随着社会的变化而变动，但内涵则是稳定不变的，其更可能有助于把握社会工作

① 费孝通. 社会学概论［M］. 天津：天津人民出版社，1984：336.

② 中国社会工作者协会秘书处. “九十年代的中国社会工作理论研讨会”纪要［J］. 社会学研究，1993（3）：117.

③ 陈良瑾. 中国社会工作百科全书［M］. 北京：中国社会出版社，1994：2.

④ 张乐天. 社会工作概论［M］. 上海：华东理工大学出版社，1997：5.

的本质。

2000年之后的社会工作概念，主要沿着内涵界定法进行概念界定，并逐渐达成了社会工作概念的基本共识。王思斌认为，“社会工作是以利他主义为指导，以科学的知识为基础，运用科学的方法进行的助人服务活动”[①]。宋林飞和朱力把社会工作区别为广义与狭义，认为广义的“社会工作是政府与社会团体用科学的方法，帮助人们解决生活困难，协调人际关系，满足人们基本的物质和精神需要，保持社会稳定的一种专业工作”。狭义的“社会工作是指职业的社会工作者利用专门的知识与技巧进行帮助人的一种服务活动”。[②] 我国台湾地区学者廖荣利在《社会工作概要》一书中对社会工作所下的定义是：社会工作是现代社会中一种独特的专业领域，它运用社会的和心理的科学原则，以解决社区生活中的特殊问题，并减除个人的生活逆境和压力。[③]

在社会工作概念逐渐达成共识的情况下，其越来越受重视。尤其是在2006年10月中国共产党十六届六中全会发布的《中共中央关于构建社会主义和谐社会若干重大问题的决定》中，提出“造就一支结构合理、素质优良的社会工作人才队伍，是构建社会主义和谐社会的迫切需要”。这给社会工作发展带来了重大的契机，但也给社会工作的学理化带来了一定的困扰。一时间，越来越多的工作被视为社会工作，同时，越来越多的人被视为社会工作者，使得原来作为职业化、专业化的社会工作正在被过多地使用。一些地方和部门一夜之间就宣称自己已经拥有多少社会工作人才，还有一些部门甚至把以前与社会工作相关的人员都称为社会工作者或社会工作人才。更多的部门则在筹划，如何使自己管辖领域的岗位尽快与“社会工作”职业挂钩，似乎只要换一个名称，自己就完成了社会工作队伍的建设任务了。[④]

① 王思斌. 社会工作概论［M］. 北京：高等教育出版社，2006：12.

② 宋林飞，朱力. 社会工作概论（修订版）［M］. 2版. 南京：南京大学出版社，2002：8-9.

③ 廖荣利. 社会工作概要［M］. 台北：三民书局，1987.

④ 文军. 谨防社会工作的泛化［J］. 社会工作上半月（实务），2008（1）：59-60.

三、社会工作的特征

从社会工作概念的界定和演变可以看出，社会工作所隐含并具有五个相互关联的基本特征，这几个特征不能单独理解，而必须齐全，才是社会工作应有的全貌。

第一，社会性。社会工作的社会性这一特征，首先起源于西方工业革命引发的一系列社会问题，这一系列问题急需解决，否则难以维系兴起的资本主义秩序。因此，社会工作面向的工作领域涵盖了与国家相对的各种社会领域。其次来源于社会这一概念的兴起，随着工业化带来的市民社会的成长，社会成为一个与国家抗衡的力量，也成为一个与国家相对应的概念。社会这一概念成为社会工作中界定社会范畴的基础。最后内含了社会问题解决的社会化思路，即在国家没有能力干预和解决社会问题时，或者在国家不应当干预时，可以由社会性主体来承担。在我国，社会工作的兴起，除了向西方学习先进经验外，其中更为重要的背景是改革开放后快速的社会转型。在这一转型过程中，需要各种社会力量的参与，社会工作就是其中一种。

第二，福利性。社会工作与福利一直相伴相随，人们探索社会工作的起源，往往都会追溯到英国的《济贫法》。《济贫法》又称《伊丽莎白济贫法》，于1601年颁布。该法不仅确定了贫困的对象，而且确定了政府对贫困的救济义务。而1834年英国议会通过的《济贫法（修正案）》，则推动了对贫困的政府救助行为向社会组织救助的转型。这种救济，不仅是慈善性的物质支持，而且带有如何帮助贫民摆脱贫困的思维。很明显，这一思维既是引发社会工作诞生的契机，也是构成社会工作理论的基础。并且，福利领域也一直被视为社会工作的传统工作领域。但应当注意的是，社会工作不能与福利等同，社会工作只是实现福利的方式之一，而非福利的全部。

第三，职业性。无论是西方国家还是中国，社会工作都经历了职业化的过程。早期的社会工作概念比较偏向于社会性和福利性，认为只要是服务于福利事业、社会事业，甚至只要是服务于社会，解决社会问题，就是社会工作；只要是服务于福利事业、社会事业，甚至服务于解决社会问题的人就是社会工作者。这是对社会工作一种泛化的理解。而随着社会工作的逐渐成熟，人们越来越偏向于从职业性来界定社会工作，认为社会工作是一种特殊的行业和职业。在职业化的趋势下，只有经过社会工作职业认定的人，才能成为社会工作者。以职业来界定社会工作，使得社会工作的定义进一步抽象化，而无须受到服务对象或领域的限制。

第四，专业性。与职业化共生的是专业性。由于社会工作的职业化，就需要为社会工作职业设置价值准则、专业标准、准入规则、知识系统、专业训练等一系列与职业相关的规则、标准及训练机制。只有得到足够的专业训练，掌握充足的专业技能，具有足够的专业素养，才能提供专业化的社会工作服务。也就是说，社会工作的专业性，表明社会工作是一门专业性的工作，具有很高的技术含量与标准，而非一般的工作所能比拟。这也使得社会工作概念进一步与泛化的社会工作概念相区别。

第五，托底性。托底性是社会工作的一种潜在的特征，一直不被重视，也引发了一些问题。托底性主要在两个层面获得体现。对社会公众而言，遇到的各种问题与困境尽量自己解决，解决不了才需要寻求社会工作的帮助，而不是一遇到问题就找社会工作，社会工作对案主而言只是一个托底的备选项，而不是必选项。从社会工作而言，托底性一方面意味着不管遇到什么社会问题，社会工作都要有所担当；另一方面意味着社会工作不能对社会进行过度干预，而需要保持应有的度。

第二节　我国司法社会工作概念的起源

在我国社会工作不断发展与新兴过程中，逐渐出现了司法社会工作这一个概念。这个概念首先由谁提出已经无法考证，究竟什么是司法社会工作也并没有明确的概念，但我们可以通过司法社会工作概念起源的现象学分析，来理解司法社会工作概念的核心指向。

一、文献研究的现象学

司法社会工作作为社会工作的子概念，对其文献研究的现象学前提是必须首先分析社会工作的文献。在 2020 年 1 月 30 日，笔者通过中国知网跨库文献检索，检索到以社会工作为题名的中文文献共 15 229 篇，这些文献包括期刊刊载的论文、硕士博士毕业论文和报纸文章、新闻报道等。其中，最早的一篇是在 1964 年发表在《前线》杂志，文章名字为《正确地对待社会工作》的文献，但该文中论及的社会工作不是现代意义上的社会工作。直到 1981 年才在《环球法律评论》发表了两篇文献，但这两篇都是国家政策性文件，其中的社会工作是与经济工作对应的概念，与现代意义的社会工作无关。而与现代意义社会工作概念相关的文献则起始于 1984 年发表在《医院管理》上的《医院保健中的社会工作》，及 1985 年发表在《理论月刊》上的《社会工作和社会福利问题》。但是整个 20 世纪 80 年代，相关的文献很少，排除不相关文献，总量不超过 15 篇。20 世纪 90 年代，相关文献开始增长，但前五年增长缓慢，仅有相关文献 66 篇，后五年增长迅速，共有相关文献 168 篇。2000 年以来，社会工作的相关研究开始飞速发展，文献量也是飞速攀升，至 2017 年竟然达到 1965 篇。

以同样的方法检索司法社会工作，只能检索到相关文献 104 篇。其中 2010 年之前发表了 8 篇，最早的一篇发表于 2005 年。2010 年之后发表了 96 篇，其中 2017 年最多，共发表 20 篇。从文献量来看，司法社会工作的文献显然很少，占所有社会工作文献的总量比例非常低。当然，这不是司法社会工作文献的全部。因为很多与司法社会工作相关的文献，由于没有用司法社会工作这个概念来命名，所以并没有统计到司法社会工作之中。而实际上，这些文献有很多，大大超过用司法社会工作这个概念进行检索统计出的数量。例如，司法社会工作中最早也最成熟的领域——矫正社会工作，如果以矫正社会工作做同样的检索，则有 212 篇相关文献。实际上，包含在司法社会工作范畴中的领域还有很多，但都没有纳入统计。这也在某种程度上说明：一方面，司法社会工作是一个晚近的新概念，研究基础薄弱，还处于探索阶段。从所有研究司法社会工作的文献中也可以看出这一点，多数文献主要是讨论司法与社会工作切合的可能性，并以此确定司法社会工作的领域。而对司法社会工作的基础理论，研究的却比较少。另一方面，司法社会工作作为一个统合性概念，对其他相关概念的整合能力不强。也就是说，司法社会工作这一概念还没有取得广泛的认同，以至于学界更愿意用那些原来常用且范畴相对比较确定的术语，如禁毒社会工作、矫正社会工作等。

二、社会工作的分类学

在我国，早期的社会工作概念是一种泛化的概念，其泛指解决社会问题的所有工作。而随着社会工作研究的不断成熟，社会工作概念转向了职业化、专业化界定，从而把服务领域和对象从概念中剥离出去。这种剥离并不会影响或限制社会工作的服务对象和范畴，相反，它能让社会工作的对象和范畴具有无限的可能。因为社会工作的服务对象和范畴会随着社会发展而不断发展，也会随着社会变迁而消失。如果我们先行限制服务对象和范畴，很容易使得社会工作难以向外扩展，而那些需要社会工作服务的对象也被排斥在社会工作之外。

从文献研究的现象学可以看出，社会工作在 2000 年之后发展得非常迅猛，这就为社会工作的概念扩展提供了契机。基于这种迅猛趋势，社会工作逐渐出现了精细化趋势，而精细化又要求在社会工作之下进行更为专业的分类。也就是说，在社会工作总体架构内，出现了专业化的趋势，从而使得社会工作形成了自己的子专业群和子学科群。这是社会工作走向兴盛和成熟的重要标志，表明社会工作已经嵌入中国社会的各个领域与行业，成为中国行业的重要组成部分，为中国社会发展作出自己的贡献。

当前，我国对社会工作类型学划分，通常是基于社会工作服务对象或领域的差异而进行的。大体而言，主要分为两类：一类划分是基于服务对象的划分，把社会工作区分为青少年社会工作、老年人社会工作、残疾人社会工作、留守儿童社会工作、精神病人社会工作等；另一类划分主要是基于服务领域或行业的划分，可以分为家庭社会工作、医疗社会工作、福利社会工作、企业社会工作、扶贫社会工作、禁毒社会工作、矫正社会工作、学校社会工作、司法社会工作等。这两种不同的类型学划分，只是分类标准不同，其中存在交集。做类型学划分的意义在于，可以更为精准地服务于不同的服务对象或服务领域。因为不同的对象、不同的领域，其社会工作的内容、方法、目的和伦理都可能存在差异。

很显然，无论是服务对象还是服务领域的划分，都有助于准确把握社会工作更为精细的行业化特征，也能发现其不断兴起的社会工作领域。当然，社会工作的类型化，还可以进行学理化的区分。学理化分类是对既有分类进行抽象化的理论提升，其有助于对社会工作更为理性和科学的认识。那么学理分类的标准是什么，在笔者看来，其标准主要建立在社会工作的宗旨和目的上。我们都知道，社会工作以解决社会问题为己任，是现代社会正常运行的重要力量和职业群体。也正是基于这样的宗旨与目的，社会工作才得以嵌入社会问题的各个方面和各个领域，最后落到社会工作的服务对象上。因此，以服务对象所要解决的核心问题为基础，可以把社会工作分为济困型社会工作、心理型社会工作和行为型社会工作。所谓济困型社会工作就是指社会工作的重点在于解决案主事实上的某种困境状态。例如，针对贫困、残疾、疾病、留守等社会问题的社会工作。这些社会问题导致案主陷入某种困境，是案主亟须解决的核心问题。所谓心理型社会工作就是指社会工作的重点在于解决案主心理上的困境。所谓行为型社会工作就是指社会工作的重点在于解决案主行为上的异常。

做这三种类型化区分，不仅在于案主面临的核心问题有所不同，而且在于解决这些问题的社会学理论基础有所不同。济困型社会工作的理论基础主要在于结构功能理论，心理型社会工作的理论基础主要在于社会心理学理论，而行为型社会工作的理论基础主要在于行为理论。不同的理论基础和案主面临的社会问题，也决定了社会工作服务的方向和采用的方法有所差异。当然，这三种类型化的区别并非完全独立，对某一种核心问题的解决往往会运用到其他的理论与方法。

从社会工作的类型学可以看出，司法社会工作作为社会工作的一种类型，是以工作领域或行业为标准进行区分的。但问题是，当前对司法社会工作的内涵与外延都不是很明确，而且往往会和矫正、禁毒、信访等相关的领域或行业相重叠。在某种意义上，司法社会工作明显有试图整合所有服务于法律相关领域的社会工作的取向。对于这一点，笔者将在下文做具体解释。在此我们要注意的是，司法社会工作概念的统合，实际上是把司法社会工作视为与法律相关的社会工作。而法律则以调整人的行为为中心。也就是说，司法社会工作如果按照笔者的类型化方法分类，则可以被视为行为型社会工作，以改善人的行为为中心，这是司法社会工作的理论基础。当然，并非所有以行为改善为核心的社会工作都是司法社会工作。

三、司法社会工作概念的起源

司法社会工作来自学术探索的需求。当社会工作兴起，并渗透于各行各业时，理论界与实务界也在思考社会工作是否可以进入司法系统。

对司法社会工作起源的追溯，一般都会把上海市于2003年成立的上海市自强社会服务总社、于2004年成立的上海市阳光社区青少年事务中心（以下简称阳光中心）和上海市新航社区服务总社视为司法社会工作的起点。其中，阳光中心以服务于社区闲散青少年为目标，上海市自强社会服务总社以服务于吸毒人员为目标，而上海市新航社区服务总社以服务于刑释人员为目标。需要注意的是，这三个组织机构之所以成立，主要源于2003年上海市颁布的《中共上海市委政法委员会关于构建预防和减少犯罪工作体系的意见》（沪委办〔2003〕16号）。也就是说，三个组织机构的设立是服务于上海市预防和减少违法犯罪的，是上海市探索建构预防和减少犯罪工作体系的新尝试。以这三个组织机构为平台，组建了社区青少年社会工作、禁毒社会工作、矫正社会工作三支队伍。

从社会工作的服务对象、服务领域或行业来看，这三支队伍如果命名为社区青少年社会工作、禁毒社会工作和矫正社会工作可能更加符合专业化和行业化特征，为何还需要用司法社会工作来概括？而且，无论是社区青少年社会工作、禁毒社会工作，还是矫正社会工作似乎并不是司法的核心领域，为何要取名司法社会工作？这都是我们司法社会工作理论要解释的问题。实际上，从上海市2003年启动探索建构预防和减少犯罪工作体系以来，在上海市组建的三支社会工作队伍中，以阳光中心为平台，探索少年司法社会工作，这些工作从一个个项目开始，逐渐拓展到几乎包括涉罪未成年人的侦查、起诉和审判的整个过程。这是社会工作嵌入司法的真正开端。直到目前为止，我国司法社会工作并没有独立的机构作为平台和依托，而更多地以其他平台为基础对司法系统提供相关社会工作服务。而且，少年司法社会工作是阳光中心的服务领域之一，但并不是最为重要的服务领域，更不是唯一的服务领域。也就是说，即便阳光中心的社会工作涉及司法，但用司法社会工作来概括三个平台的工作是否妥当？有没有适当的理论把这些工作统合起来？

在笔者看来，司法社会工作的概念主要源自学界试图整合相关社会工作的努力。社会工作的繁盛使其专业分工更为精细，这固然是一件好事，但过度的专业化和行业化不仅不利于社会工作的发展，而且易形成专业壁垒，这便使相关行业中社会工作各自为政，难以形成一体化的社会工作服务模式。因此，学界试图用司法的概念把这些相关社会工作统合起来，从而探索建构预防和减少犯罪工作的有机体系。而统合各种社会工作的理论基础，就是以行为调整为基础，以司法为中心。

为了解决司法社会工作这一概念及其领域的合法性问题，学界还有一种做法，就是引入国外司法社会工作的理论与实践。引介的国家主要是英国、美国、意大利等西方发达国家。引介的内容涵盖司法社会工作的起源、特征、范畴及工作方案等。① 然而，应当注意的是，这些国外成果的引介实际上带有某种内在倾向和前见。这种倾向和前见就是预设了司法社会工作这一概念的内涵及其基本范畴，然后再寻找与此相对应的社会工作内容。实际上，从现有对国外司法社会工作的翻译等研究成果来看，很少有西方学者对什么是司法社会工作作出界定，甚至找不到直接对应司法社会工作的词语。例如，常用的接近术语是刑事司法与社会工作（criminal justice and social work），美国常用的术语是法庭社会工作（forensic social work），也有的用司法与社会工作（justice and social work），还有就是少年刑事司法社会工作（social work in juvenile and criminal justice）等。这些词语与我国的学术词语相对应的就是我们当前使用的“司法社会工作”一词。

① 杨旭. 美国司法社会工作的发展及借鉴［J］. 学术交流，2013（3）：102－106.

此外，司法社会工作概念还来自社会工作专业特色建设的需求。在社会工作百花齐放的同时，社会工作专业建设也获得了大步推进。在各个高校科研院所进行学科建设时，除了建设与发展社会工作专业本身之外，还要根据高校科研院所的特点发展自己的专业特色。从现有的社会工作专业发展方向来看，司法社会工作主要是政法院校的专业方向。例如，较早开设社会工作专业的华东政法大学，一开始就把自己的社会工作专业定位为司法社会工作。他们把这一特色与政法院校的特点相关联，这样既可以与其他院校社会工作专业特色相区别，又可以与自己学校的专业特色和资源优势相链接。然而，由于当时的司法社会工作仅提出了概念，并没有系统的司法社会工作理论，也缺乏系统的司法社会工作专业培训。因此，当越来越多的政法院校甚至非政法院校开始重视司法社会工作时，系统的司法社会工作理论建构便越来越重要，也越来越紧迫。为此，华东政法大学社会发展学院组织研究团队，编写了我国第一本司法社会工作教材[①]。这是我国司法社会工作理论体系建构的开始，为司法社会工作奠定了理论基础，后面很多版本的教材并没有能够脱离这一框架。

第三节　司法社会工作的概念

一、前期研究中的司法社会工作

现有对司法社会工作的研究只是把司法社会工作当成一个既有的概念来使用，并没有做多少理论上的界定。在这些概念中，具有代表性的主要有以下几个。

早期的成果把矫正社会工作视为司法社会工作，认为司法社会工作是

① 何明升．司法社会工作概论［M］．北京：北京大学出版社，2014.

指社会工作者配合司法行政人员和其他志愿者，对监狱服刑人员、社区服刑人员、刑满释放人员等各种特殊工作对象，开展行为矫治、社会救助、专业服务的活动。① 徐珂通过研究，也表达了类似的观点，他认为司法社会工作的主要工作内容就是矫正工作。②

在何明升看来，司法社会工作的概念在我国是缺位的，这对司法社会工作的研究和实务都非常不利。因此，他在整合相关分支学科的基础上，提出了自己的界定，其认为“司法社会工作是一个由特定价值理念与实践逻辑所决定的复合系统，社会工作机构及其从业人员与司法机构在其中相互依托，面向罪错者、受害人以及相关利益人中的受助者，通过充分发展其全部潜能而推动社会变革、改善人际关系和促进问题解决”③。这一概念无疑大大拓展了司法社会工作的服务对象与范畴。

在胡艳华等撰写的《司法社会工作理论与实务》一书中对司法社会工作的界定是：司法社会工作是指在一定的社会福利制度框架下，司法社会工作者秉承专业的价值理念，综合运用专业的方法，为社区矫正对象、安置帮教对象以及边缘青少年等领域的相关主体提供的生活帮扶、心理疏导、就业培训、就业安置等职业性社会服务活动。④ 这一概念尽管也以犯罪矫正为中心，但拓展了服务对象，也拓展了服务内容。

在张昱和罗玲看来，学界对司法社会工作的界定是建立在司法与社会工作“二分”的基础上，但实际上，司法社会工作本身就是一个统一的整体。司法社会工作是司法社会中保护和维护司法社会主体社会权利的基础的综合性制度安排。因此，司法社会工作在实践中指向了司法社会、司

① 范燕宁，席小华．矫正社会工作研究：2008［M］．北京：中国人民公安大学出版社，2009：173.

② 徐珂．谈发展司法社工的意义和双重目标［J］．犯罪研究，2004（1）：8.

③ 何明升．司法社会工作概念的缺位及其补足［J］．法学论坛，2012，27（2）：144.

④ 胡艳华，徐前权，李向玉，等．司法社会工作理论与实务［M］．北京：中国社会科学出版社，2017：7.

法对象和司法社会之外的其他社会存在方式。[1] 这是比较理论化的界定，指出了司法社会工作的本质所在，也使得司法社会工作具有很强的包容性。但这一概念不是很容易让人理解，也很难让社会工作者认同。

尽管代表性的观点比较少，但也可以看出其中的一些特点和问题：第一，司法社会工作的概念确实有从矫正走向司法的取向。早期的观点比较局限于犯罪人员的矫正，后面不断围绕着矫正进行拓展，形成了以矫正为中心的多范畴领域，最后从矫正走向司法本身。第二，以司法社会工作范畴来确定司法社会工作的概念是有一定问题的，因为其可能限制了司法社会工作范畴本身。在当前社会工作兴盛的阶段，社会工作进入的领域是会不断变化的。因此，这种界定方法总是容易带来弊端，使得其以偏概全。第三，尽管有司法社会工作本身就是一个统一整体的理论，但这一理论比较难以成立。无论是从司法理论还是社会工作理论来讲，司法社会工作就是一个司法与社会工作的合作性领域。从学科的角度讲，被视为交叉学科比较合适。第四，司法社会工作是社会工作介入的领域，而非一种职业。因此，在定义上，我们也没有必要把从事司法社会工作的人，直接视为司法社会工作者。否则，不仅容易导致概念上的同义反复，也会使得这一概念有失偏颇。

二、应当如何界定司法社会工作

在笔者看来，社会工作作为属概念，是上位概念，司法社会工作作种概念，是下位概念。这种种属关系，决定了社会工作与司法社会工作的关系结构。从概念界定的角度来讲，司法社会工作概念是从社会工作概念中延伸出来的，是社会工作的子概念和特殊类型，是在社会工作职业化过程中形成的一个新概念。对于什么是社会工作，社会工作的研究者已达成共

---

① 张昱，罗玲. 司法社会工作的内源性根据及其实践指向［J］. 甘肃政法学院学报，2017（5）：50.

识。其主要是指以利他主义为指导，以某种专业方法向有需要的人群，特别是贫弱人群提供服务的活动，它是一种社会福利服务，是向贫弱群体传输福利和帮助的服务活动。[1] 其基本属性为公益性、自治性和民间性，其优点为专业化的社会工作理念和方法，其基本职能在于为特殊群体提供专业服务。因此，要定义司法社会工作就可以从社会工作的概念衍生而来，而没有必要在司法社会工作界定中重复一遍什么是社会工作，这样可以简化司法社会工作的概念，使得这一概念更加清晰明了。

基于对司法社会工作与社会工作这种关系结构的理解，我们可以把司法社会工作界定为社会工作进入并为司法活动提供服务的总称。这是一种按照种属关系进行界定的方法。既简单易行，又简洁明了。如果一定要把社会工作的精神实质融入概念，以此来展现社会工作在其中的意义和地位，那么我们可以把司法社会工作界定为运用社会工作的理念与方法参与司法活动，为司法对象提供服务的总称。不管是简化的概念还是扩展的概念，我们都可以从概念中看到司法社会工作应有的含义。具体而言，表现在以下几个方面：第一，在服务宗旨上，由于司法社会工作是服务司法的工作，因而司法的目的便是司法社会工作的服务宗旨。第二，在服务对象上，由于司法是司法社会工作的服务领域或行业，因而司法的对象便转化为司法社会工作的服务对象。第三，在服务主体上，司法社会工作是由社会工作机构和社会工作者提供的一种特殊社会工作服务。第四，在服务方法上，司法社会工作的工作机制和方法都源于社会工作。

从这一概念可以看出，司法社会工作是对社会工作的工作领域和社会功能的拓展，对司法而言则意味着是国家司法权社会化的表征。在这一简单概念背后蕴含了司法社会工作的基本定位，即必须以服务于司法为始终，司法社会工作的意义就在于把司法工作中的非司法事务及司法事务中可以分离出来的事务由专门的司法社会工作者来承担，以更好地解决司法

① 王思斌．社会政策实施与社会工作的发展［J］．江苏社会科学，2006（2）：49.

过程中司法系统本身难以解决的问题。

如此定义除了简单明了，还具有以下几个作用：第一，比较容易识别社会工作的职业分类。司法社会工作表明的是社会工作进入司法领域，而其他的社会工作也都是按照行业或领域来区分的。我们可以把社会工作进入哪个领域或行业就称其为什么社会工作。第二，其是一个开放性的概念，具有很大的包容性。原有的概念一直尝试用范畴来限定概念，这是不可取的。而简化的概念稳定性较强，可以随着社会工作对司法领域的拓展而拓展。第三，有助于处理好司法、社会工作与司法社会工作的关系。司法社会工作是社会工作与司法的交集部分，其主要表现为司法的工作，由社会工作来分担。而社会工作之所以能分担，则在于社会工作的专业优势。实际上，无论是学术研究还是实务工作，司法社会工作都来自社会工作。

三、司法社会工作中的司法

虽然我们已经对司法社会工作做了界定，但并不意味着我们就能准确地掌握司法社会工作的内涵。对司法社会工作内涵的确定，还需要了解什么是司法。如果说，对什么是社会工作学界已达成共识，但对什么是司法，社会工作研究者的认识则有很多不同。对司法认识的不同将导致对司法社会工作界定的分歧。因此，从某种意义上说，定义司法社会工作的重心不在于定义社会工作，而在于定义司法。

从语义学的角度讲，司法可以分为“司”和“法”两个字。“司”在此为动词，“法”为名词，是“司”的对象。在汉语词典中，“司”具有主管、主持、经办、操作的意思。而“法”则为法律、法令、条例的总称。也就是说，从字面意义上理解，司法具有实施法律、适用法律的意思。因此，司法在法学的概念中，往往也叫法律的实施或法律的适用。与司法在字面意义上有相近含义的一个概念是执法。因为执法从字面意义上，也是实行或执行法律的意思。虽然在现代的意义上，尤其是法学理论中，司法和执法是两类截然不同的行为，无论是实施主体、实施程序还是法律性质都具有本质上的差异。但从字面上来理解，这两个词汇的意思非常接近，都有执行、运行、实行、操作的意思。而且在中国传统文化中，司法和执法并没有非常明晰的职能区分，也没有明确的职业分化。这一点在基层政府表现得更为明显，基层地方政府的领导，往往既是司法主体也是执法主体。而在社会观念中，一般都认为它们是国家实施的行为，本质上没有差异。

可以说，司法与执法是现代的概念。概念的起源就是以民主、自由为思想基础，防止权力的垄断、专断、滥用，并可能导致的腐败问题。而采取的方法就是把立法、行政和司法分离开来，以此保证权力的分离与制衡。孟德斯鸠是系统提出三权分立学说的著名代表。他认为，每一个国家都有三种权力：立法权、行政权、司法权。这是政治国家的自由基础。当这三种权力合并由一个人或一个机构行使，甚至任何两种权力合二为一，由一个人或一个机构行使时，那么自由就不复存在了。① 这是西方资本主义国家的分权学说，也是西方资本主义国家的政治和法律基础，贯穿于西方资本主义国家发展的全过程。在我国，立法、司法、执法的职能也是分开的，立法权由权力机关行使，执法权由行政机关行使，司法权由司法机关行使。但我国的理论基础不是三权分立，而是分工合作。

就现代司法的概念而言，一个基本的共识是，它是指享有司法权的国家司法机关及其司法人员依照法定职权和法定程序运用法律处理案件的专门活动。从这个概念中可以发现，要准确界定司法，首先要确定什么是司法权，其通过什么样的形式加以体现。从当前国际和国内的情况来看，司法权主要通过审判的形式来行使。也就是说，司法权的权力属性是一种审判权，行使审判权的机关就是司法机构。那么什么机关可以行使审判权，

① 孟德斯鸠. 论法的精神［M］. 张雁深，译. 北京：商务印书馆，1997：152－153.

《中华人民共和国宪法》（以下简称《宪法》）第128条规定：“中华人民共和国人民法院是国家的审判机关。”现在大部分国家的司法机关就是指审判机关即法院，这也意味着行使司法权的主体就是法院。但在我国，司法机关并不仅指法院，还包括检察机关。《宪法》第134条规定：“中华人民共和国人民检察院是国家的法律监督机关。”这一条款确立了检察机关的检察权，也意味着我国的司法权实际上包含了两个部分：一个是审判权，另一个是检察权。而与此相对的是，司法机关就不只是法院，也包括检察院。因此，在学理上，我们往往将广义上的司法权和狭义上的司法权加以区分。认为，狭义上的司法权仅指审判权，司法机关只指法院。法院在审判过程中，所行使的权力就是司法审判权。而广义上的司法权包括检察权，司法机关包括检察院。也就是说，当检察机关参与到审判过程时所行使的权力属于司法权。

在我国，对司法的界定，除了要甄别司法权和司法机关外，还有一个容易混同的概念，那就是司法行政机关。司法行政机关是根据《中华人民共和国中央人民政府组织法》（已失效）而设立的，在性质上是行政机关，履行的是政府的行政职能，但因为其主要行使的是与司法相关的行政权，所以叫司法行政机关。在我国行使司法行政权的司法行政机关是司法部及其下属厅局机关。当前，司法行政机关的主要职责是管理监狱、矫正、律师、公证、司法救济、人民调解和法制宣传教育等工作。很显然，司法行政机关与司法机关在性质和职能方面有显著的不同。

另外，在我国，公安机关尽管在法律上是行政机关，但同时担负着刑事案件的侦查工作，这些工作是刑事审判的重要组成部分。因此，当公安机关履行《中华人民共和国刑事诉讼法》（以下简称《刑事诉讼法》）赋予的职能时，实际上构成刑事司法的一个重要组成部分。也就是说，公安机关既具有行政权，也具有司法权。公安机关正是基于这种双重属性，在某种意义上也可以被视为司法机关。

从上述对司法的理解可以看出，司法的界定与司法权及其行使司法权的机关相关。对司法权的界定方法不同导致司法机关的范围也有所不同。如果把司法权视为审判权，那么司法机关只有法院；如果把司法权视为参与审判权，那么就包括检察院和公安机关；如果把司法权视为与审判权相关的权力，那么也可以包含司法行政机关。正因为如此，我国通常会把公安机关、检察机关、审判机关、司法行政机关统称为司法部门或司法系统。实际上，我们经常讲的司法体制或司法体制改革，尽管重点在法院系统和检察院系统，但却都包含公安机关和司法行政机关。也就是说，这些部门共同构成中国特色社会主义司法体制的职能机构。

通过对司法概念的简单回溯，我们大体能够掌握司法在不同层面的含义。那么司法社会工作中的“司法”究竟是在哪种意义上使用的，而我们又应当在哪种意义上使用？很显然，从我们对“司法”概念的系统梳理可以看出，早期的“司法”，主要是定位在司法行政这一层面，即司法社会工作主要的服务对象是司法行政机关的工作对象。很显然，这并不是司法的核心要义，也不应当成为司法社会工作的全部。司法社会工作应当以审判性司法为核心，而不是以行政性司法为核心。所谓审判性司法，就是围绕着司法审判而产生的社会工作。为什么行政性司法能够成为司法的范畴，主要是因为行政性司法是一种与审判性司法相关联的行政。但需要注意的是，行政性司法不仅会在审判性司法之后产生，如犯罪矫正，成为审判性司法的后续工作，还会在审判性司法之前产生，如犯罪预防，成为干预进入审判性司法的前置性工作。而且，审判性司法绝不仅限于刑事司法问题，还包括民事司法和行政司法。这些类型的司法主要在于解决民事主体之间的纠纷与矛盾及解决公民和行政机关之间的冲突。因此，涉及民事司法和行政司法的社会工作也是司法社会工作的重要范畴。同样，在民事和行政的审判性司法之外，也存在行政性司法问题，如调解。因此，在笔者看来，司法社会工作中的司法，应当是以司法审判为中心，由法院、检察院、公安机关、司法行政部门构成的司法系统围绕司法审判所进行的各种活动的总称。

第四节　司法社会工作的特征

司法作为嵌入社会工作的特殊领域或行业，在不断成熟，逐渐形成了社会工作的一个分支行业和分支学科——司法社会工作。这使得司法社会工作不仅在工作机制和方法上与社会工作一脉相承，而且在特征上也必然秉承了社会工作的基本特征。也就是说，司法社会工作的基本特征也包括社会工作所具有的社会性、福利性、职业性、专业性和托底性这五个基本特征。同时，司法社会工作作为一种特殊的社会工作也具有其独有的特征。具体而言，主要包括以下三个方面。

一、行为调整性

行为调整性表明的是，司法社会工作的核心工作是干预行为。前文已述，在社会工作的类型学中，按照服务对象所要解决的核心问题可以把社会工作区分为济困型社会工作、心理型社会工作和行为型社会工作。而司法社会工作是典型的行为型社会工作。

在社会学的功能学派中，经常会把社会视为有机体。在一般情况下，有机体存在的前提就是要维系自身的健康运行，如果某个结构出现功能性障碍或缺乏，那么就会出现社会失范。[①] 而在此时，就需要对社会进行修复、调整和治疗。事实上，社会失范最终都是通过人的失范来表达。而人的失范又往往表现为三个层面：一是社会状态失范，二是精神状态失范，三是行为失范。对这些失范状态的治疗催生了世界上最早出现的三大学

---

① 迪尔凯姆. 社会学方法的准则［M］. 狄玉明，译. 北京：商务印书馆，1995.

科，即医学、神学和法学。医学主要调整身体的异常，这是社会状态的失范；神学主要调整精神的异常，这是精神状态失范；法学主要调整行为的异常，这是行为失范。随着社会的进步，学科也在不断地丰富和扩展。社会状态失范也不仅是医学上要解决的问题，还包括贫困、陷入生存困境等这些需要社会解决的问题。精神上的失范也不仅是神学上要解决的问题，还包括神经学科和心理学科要解决的问题。行为失范也不仅是法学要研究和解决的问题，还包括社会学、社会工作要解决的问题。

需要注意的是，失范这一概念不仅道出了失范的三个层面，同时潜藏了一个关键性的概念，那就是常态或健康状态。对人的身体而言，常态具有身体健康的含义，而失范则是不健康的状态。这种状态包括疾病、残疾等。对人的精神而言，存在一个精神健康和不健康的标准。而对人的行为而言，同样存在行为正常和不正常的标准。而这些所有的标准，都是不同的时期不同的社会根据自身发展需要而标识出来的。例如，贫穷作为一种事实状态，有些社会认为这是正常的状态。但有些社会则会认为贫穷是有问题的，是不道德的，甚至是犯罪，因此需要社会治疗。精神异常也不是在任何社会都是同一标准的，其是根据社会需要而定的。这实际上就是社会自我调整的“二元”分类方法。按照不同的方法和原则，对各种问题进行正常和异常的“二元”划分，并以此对不同的社会问题进行调整。

对行为而言，任何社会都会按照自身的需求，把行为进行“二元”编码，并分成正常与不正常、合法与不合法、受鼓励的与禁止的行为。而编码的方式就是通过确立规则和制度来实现。从法律的调整对象而言，法律主要调整人的行为，而不触及意识，只有意识转化为行为时法律才进行调整。这些行为包括自然人和拟制的法人包括公司、企业或国家机构等主体的行为。而且这些行为大体分为民事的行为、刑事的行为和行政的行为三大类。司法是为了实现法律对行为的规范而建立的调整人类行为的一个重要机制，无论是民事主体的纠纷、非民事主体的纠纷，还是违法犯罪，都可以由司法加以调整。对社会工作而言，行为干预也是社会工作的重要范畴。这是社会工作与司法交叉与合作的契机，也是司法社会工作得以存在的基础。也就是说，改善人的行为，把认为不正常的行为调整为正常的行为，就是司法社会工作的核心所在。

司法社会工作具有行为调整性的特征，决定了司法社会工作本质上是一门行为科学，即司法社会工作是一门以研究人的行为、改善人的行为为核心的社会科学。因此，无论是学术研究还是实务工作，司法社会工作都要把问题的焦点集中到人的行为上来。一方面，从人的角度，需要研究人的行为的逻辑，人的行为可能会受哪些因素的影响。其中，特别要关注的行为就是可能会进入司法的行为，或者说司法可能会调整的行为。另一方面，从工作的角度，这些非正常行为是怎么产生的，应以怎样的方式加以应对。其中，特别要关注社会工作如何应对，其可能性及其限度是什么。

二、司法辅助性

司法社会工作本质是一种社会工作，但因其主要集中服务于司法，使得司法社会工作又与其他社会工作有所不同。而这种不同，又是由司法本身的特性所决定。也就是说，司法社会工作从形式上看是社会工作的一个分支学科和服务领域，是社会工作的一个重要组成部分。但就其功能而言，司法社会工作是一种辅助司法的工作。司法辅助性是由社会工作和司法自身的本质属性所决定的，并最终体现在社会工作与司法的相互关系之中。

众所周知，司法是一种国家职权行为，担负着国家的司法职能。作为国家职权的司法应当是专门的国家机构及其专门的工作人员才有权力行使的职能。也就是说，司法机构应当依法设置，承担司法职能。而要成为司法机构中行使司法职能的工作人员需通过严格的准入考核，只有成为司法机构中的公职人员，才能行使法定权限范围内的司法职能。无论把司法仅定位为法院的审判职能，还是扩展到检察院的检察职能、公安的侦查职能，甚至扩展到司法审判之外的纠纷矛盾的解决、违法犯罪的预防及司法行政机构的矫正等，这些以司法系统为统称的职能系统都应当是专属于国家的权力，不能为其他非国家机构分享。很显然，这既是现代社会分工导致的专业化和职业化的必然结果，也是国家权力的重要特征与表现形式。

然而，司法权的专属性并不意味着其他主体不能参与司法。更为重要的是，司法权从来就不是一个封闭的系统，而是国家权力的一个重要组成部分，是整个社会系统中的一个子系统。因此，作为行使司法权的国家机关，为了实现司法权职能，需要承担很多非司法职能。与此同时，为了实现司法权职能，还需要发动其他部门参与。也就是说，随着司法的专业化和职业化，与其他社会主体的协同合作才是实现司法功能的必然渠道。一方面，与司法相关的其他辅助性职能需要从司法人员的职责之中分离出来，由其他社会主体承担。另一方面，司法的社会性工作就是在这样的社会背景下才得以诞生，司法社会工作有助于解决司法过程中的难题，节约司法资源和司法成本。原来司法机关承担了很多非司法职能，这些职能可以分离出来，让司法社会工作来承担。有些是司法的职能，但随着司法社会化，也可以分离出来，让社会工作来承担。

司法的辅助性除了可以分担司法系统的非司法职能之外，还可以配合司法机关实现司法的功能。在司法过程中，司法社会工作人员可以担任合适成年人、担任关护人、参与社会调查、担任调解员等，其都是以实现司法功能而设立的。在司法过程之前，主要是预防性质的司法社会工作，如对不良行为和严重不良行为的社会工作干预，在某种意义上是以减少犯罪，从而减轻司法压力为目标的。不仅如此，预防性司法社会工作，也是弥补司法功能的手段。因为司法具有滞后性，即必须先有法律上的事实，才能启动司法程序。司法不能有预防性司法，即法律上的事实没有产生之前就不能进行司法干预。这就导致司法总是处于被动的局面。因此，需要一些工作进行前期的预防，避免进入司法程序，从而实现社会治理的目的。这也是司法社会工作产生的重要原因。

司法社会工作的辅助性表明，司法社会工作并非司法的主要工作，而是司法分离出来的辅助性的工作。但辅助性并不意味着司法社会工作不重要，其与司法工作共同对司法发生作用，产生司法的效果。并且，司法辅助性并不意味着司法社会工作从属于司法。实际上，司法社会工作是一个独立的行业，属于社会工作行业中的一种，与司法分属于两个不同的领域。社会工作机构并不是司法的下属部门，社会工作者也不是司法工作人员，司法社会工作与司法两者之间不具有从属性。司法社会工作与司法的关系建立主要是通过特定的委托与被委托加以确定的，其权利义务主要是通过合同来确定的。这也意味着司法机构和司法社会工作机构是平等的关系。这一关系的认定对司法社会工作实务具有非常重要的指导意义。

三、社会控制性

社会工作是一种助人自助的专业性服务，其核心有二：一是由社会工作者帮助那些需要帮助，又可以通过社会工作获得帮助的人。二是通过社会工作的帮助，可以使得被帮助的人达到自我解决问题的程度，而不是完全被动地接受服务与帮助。基于对社会工作的这种判断，学界一般把社会工作视为一种福利性工作，是从社会福利中衍生出来的一项专业化工作。然而，实际上，在福利思维的背后，潜藏了社会控制的思维。而这一点在司法社会工作领域表现得更为明显和突出。

一直以来，对社会工作起源的研究，都要追溯到西方的启蒙运动和资产阶级兴起的时代。在这个时代，工业化、城市化衍生的社会问题与人权启蒙纠缠在一起，从而推进了福利思维的产生。因此，社会工作专业化和职业化总是以英国 1601 年颁布的《济贫法》为标志。很显然，《济贫法》主要是针对英国“圈地运动”而引发的无业、失业及由此衍生的贫苦问题。如果说，英国1601年颁布的《济贫法》对贫困的界定主要是一种对贫苦的事实性界定，那么1834年的《济贫法（修正案）》则是对贫困的一种道德性判断。事实性界定只是判断是否处于贫困的状态，只要处于贫困状态，政府就有救济的义务。而道德性判断，则更进一步，虽然你处于贫困的事实状态，道德性判断会考虑你应不应当贫困，值得不值得救济。甚至认为，贫困是一种罪恶，应当受到惩罚。基于这种道德性判断，贫困就区隔出值得救济的穷人和不值得救济的穷人，并由此发展出院外救济与习艺所的建制。① 而这些所谓的救济院外场所或习艺所，在某种程度上也是惩罚与控制贫民的场所，从而减缓新兴资本家担心那些处于极度贫困的人们危及他们的利益。

也就是说，在西方资本主义兴起的时代，贫困不仅被认为会导致罪恶，还被认为是违法犯罪的重要原因，违法犯罪群体中，贫民总是占犯罪群体的大多数。而且在资本家看来贫困本身就是一种罪恶，因为贫困的人创造不出资本家所谓的价值。这也让我们更容易理解，为什么在那个时代，那些富人们那么热衷于建立各种所谓的慈善组织，投身于解决贫困的社会事业之中。英国是这样，美国及其他的西方资本主义国家也是这样，它们在福利体制下，悄然嵌入了惩罚与控制的思维，从而达到维护资本主义经济和社会秩序的目的。而这种思维，直接遗传到社会工作的价值和工作体制之中，通过社会工作实现社会的控制。

对司法社会工作而言，这种控制性更为明显。因为司法社会工作主要是服务于司法，辅助司法实现司法的社会功能。司法是国家治理和社会控制的重要机制，其主要目标在于化解纠纷矛盾，打击违法犯罪，维护社会安全稳定，保护人民利益。也就是说，司法的性质决定了司法具有社会控制性。而司法社会工作作为辅助司法的工作，必然具有社会控制性，其承

① 郑怡世. 国家、福利治理与社会工作：英国1968年后国家社会工作发展的历史分析［J］. 社会政策与社会工作学刊，2010（1）：165.

载了比其他社会工作更为强力的社会控制功能。无论是作为预防性司法社会工作、司法过程中的社会工作，还是司法后矫正社会工作，其都是以社会控制为重要目标的。而且，社会工作进入司法，其本身就是社会控制的重要组成部分，担负着社会控制的功能。

第五节　司法社会工作的社会功能

司法社会工作在我国的出现，发端于未成年人司法并逐渐向成年人司法渗透，其社会功能不仅在于预防与控制未成年人犯罪，更在于通过社会化司法在为未成年人提供特殊保护的同时为未成年人融入社会奠定基础。然而，司法社会工作之所以能在我国出现并发挥其社会功能取决于司法系统本身及其司法系统背后的社会因素。

一、结构性压力：社会转型需要司法社会工作介入

在我国社会快速发展与转型过程中，一个我们必须面对的问题是社会矛盾与社会犯罪的激增。这是社会结构性压力的社会后果，其至少包括以下几个方面：第一，社会结构的调整，导致贫富分化趋于严重。这使得社会矛盾增加，有的处于弱势地位的群体甚至通过犯罪进行抗争。第二，社会流动增加了不同社会群体的冲突与对立机会，同时客观上也减少了犯罪的成本，导致城市社会性问题和犯罪问题有所增加。第三，家庭结构的变化，是社会犯罪一大诱因。当前家庭结构尤其是城市家庭结构从传统的家族式家庭变成了“原子式”家庭，单亲家庭和畸形家庭越来越多，家庭功能的缺失是当前犯罪的重要原因。与此同时，传统中国家庭式的救济方式和社会控制难以奏效，需要社会救济。另外，观念的变迁导致传统与现代的张力也是社会问题产生的一个重要原因。

社会结构性压力是社会结构紧张引发社会失范的结果①，从而激发了社会矛盾的尖锐化和社会犯罪的严重化。而现代法治社会的基本理念是再尖锐的社会矛盾、再严重的社会犯罪都要通过法律的途径解决，而法律的途径最后归口就是司法。然而，也正是这些尖锐的社会矛盾和严重的社会犯罪，给司法带来巨大的压力和挑战。这些压力和挑战不仅来自案件本身的复杂性，同时来自当前司法系统本身的承载能力。例如，案件数量的激增导致法官平均每天要审好几件案件。这些社会性因素促成了国家司法的社会化转向，而司法社会工作作为一种社会化力量，恰好能通过其专业化优势介入司法系统，以此辅助司法实现自身的功能。

二、专业优势：司法职能的分离需要司法社会工作承担

国家司法的社会化是通过社会性力量辅助司法实现自身功能的一种方式，也是通过司法改革化解转型社会中的结构性压力的一种措施。而在国家司法社会化的同时，司法也在逐步专业化。专业化是社会分工的必然结果，也是现代社会的基本标志。② 与此同时，司法也逐渐由惩罚性司法转向恢复性司法③，这一点在我国刑事司法的改革中表现得尤其充分，而司法专业化在中国的独特意义还在于司法的政治化向司法化转变。传统中国的司法依附于行政体制，当前中国的司法尽管逐渐与行政分离，但却承担了许多政治功能。司法的政治性加之中国传统文化使得司法成为一种家长式的全能主义模式。而司法的专业化，一方面，逐渐解构了司法的全能主义模式，非司法性事务开始逐渐向社会转移，这也是司法的司法化，是司法回归本真的表征；另一方面，司法的专业化使得司法对非司法事务也逐

① 李汉林，魏钦恭，张彦. 社会变迁过程中的结构紧张［J］. 中国社会科学，2010（2）：121－143，223.

② 马克斯·韦伯. 论经济与社会中的法律［M］. 埃德华·希尔斯，马克斯·莱因斯坦，张乃根，译. 北京：中国大百科全书出版社，1998.

③ 埃米尔·涂尔干. 社会分工论［M］. 渠东，译. 北京：生活·读书·新知三联书店，2013.

渐变得越来越不专业化，其必须由其他专业的力量来替代，甚至那些可以转移的司法工作，也可以由其他专业组织替代。

司法社会工作作为一种专业性力量，在介入司法工作中具有天然的优势。司法社会工作作为一种社会政策，是以专业化为手段，以利他主义为取向的助人活动[①]，从而实现扶助弱势群体，帮助问题人群的目标。而司法，尤其是刑事司法的基本定位由惩罚性司法转向了恢复性司法，这一点在少年刑事司法中表现得更为明显，其不仅表现在少年司法与社会工作的理念上的契合，还鲜明地体现于工作方法上的契合。[②] 这也使得刑事政策兼具了社会政策的功能，而司法的目的也同样兼具刑事政策的目的和社会政策的目的。因此，司法社会工作与司法具有同样的价值取向，尤其是司法社会工作的专业方法能够替代司法本身的社会政策功能导向的非专业性，并辅助司法实现其刑事政策和社会政策的目的。

三、司法系统：司法社会工作功能定位

社会结构性压力和司法职能的转型是司法社会工作介入司法的前提，而司法社会工作在司法系统中究竟扮演什么角色，需要从司法社会工作在司法、当事人及对社会所起到的作用这三个层面来确定，并且这三个层面是一体的、相互作用的，最终以实现司法目的为基本取向。

从司法层面而言，司法社会工作纳入司法系统是一个探索的过程，其在司法中的法律地位并没有明确规定，但在司法运作过程中和司法结构中可以被界定为其他参与人的角色，不具有诉讼主体资格，也不是司法结构的必备结构，而仅是补充结构。也就是说，当司法过程出现结构性缺陷的时候才需要司法社会工作的介入。但司法社会工作的参与，一方面，可以

---

① 王思斌．社会工作概论［M］．北京：高等教育出版社，2006：13.

② 姚建龙．少年司法与社会工作的整合：以少年法庭法官的“非审判事务”为论证中心［J］．法学杂志，2007（6）：65.

改善司法的主体结构，增强当事人的抗辩能力；另一方面，可以分流司法机构的非司法事务和可以被分流的司法事务，从而辅助司法充分发挥自身的优势，实现司法目的。从当事人层面而言，司法社会工作参与司法主要是为当事人（包括原告和被告、侵害人和受害人）提供专业性服务，对当事人起着救助的功能。这是由司法社会工作的本质属性决定的。从社会层面而言，司法社会工作的介入，是司法社会化的重要表征：一方面，通过加强司法过程的社会参与，提高司法的透明度，增强社会对司法的认同；另一方面，司法社会工作的介入对司法起到一定的监督作用，以此提高司法的公信力。

第二章

司法社会调查与社会工作

CHAPTER 2

第一节　司法社会调查概述

一、司法社会调查的概念

对于什么是司法社会调查，学界有不同的看法，甚至对能否叫司法社会调查也曾经发生争议。从司法社会调查的称谓来看，当前，与司法社会调查相关的概念和称谓有社会调查、品格调查、品格证据调查、人格调查、社会人格调查、判前调查等。称谓不一，并不是因为学界否认司法社会调查这一事实，而是在于学界对司法社会调查的性质理解和判断有所差异。在笔者看来，用司法社会调查这一概念相对比较合适。司法社会调查这一称谓，是司法和社会调查的合成词。其中的司法既是司法社会调查的领域，也是司法社会调查的基本属性。当然，这里的司法就是刑事司法，而且是特定的少年刑事司法。在成年人的刑事司法中，没有司法社会调查。社会调查是实现司法的方法，通过社会调查呈现未成年人的相关事实和情况。而且，社会调查这一表述也是区别刑事司法中的传统工作的一个概念。更为重要的是，用司法社会调查这一概念也是当前立法对司法社会调查的法律属性暂未定论时的一种明智的处理方式。

对司法社会调查的含义，当前学界已基本达成共识。姚建龙教授认为，“司法社会调查是指在未成年人刑事诉讼程序中，由专门机构的人员对涉罪未成年人的成长经历、生活环境、实施犯罪的情况及悔改表现等具体情况展开的调查，并根据调查情况对未成年人的人身危险性及其悔罪程度进行评估而制作调查报告，目的在于对涉罪未成年人定罪、量刑、教育矫正提供参考或依据”①。而席小华、杨新娥认为，“司法社会调查是指具

---

① 姚建龙. 青少年犯罪与司法论要［M］. 北京：中国政法大学出版社，2014：173.

有专业资质的司法调查主体围绕着涉嫌犯罪人的生活背景、成长经历、主观恶性程度、犯罪前后的表现、回归社会的社会支持条件等一系列要件展开的专业调查活动”①。许建军认为，司法社会调查是指未成年人刑事案件中，在人民法院判决以前，对未成年刑事被告人犯罪行为的背景情况，包括对未成年人身心特征、成长环境、犯罪原因等，进行专门调查分析形成的书面材料。② 这三种界定方法，虽然侧重点不同，但都是在总结我国少年司法实践经验的基础之上提炼出来的，能够比较准确地识别司法社会调查的主体、对象、介入阶段、内容及功能。

但也有学者对司法社会调查做更宽泛的理解，或者更狭义的理解。例如，高维俭教授对司法社会调查的界定就更为宽泛。他认为司法社会调查是指对越轨少年的社会成长历程及其人格形成发展状况的综合考察、分析和评估。③ 其中，他把违法和犯罪都纳入司法社会调查的范畴。而黄河的概念就偏狭义，他所界定的司法社会调查比较集中于司法审判中，其认为，所谓司法社会调查是指，在审理过程中，由专门的少年法院援助机构对犯罪少年进行相关个人资料的收集，并形成书面的调查报告，在正式审理阶段之前提交给法官，使之成为少年法院法官最后判决的参考依据。④ 当然，我们也要注意到，无论是高维俭还是黄河，他们的概念都是建立在西方理论基础之上，也是对西方实践的总结。

二、司法社会调查概念的解读

从上述概念可以看出，学界试图从以下几个层面界定司法社会调查。

---

① 席小华，杨新娥．量刑规范化改革背景下关于司法社会调查主体的思考［J］．法学杂志，2011，32（4）：105.

② 许建军．未成年人刑事诉讼中社会调查制度正当性研究［J］．金卡工程（经济与法），2008（8）：22.

③ 高维俭．再论少年司法之社会人格调查报告制度［J］．预防青少年犯罪研究，2012（2）：31.

④ 黄河．少年刑事案件社会调查报告初论：以德国少年司法实践为视角［J］．研究生法学，2011（1）：179－185.

第一，在调查主体上，谁有职权或职能进行司法社会调查。第二，从社会调查的对象而言，社会调查以未成年人为中心，围绕着涉罪未成年人展开，但不应限于未成年人。第三，从社会调查的介入阶段而言，可以应用于公安、检察院和法院三个阶段，包括取保候审阶段、诉前考察阶段和司法诉讼阶段等。第四，从社会调查的基本目标而言，主要在于协助司法，对犯罪嫌疑人的人身危险性和再犯可能性进行系统的评估，然后将调查与评估报告提交法院，供法院在量刑时参考使用。[①]

无论是西方还是中国，司法社会调查制度都来源于少年司法，是一种针对未成年人而设计的特殊刑事司法制度，是贯穿于少年司法始终的一项根本制度。[②] 其在刑事司法中具有特殊的意义和功能，具体而言，主要包括以下四个方面：首先，司法社会调查是司法分流的前提与基础；其次，司法社会调查是司法分离的技术手段；再其次，司法社会调查是处置涉罪未成年人的依据；最后，司法社会调查是制定挽救涉罪未成年人方案的根据。众所周知，传统的刑事司法是一体化的刑事司法，对于涉罪人，不管是未成年人还是成年人，都是共享同样的刑事司法体制，依据同样的审判机制进行审判。而少年刑事司法则建构了一套未成年人与成年人的差异化理论，其试图把未成年人从一体化的刑事司法系统中分离出来，这就需要建立一系列的司法分离机制。而司法社会调查正是司法分流的前提和基础。这主要是因为司法社会调查是司法分流的基础性制度。[③] 传统刑事司法以罪刑法定为基础，把涉罪人视为一个无差异化的抽象个体。而少年司法则在罪刑法定的基础上，崇尚个别化处遇，为具体的涉罪未成年人量身定做一套处理方案。要做到这一点，就必须首先对未成年人的情况做深入

---

① 莫洪宪，邓小俊．试论社会调查制度在检察机关办理未成年人刑事案件中的运用［J］．青少年犯罪问题，2010（1）：45.

② 高维俭．少年司法之社会人格调查报告制度论要［J］．环球法律评论，2010，32（3）：20.

③ 狄小华，倪一斌，马雷，等．我国少年司法社会调查制度研究［J］．人民检察，2016（1）：17－22.

的社会调查，以发现其涉罪的原因及可能的影响因素。在少年刑事司法中，为什么不同的涉罪未成年人，即使是涉及相同或相近的罪名、犯罪情节、犯罪手段，却有不同的司法处遇，也是基于司法社会调查的考量。也就是说，司法社会调查报告既是司法机关差异化处置涉罪未成年人的依据，也是如何制定挽救涉罪未成年人方案的根据。

第二节　司法社会调查制度的探索

在我国，司法社会调查制度起步较晚，其经历了一个在司法审判实践中试点探索到法律层面制度建构的过程。

一、司法社会调查制度的起源

1985 年 11 月，联合国第 96 次会议通过了《联合国少年司法最低限度标准规则》（又称《北京规则》），其中，第 16 条规定："所有案件除涉及轻微违法行为的案件外，在主管当局做出最后判决前或最后处理前，应对少年生活的背景和环境或犯罪的条件进行适当的调查，以便主管当局对案件做出明智的判决。在大多数少年法律诉讼案中，必须借助社会调查报告（社会报告或判决前调查报告）。应使主管当局了解少年的社会和家庭背景、学历、教育经历等有关事实。为此，有些司法制度利用法院或委员会附设的专门社会机构和人员来达到这个目的。其他人员包括缓行监督人员也可起到这一作用。因此，本规则要求提供足够的社会服务，以便提出合乎要求的社会调查报告。"我国作为《联合国少年司法最低限度标准规则》的签署国，一直致力于探索在我国如何建立健全少年司法中的社会调查制度。

上海市作为我国大陆地区少年司法的发源地，早在 1984 年就在长宁区建立了我国首个少年法庭。以此为基础，上海市开始探索各种少年司法制度。1988 年 10 月，上海市长宁区人民法院基本形成了一套相对完善的少年司法制度，并制定了《未成年人刑事审判工作细则（试行)》。在这一细则中就有专门针对社会调查的规定。其认为社会调查不是刑事司法中的查明事实，而是调查犯罪的成因和悔罪的表现。从 1991 年开始，在国家层面也开始探索少年刑事司法制度。最高人民法院制定了《最高人民法院关于办理少年刑事案件的若干规定（试行)》（法［研］发〔1991〕3 号）（已失效），其中第 11 条规定："决定开庭审判后，审判长应当主动与公诉人联系，了解少年被告人的性格、心理状态和在侦查、起诉过程中的表现。"第 12 条规定："开庭审判前，审判人员应当认真阅卷，进行必要的调查和家访，了解少年被告人的出生日期、生活环境、成长过程、社会交往以及被指控犯罪前后的表现等情况，审查被指控的犯罪事实和动机。"1995 年，公安部发布了《公安机关办理未成年人违法犯罪案件的规定》（公发〔1995〕17 号）（部分失效）。其中第 10 条规定："对违法犯罪未成年人的讯问应当采取不同于成年人的方式。讯问前，除掌握案件情况和证据材料外，还应当了解其生活、学习环境、成长经历、性格特点、心理状态及社会交往等情况，有针对性地制作讯问提纲。"

从地方探索到国家层面的制度建构可以看出，我国的社会调查制度大体起源于这一时期，并逐渐有了司法社会调查制度的雏形。但这一时期还没有明确把其称为社会调查。当然，这一时期的社会调查也不是现在意义上的社会调查。然而，毋庸置疑的是，在这一时期，我国已经开启少年司法的试验。但如何在司法审判中建立少年司法制度以使其逐渐区别于传统刑事审判，则还在探索之中。其中，在传统刑事司法的证据调查之外，公检法机关还要对未成年人犯罪嫌疑人或被告人的成长过程、性格特点、心理状态及社会交往等情况进行调查。这是在涉罪未成年人的刑事司法中赋予的一种特殊待遇。然而，虽然司法机关试图把未成年人的调查与证据调查相区别，但在实际操作中，对未成年人的调查却依然是附属在证据调查的过程之中。

二、司法社会调查制度的发展

少年司法的前期探索为司法社会调查制度的发展奠定了基础，从20世纪90年代后期开始，在少年司法工作的不断探索中，司法社会调查制度才真正落地生根。1997年上海市长宁区人民检察院与该区的青少年保护办公室联合制定了《未成年人刑事案件特邀社会调查员工作规范（试行）》，开启了社会调查的制度探索。1999年12月，上海市长宁区社会治安综合治理委员会、区青少年保护委员会联合下发了《上海市长宁区未成年人刑事案件社会调查工作若干规定（试行）》。这是我国最早提出“未成年人刑事案件社会调查”概念的地方规范性文件，并确立了社会调查的制度规范。其中，该文件规定：“青少年保护委员会应就未成年被告人性格特点、家庭情况、社会交往、成长经历及实施被指控的犯罪前后的表现进行调查，并制作书面报告提交法庭。”这一规定把社会调查与证据调查进行了实质性的分离，探索出一个与传统刑事诉讼所不同的新程序。

之后不久，社会调查制度很快得到了国家层面的认可。2001年，《最高人民法院关于审理未成年人刑事案件的若干规定》（法释〔2001〕9号）（已失效）出台，该司法解释第21条规定：“开庭审理前，控辩双方可以分别就未成年被告人性格特点、家庭情况、社会交往、成长经历以及实施被指控的犯罪前后的表现等情况进行调查，并制作书面材料提交合议庭。必要时，人民法院也可以委托有关社会团体组织就上述情况进行调查或者自行进行调查。”2002年，最高人民检察院出台的《人民检察院办理未成年人刑事案件的规定》（高检发〔2002〕8号）（已失效）第15条也规定：“审查起诉未成年犯罪嫌疑人，应当听取其父母或者其他法定代理人、辩护人、未成年被害人及其法定代理人的意见。可以结合社会调查，通过学校、家庭等有关组织和人员，了解未成年犯罪嫌疑人的成长经历、家庭环境、个性特点、社会活动等情况，为办案提供参考。”2007 年最高人民检察院对这一规定进行了修改，但这一条款的内容并没有变动。2013 年最高人民检察院对该规定进行了再次修改，并明确规定“审查逮捕未成年犯罪嫌疑人，应当审查公安机关依法提供的证据和社会调查报告等材料。公安机关没有提供社会调查报告的，人民检察院根据案件情况可以要求公安机关提供，也可以自行或者委托有关组织和机构进行调查”。

除了司法机关各自纷纷出台相关规范与制度之外，各个相关部门也开始重视建立协同机制，建立刑事司法一体化运行制度。在有关社会调查制度的建构方面，主要制定了两个相关文件：一个是 2010 年最高人民法院、最高人民检察院、公安部、国家安全部、司法部联合颁布的《关于规范量刑程序若干问题的意见（试行)》（法发〔2010〕35 号）（已失效)。该意见第 11 条规定：“人民法院、人民检察院、侦查机关或者辩护人委托有关方面制作涉及未成年人的社会调查报告的，调查报告应当在法庭上宣读，并接受质证。”2020 年，相关部门对该意见进行了修改，但该条款的内容并没有变化。另一个是同年发布的《中央综治委预防青少年违法犯罪工作领导小组、最高人民法院、最高人民检察院、公安部、司法部、共青团中央关于进一步建立和完善办理未成年人刑事案件配套工作体系的若干意见》（综治委预青领联字〔2010〕1 号)。该意见系统规定了全面调查制度的调查主体和运作机制。其中规定“办理未成年人刑事案件，应当结合对未成年犯罪嫌疑人背景情况的社会调查，注意听取未成年人本人、法定代理人、辩护人、被害人等有关人员的意见。应当注意未成年犯罪嫌疑人、被告人是否有被胁迫情节，是否存在成年人教唆犯罪、传授犯罪方法或者利用未成年人实施犯罪的情况”。上述文件的出台为地方司法实务部门的基层探索提供了重要的依据和支持。

三、司法社会调查制度的立法化

经过三十多年地方及国家层面的少年司法审判制度探索，少年司法制度逐渐法律化，成为刑事审判中的独特制度。其中最具里程碑意义的事件，就是2012年修改的《刑事诉讼法》增加了未成年人刑事诉讼程序专章。而社会调查制度则是未成年人刑事诉讼程序中的一个专门的基础性制度。

2012年修改的《刑事诉讼法》在第268条专门规定了社会调查制度。2018年修改后的《刑事诉讼法》，该条款设置在第279条，但内容上没有变化。该条规定："公安机关、人民检察院、人民法院办理未成年人刑事案件，根据情况可以对未成年犯罪嫌疑人、被告人的成长经历、犯罪原因、监护教育等情况进行调查。"这一条款首次从法律上确立了社会调查的调查主体、调查对象和调查内容。尽管对于职能部门而言，法律并没有强制性要求其必须进行社会调查，但这已经是少年司法的一个重大进步。

社会调查制度的法律化促进了该制度的普遍运用，同时也进一步推动司法机关细化并落实这一制度。其中，检察机关作为刑事司法制度中承上启下的机关，对社会调查制度的落实更为关键。2015年，最高人民检察院制定了《检察机关加强未成年人司法保护八项措施》（高检发诉字〔2015〕3号）。这一文件旨在推动建立社会专业力量参与未成年人司法的长效机制。大力支持青少年事务社会工作专业人才队伍建设工作，主动与青少年事务社会工作专业机构链接，以政府购买服务等方式，将社会调查、合适成年人参与未成年人刑事诉讼、心理疏导、观护帮教、附条件不起诉、监督考察等工作，交由专业社会力量承担，提高未成年人权益保护和犯罪预防的专业水平，逐步建立司法借助社会专业力量的长效机制。2017年，最高人民检察院出台了《未成年人刑事检察工作指引（试行）》

（高检发未检字〔2017〕1号）。在这一文件中，用了一节的内容非常详细地规定了社会调查的基本制度。而且这一文件为了推动社会调查的实质性落地，强化办案机关执行社会调查制度的要求，把法律上规定的可以做社会调查，变更为原则上应做社会调查。

第三节　司法社会调查的主要机制

自20世纪80年代以来，随着少年司法的发展，社会调查制度也经历了起源、发展及法律化的过程。当前，社会调查制度已经基本成熟。分析现有的社会调查制度，其主要机制有以下内容。

一、司法社会调查的主体

所谓社会调查主体，概言之，就是指承担社会调查的机构或人员。基于承担社会调查的机构或人员的不同，社会调查主体大体可以分为三种类型：一是依据职权进行的社会调查，即由法律、法规及规范性文件所确定的由某个国家机关依据法定职权所进行的社会调查，其调查主体包括公安机关、人民检察院、人民法院及司法行政机关。二是受职权部门委托进行的社会调查，即由具有调查职权的主体委托，让其他没有职权的机构或人员所进行的社会调查，其承担调查的主体主要有群团组织、社会工作机构、律师及志愿者。三是自行进行的社会调查，即由未成年犯罪嫌疑人、被告人的监护人自己或委托其他机构或人员进行社会调查，其承担调查的主体主要有监护人或监护人委托的机构或人员。当然，三种不同的社会调查，其法律地位也有所差异。

从我国社会调查制度的起源、发展再到法律化过程可以发现，社会调查的主体也经历了一个相应的演变过程。在社会调查制度的起源阶段，调查主体基本是办案机关及其办案人员。而在社会调查制度的发展阶段，社会调查的主体就开始多元化了。上海市的试点就是以青少年保护办公室作为社会调查的主体。2001 年，《最高人民法院关于审理未成年人刑事案件的若干规定》（法释〔2001〕9 号）（已失效）中确立了可以由控辩双方、人民法院及人民法院委托的社会团体担任社会调查的主体。而 2010 年发布的《中央综治委预防青少年违法犯罪工作领导小组、最高人民法院、最高人民检察院、公安部、司法部、共青团中央关于进一步建立和完善办理未成年人刑事案件配套工作体系的若干意见》（综治委预青领联字〔2010〕1 号）中却规定“社会调查由未成年犯罪嫌疑人、被告人户籍所在地或居住地的司法行政机关社区矫正工作部门负责”。该意见同时规定，司法行政机关社区矫正工作部门可以采取三种社会调查方式：一是由司法行政机关社区矫正工作部门自行进行社会调查；二是联合其他相关部门开展社会调查；三是委托共青团组织以及其他社会组织协助调查。

而在社会调查法律化阶段，《刑事诉讼法》只规定了公安机关、人民检察院和人民法院可以进行社会调查。也就是说，社会调查是公安机关、人民检察院和人民法院的职权，社会调查的主体只能是这三个部门，它们有自行社会调查权。而司法行政机关及当事人是没有自行调查权的。职权法定化有利于公安机关、人民检察院和人民法院按照办案需求控制社会调查的质量。然而，随着公安机关、人民检察院和人民法院职权的扩展，它们的工作量增多，工作压力也明显增大。更为重要的是，由于司法机关在涉未成年人的司法审判中越来越强调精细化、科学化与专业化，它们更愿意把这些职能分流出去。因此，在少年司法实务中，公安机关、人民检察院和人民法院往往是作为社会调查的委托机关，委托给相关机构或部门来承担社会调查。与此同时，基于我国社会组织机构不充分、不平衡的发展状况，政府、司法机关及各相关职能部门也在大力引导、促进、培育社会组织的发展，以更好地履行相关职能。

二、司法社会调查的原则

在少年司法中，社会调查报告是未成年犯罪嫌疑人和被告人的司法分流和司法处遇的重要依据。公安机关、人民检察院、人民法院在办案过程中，应当把社会调查报告纳入司法的考量范围，综合考虑案件事实和社会调查报告的内容。为了实现少年司法的功能，发挥社会调查的作用，应当坚持和秉承一定的原则。

（一）以应当调查为原则，以不调查为例外

在我国，司法社会调查可以应用到少年司法的各个阶段，具体表现在以下三个方面：在社会调查的侦查阶段，公安机关可以根据未成年人犯罪嫌疑人的社会调查报告，综合作出是否提请批捕、移送起诉的决定。在检察阶段，检察机关根据社会调查报告，综合案情，可以作出是否批捕的决定，也可以作出附条件不起诉、不起诉和起诉的决定。而在法院审理阶段，人民法院可以根据社会调查报告，综合案情作出相应的司法裁判。当前，《刑事诉讼法》规定，公安机关、人民检察院和人民法院根据情况可以对未成年犯罪嫌疑人、被告人进行社会调查。此处规定为“可以”，主要是为公安机关、人民检察院和人民法院留有一定的自由裁量权。但社会调查作为少年司法的基础性制度，其嵌入在司法审判的各个环节，为司法分流和司法处遇提供科学化、精准化及个性化的依据。因此，2017 年最高人民检察院在制定《未成年人刑事检察工作指引（试行）》中，将其规定为应当调查。在笔者看来，这是强化司法社会调查制度落地的重要措施，也是提升少年司法公信力的重要依据。因为涉罪未成年人在少年司法中的处遇都是个性化的，如果没有社会调查做支撑，司法机关很难证明其对涉罪未成年人的司法分流和司法处遇具有客观性、公正性与公平性。也正是基于这个原因，对于涉罪未成年人的司法社会调查应当以应当调查为原则，以不调查为例外。而例外的情形，有两个必须同时具备的前提条

件：一是未成年人犯罪情节轻微；二是办案人员在调查案件事实的过程中已经掌握未成年犯罪嫌疑人的成长经历、犯罪原因、监护教育等情况，因此没有必要再进行社会调查。除此之外，都应当进行社会调查。

（二）不重复原则

所谓不重复原则就是具有调查职权的主体在同一案件中要充分协调，避免对涉罪未成年人进行重复性的社会调查。《刑事诉讼法》规定，公安机关、人民检察院和人民法院都可以进行社会调查。但这并不意味着每个机关都要对同一个案件进行社会调查，而是需要公安机关、人民检察院和人民法院建立社会调查协同机制，依法定职权进行分工合作，在刑事诉讼的不同阶段和整个过程只形成一份社会调查报告。基于公安机关是涉罪未成年人司法分流和司法处遇的起点，因此，司法社会调查报告也应当以公安机关的调查为基础，在检察阶段和审判阶段则主要是根据自身办案需求，对公安机关的社会调查报告进行补充和完善。人民法院在一般情况下不进行自行社会调查，但可以委托其他机构进行补充调查。而人民检察院既可以自行调查，也可以补充调查。但无论采取哪种方式，都需要尽量保持社会调查的统一性、完整性和全面性，做到不重复调查。这是因为一方面可以节约司法机关的国家资源，另一方面可以避免对涉罪未成年人及其相关人员产生不必要的侵扰。

（三）知情原则

知情权是指了解信息和获取信息的权利，包括私法中的知情权，也包括公法中的知情权。在司法社会调查中，知情权主要是一种公法意义上的权利。即社会调查的对象，有了解被社会调查的相关信息的权利。其中享有知情权的主体包括涉罪未成年人、涉罪未成年人的监护人及其对了解涉罪未成年人相关信息有关的人。而知情权的内容主要有：其一，调查人员的组成；其二，调查程序；其三，调查内容；其四，对未成年人的隐私保护等。这些信息，都应当让社会调查的对象充分了解，而调查主体有义务在进行社会调查前告知上述信息。让社会调查对象了解这些信息，不仅有助于社会调查对象对社会调查的意义和作用有充分的了解，使得他们更愿意配合调查。也有助于调查人员充分、全面掌握涉罪未成年人的相关信息，从而对如何处置和分流涉罪未成年人有重要的指导作用。

（四）同意原则

知情和同意在私法中是两种紧密相连的权利。知情权是同意权的前提和基础，同意权是知情权的延续和价值体现。但在公法中，主要涉及国家职权的行使，尤其是行政执法和刑事司法往往具有单向性，一般不需要经过当事人同意。因此，在知情权与同意权的配置上往往不对称。一般是要充分保障知情权，而同意权只是在特定的场合中才会适用。其中，在社会调查中，为了体现司法社会调查对被调查对象的尊重，当调查机构需要进行特殊调查或使用特殊方法进行社会调查时，需要征得被调查对象的同意。其中特殊的社会调查主要有心理测评。心理测评主要针对涉罪未成年人，其不是社会调查的必经程序和手段，只有在有必要进行心理测评时才启用。但要进行心理测评是需要经过涉罪未成年人及其法定代理人同意，才能开展社会调查的。而特殊的方法则是社会调查的辅助手段，从而更有助于实现社会调查的目的。在特殊的方法中，主要是采取拍照、同步录音录像等形式记录调查内容。原来的社会调查主要采取手写记录，但手写记录有很多弊端，也容易出错。也正是基于这个原因，社会调查往往会利用科学技术辅助记录，从而增强社会调查的真实客观性。但由于拍照、录音、录像往往也会涉及被调查对象的肖像权、人格权的问题，因而需要经过被调查人的同意。

（五）保护原则与保密原则

保护原则是制定未成年人相关法律法规的基本原则，这一原则不仅应当贯穿于所有关于未成年人的法律和制度设计，也应贯穿于整个未成年人司法全过程。在少年司法中，国家以促进未成年人顺利回归社会为宗旨，采取了一系列方式保护涉罪未成年人，例如，犯罪记录封存、媒体不得披露涉罪未成年人的信息等，这都是采取信息封闭措施，使得社会不知道涉罪未成年人的相关违法犯罪信息，从而保障其顺利回归社会。在司法社会调查中，保护原则也主要体现在尽可能保护未成年人的隐私，不得向外界透露涉罪未成年人的信息。但采取的方式方法可能有所不同，其核心保护措施可以表现为两个层面：一是在进行社会调查时，尽量避免让非调查对象知悉或者引发可能涉罪的猜测。例如，调查人员不得驾驶警车，身着警察、检察或法官制服前去社会调查。二是不能把涉罪未成年人的涉罪信息透露给非社会调查的对象。而保密原则是一个与保护原则紧密相关的原则。基于对未成年人的保护，应当建立保密原则。同样，基于对人的人格、尊严的保护也能延伸保密原则。但两者的核心都是让接触涉罪未成年人的工作人员，确立不得泄露涉罪未成年人的犯罪信息、个人隐私等情况的义务。

（六）客观原则与回避原则

客观原则也可以称为真实性原则。由于社会调查报告是涉罪未成年人司法处遇的重要参考和衡量标准，因而客观原则也应当是司法社会调查的基本准则。司法社会调查中的客观原则就是要全面、真实地反映涉罪未成年人为何犯罪的背景性资源。然而，保证社会调查报告的客观性，主要取决于两个方面的因素：其一，依赖于调查员掌握足够专业的调查技能，并依据其技能进行科学有效的调查。其二，依赖于调查员不受主观因素的干扰，这些因素基于某种情势可能影响社会调查员客观公正的调查。也正是基于客观原则，衍生出了回避原则。回避原则是司法中的重要原则之一，其核心要旨就是避免自己办自己的案子，或者办与自己利益相关的案件，以此避免不公正的嫌疑。同样在社会调查中，为了保证司法社会调查的公正性和客观性，也应当建立回避原则。其中回避事由主要有两种情形：其一，调查员是被调查人的近亲属。如果调查员是被调查人的近亲属，很可能会因为亲属关系而影响社会调查的客观性。为了避嫌，应当回避。其二，社会调查员是与本案有利害关系的人员。例如，社会调查员是受害人或受害人亲属，或者有财产上的利害关系等，这些情形都应当回避。

三、司法社会调查的程序

司法社会调查的程序就是指在少年司法的不同阶段，如何启动、开展和终结社会调查所要遵循的操作规则。为了促进和保证社会调查的及时性、公正性、客观性和有效性，避免重复调查，司法社会调查应当建立并遵循一定的操作规程。从当前国家法律、法规及规范性文件所建立的操作规程来看，主要分为三个阶段。

（一）公安机关办案阶段

在一般的刑事诉讼中，公安机关进行刑事立案意味着刑事诉讼的正式开始。在刑事诉讼中，公安机关的主要职能是刑事侦查，主要工作包括依法收集证据、查明犯罪事实、查获犯罪嫌疑人并向检察机关提请批捕等。而在少年司法中，则把社会调查作为公安机关的职能之一。根据当前有关规定，公安机关进行社会调查时主要遵照以下基本操作规程。

其一，司法社会调查的启动。依据《刑事诉讼法》，公安机关可以进行社会调查，但依据2017年最高人民检察院制定的《未成年人刑事检察工作指引（试行）》，公安机关则应当进行社会调查。这意味着只要是公安机关办理的未成年人刑事案件，就应当启动社会调查。但在具体办案中，有时会遇到犯罪嫌疑人不讲真实姓名、住址，身份不明的情形。如果出现这种情况，可能将导致公安机关客观上无法实施社会调查。因此，公安机关在这种情形下，可以暂时不进行社会调查。当无法实施社会调查的事由排除后，公安机关依然应当及时启动社会调查。

其二，司法社会调查的实施。当公安机关启动社会调查后，可以通过自行调查和委托调查的方式具体实施社会调查。对公安机关自行社会调查的案件，一般应在办案人员收集证据和查明犯罪事实的同时进行社会调查，并在提请批捕前或移送起诉前完成社会调查。而对公安机关委托进行社会调查的案件，应当于立案后及时将委托调查函送达被委托的社会调查机构。社会调查机构应当及时委派两名社会调查人员，对涉罪未成年人及相关人员进行社会调查，并在公安机关规定的时间内完成社会调查。

其三，司法社会调查报告的提交。无论是公安机关自行调查还是委托调查，都要制作司法社会调查报告。司法社会调查报告是公安机关决定是否提请批捕和移送起诉的重要参考。公安机关应当认真审查，综合案件作出是否提请批捕和移送起诉的决定。当公安机关作出提请人民检察院审查批捕或移送审查起诉决定后，应当将犯罪嫌疑人办案期间表现等材料和经公安机关审查的社会调查报告等随案移送人民检察院。

（二）人民检察院办案阶段

人民检察院主要有决定是否批准逮捕、审查起诉和提起公诉三大职能。这三大职能是刑事诉讼中承前启后的关键环节。人民检察院办案阶段就是指人民检察院依照法定程序履行这三大职能的全过程。当公安机关就涉罪未成年人案件提请批捕或移送起诉后，就意味着人民检察院办理未成年人刑事案件的开始。而司法社会调查也将贯穿人民检察院办案的始终。具体而言，人民检察院针对司法社会调查，以下是其需要进行的重点工作和遵循的基本规程。

其一，审查公安机关是否移送司法社会调查报告。人民检察院对公安机关提请批捕或移送审查起诉的未成年人刑事案件，应当审查公安机关是否随案件移送司法社会调查报告及附属材料。对公安机关在移交的卷宗中没有移送司法社会调查报告的，人民检察院应当要求并督促公安机关在七日内提供。对未成年犯罪嫌疑人不讲真实姓名、住址，身份不明，无法进行社会调查的，人民检察院应当要求公安机关出具书面情况说明，公安机关也应当作出书面说明。公安机关也可以在提请批捕或移送审查起诉时同步提交无法进行社会调查的书面说明。当无法进行调查的原因消失后，人民检察院应当督促公安机关开展司法社会调查。

其二，审查督促司法社会调查。司法社会调查报告是人民检察院决定是否对涉罪未成年人批准逮捕，是否提起公诉的重要参考。因此，人民检察院在办理未成年人刑事案件时，应当认真审查公安机关移送的社会调查报告、办案期间表现等材料，全面掌握案情和未成年人的身心特点。在审查司法调查报告中，发现对证明未成年犯罪嫌疑人的成长经历、犯罪原因、监护教育等情况的材料不充分的，人民检察院应当要求公安机关补充提供，公安机关应当补充社会调查。

其三，自行进行司法社会调查。由于公安机关本身具有案件查明职能，又是最先接触涉罪未成年人的部门，因而在司法社会调查制度中，应当按照以公安机关优先为主，以人民检察院和人民法院调查为补充的原则开展司法社会调查工作。人民检察院为了保持社会调查的连贯性和不重复工作，其可以不自行调查，而是在公安机关进行社会调查的基础上，按照人民检察院的办案需求要求公安机关进行补充和完善。只有在某些特殊的情形，人民检察院才会启动自行社会调查。人民检察院启动自行社会调查的情形主要有：第一，对公安机关移送审查起诉的未成年人刑事案件，未随案移送社会调查报告及其附属材料，经发函督促七日内仍不补充移送的，人民检察院可以自行社会调查。第二，公安机关随案移送的社会调查报告不完整，需要补充调查的，人民检察院也可以自行司法社会调查，但司法社会调查的核心是补充公安机关的司法社会调查，而不是重新进行司法社会调查。第三，人民检察院认为应当重新调查的，可以进行调查或补充调查。当然这种情形的出现一般也应以公安机关调查报告为基础。这些情形主要包括：人民检察院认为公安机关提供的调查材料有虚假成分的；社会调查结论与其他证据存在明显矛盾的；调查人员系案件当事人的近亲属或与案件有利害关系，应当回避但没有回避的等。为了避免规定可能出现未尽事宜，还有一个兜底性条款，就是人民检察院认为需要重新调查的其他情形，也可以进行重新调查。

其四，向人民法院移送司法社会调查报告。在人民检察院办案阶段，司法调查报告的来源大致有两种：一种是公安机关提供的，另一种是人民检察院自己调查的。如果是公安机关提供的司法调查报告，不管是起初移送的还是后来补充完善的，人民检察院都应当进行审查，并作为是否批准逮捕和审查起诉的重要参考和依据。如果是人民检察院自己补充调查的或者是自行调查的，也应当进行审查，并作为人民检察院的办案参考与依据。人民检察院根据案情和司法调查报告，决定起诉的，人民检察院应当将司法调查报告随同案件一起移送人民法院。

（三）人民法院办案阶段

在刑事诉讼中，人民法院办案阶段主要是指自人民法院受理人民检察提起公诉开始，至人民法院依法审理、判决的整个过程。对于办理未成年人刑事案件，人民法院应当全面审查人民检察院移送的社会调查报告或无法进行社会调查的书面说明、办案期间表现等材料，并将社会调查报告作为教育和量刑的参考。在整个人民法院办案的环节，涉及司法社会调查报告的程序与规程主要有：其一，人民法院应当审查人民检察院有没有随案移送社会调查报告或无法进行社会调查的书面说明、办案期间表现等材料。其二，人民法院需要处理无司法调查报告或者提交无法进行社会调查书面说明的情形，对于既无司法调查报告，又没有提交无法进行司法社会调查的书面说明的，人民法院可以要求人民检察院提供，人民检察院应当提供。对人民检察院提交了无法进行社会调查书面说明的，可以等无法进行调查的情形消失后，督促人民检察院进行司法社会调查。其三，对人民检察院提交的司法社会调查报告进行审查。如果人民法院认为司法社会调查报告不完善的，可以要求人民检察院补充调查。人民法院也可以自行调查。其四，人民法院在法庭审理中，应当宣读社会调查报告，必要时可以通知调查人员出庭说明情况。其五，人民法院应当在判决生效后，及时将社会调查报告、办案期间表现等材料连同刑罚执行文书送达执行机关。

第四节　社会工作参与司法社会调查

一、司法与社会工作的协同机制

根据《刑事诉讼法》的相关规定，司法社会调查是公安机关、人民检察院和人民法院的职责，这意味着公安机关、人民检察院和人民法院都可以依职权进行社会调查。然而，在司法社会调查的制度建构中，公安机关、人民检察院和人民法院既可以自行调查，也可以委托其他机构进行社会调查。在具体实务操作中，公安机关、人民检察院和人民法院的司法社会调查工作逐渐从委托国家机构进行转变为委托社会工作机构进行。因此，公安机关、人民检察院和人民法院不仅要处理它们自身的协同问题，还要处理好这三个机关与被委托机构的协同问题。

（一）鼓励、促进、扶持社会工作参与司法

当前，国家把社会组织视为社会治理体系和治理能力现代化的一个重要组成部分。同时，基于我国社会组织还处于发展起步阶段这一事实，国家也正大力通过把社会组织融入国家治理体系参与国家治理等方式，来促进社会组织的兴盛与发展。社会工作作为社会组织中最新兴的力量，在社会治理实践中迅速崛起。这离不开国家法律、法规及各种规章制度的保障。截至目前，已经立法的就有《反家庭暴力法》《社区矫正法》《未成年人保护法》及《预防未成年人犯罪法》，这些法律将大大促进社会工作的发展。其中，有关司法工作的就有不少相关条款。例如，《未成年人保护法》第116条规定："国家鼓励和支持社会组织、社会工作者参与对涉

及未成年人案件中未成年人的心理干预、法律援助、社会调查、社会观护、教育矫治、社区矫正等工作。”这种体制机制的确立，必然会引导司法机关大力促进社会工作参与司法，促进司法社会工作的发展。而促进的机制，一般都是采取属地原则，由地方政府或司法机关通过培育本地社会工作机构发展，通过政府购买服务的方式，规范、引导、促进本地社会工作机构的建设。

（二）司法与社会工作关系的建立

司法与社会工作关系的建立是社会工作介入司法的起点，而司法与社会工作关系的建立都是通过委托的方式加以确立的。从委托主体来看，公安机关、人民检察院和人民法院都可以是委托主体。公安机关、人民检察院和人民法院可以把相关事项分别委托给社会工作机构。这意味着社会工作机构应当以服务委托机构为中心，根据委托机构职能和需求，提供相应的社会工作服务。但无论哪个委托主体进行委托，都应当采取政府购买服务的方式进行。

从委托的内容来看，大体分为个案委托、专项委托和整体委托。所谓个案委托就是指公安机关、人民检察院和人民法院依照各自职能，将某个特定案件的社会工作服务委托给社会工作机构，由社会工作机构派社会工作人员前来提供个案服务的方式。由于个案委托是以具体个案为基础，需要就每一个个案进行委托磋商，双方合作缺乏连贯性，也会增加双方的成本。因此，公安机关、人民检察院和人民法院的委托一般不会采取这种方式。所谓专项委托，就是指公安机关、人民检察院和人民法院依照各自职能，将可以由社会工作机构承担的某类事项，委托给专业的社会工作机构，并由社会工作机构委派专业社会工作者提供专门的社会工作服务。专项委托的前提就是不同社会工作机构有不同的特色和专长。有些社会工作机构比较擅长心理辅导，有些社会工作机构比较擅长做社会调查，还有些社会工作机构比较擅长社区矫正等。那么公安机关、人民检察院和人民法院可以根据不同社会工作机构的这些特长，把不同的专门事项分别委托给不同的社会工作机构。这样既能发挥社会工作机构的特长，又能保证社会工作服务的质量。所谓整体委托，就是公安机关、人民检察院和人民法院把其职权范围内可以由社会工作机构承担的事项整体委托给社会工作机构，社会工作机构按照服务要求和规定提供社会工作服务。

（三）司法机关的配合与支持

司法与社会工作机构采取哪种方式合作，主要靠双方协商。但这并不意味着公安机关、人民检察院和人民法院把相关事项委托给社会工作机构后，就可以完全不管了。实际上，在整个社会工作参与司法工作过程中，公安机关、人民检察院和人民法院都应当积极配合，支持社会工作。其主要表现在以下几个方面：其一，在个案委托调查时，公安机关、人民检察院、人民法院应当向司法社会调查人员告知相关案情和事宜。其二，在司法社会调查人员需要查阅相关案卷、会见涉罪未成年人及访谈办案人员时，公安机关、人民检察院、人民法院应予以配合。其三，司法社会调查人员要对涉罪未成年人的监护人及外围关系进行社会调查时，公安机关、人民检察院、人民法院应为社会调查员提供必要的便利条件。

二、社会工作参与司法社会调查的基本规程

社会工作参与司法社会调查的基本规程就是指社会工作机构根据委托协议，指派社会工作者进行司法社会调查，社会工作者按照委托机关的要求，进行司法社会调查、撰写并提交社会调查报告所要遵循的操作规范和制度。尽管社会工作参与司法社会调查不是司法社会调查的必经程序，但国家层面已经通过各种立法鼓励、引导、促进社会工作参与司法社会调查。表现在司法实务中，各地方也在通过各种方式促进社会工作参与司法社会调查。大体而言，社会工作参与司法社会调查的基本规程主要包括以下几个重点环节。

（一）公安机关、人民检察院和人民法院与社会工作机构的合作

公安机关、人民检察院和人民法院通过委托与社会工作机构建立合作关系，社会工作机构也可以主动寻求与公安机关、人民检察院和人民法院建立合作关系。这是社会工作参与司法社会调查的起点和前提。一般而言，公安机关、人民检察院和人民法院不会采取个性化的方式，就每一个案件与社会工作机构进行磋商和委托，而是采取整体打包或就某类社会工作服务与社会工作机构建立合作关系。合作的对象和内容都是根据相互之间的磋商而确定。公安机关、人民检察院和人民法院可以分别和同一个机构，也可以和不同的机构进行合作。为了保障司法社会调查在不同的刑事诉讼过程中避免重复，浪费资源，也可以共同委托同一个机构进行。

（二）公安机关、人民检察院和人民法院的个案委托

在办理案件过程中，公安机关、人民检察院和人民法院根据与社会工作机构的合作协议，可以把需要进行司法社会调查的未成年人案件委托给社会工作机构，由被委托的社会工作机构来承担社会调查工作。委托调查机关应当向受委托的组织或者机构发出社会调查委托函，并向受托机构告知相关事项。具体包括：其一，对委托文书的要求。在社会调查委托函中，委托机关应当载明被调查对象的基本信息、案由、基本案情、调查事项、调查时限等，并加盖委托单位的公章。其二，委托机关应当明确告知受委托组织或机构为每一个未成年人指派两名社会调查员进行社会调查，如有女性未成年人的，应当让受托机构指派女性社会调查员参与司法社会调查。其三，委托单位应当明确告知受托机构应当回避的事项。

（三）社会工作机构的指派

在社会工作机构收到公安机关、人民检察院和人民法院等委托机构的委托函后，应当认真研究委托函及委托事项，及时联系委托单位，了解基本情况。以此为基础，社会工作机构按照工作规程制作接案登记表，并应当根据社会调查的具体情况，进行分案处理，及时指派最适合该案件的司

法社会调查员，并将分案信息反馈给委托机构。所谓及时，一方面是指应当在委托机关规定的时间范围内进行指派；另一方面是指在受托的社会工作机构工作流程中确定的时间范围内指定。目标在于保证社会调查及时启动，按时保质获得社会调查效果。所谓最合适，一是指受指派的社会调查员比其他社会调查员更合适做这个未成年人的社会调查；二是指为了保证客观公正，应当按照委托机构的要求对社会调查人员进行回避审查，避免指派被调查人的近亲属、受害人的近亲属或与本案有利害关系的人员进行调查；三是指应当考虑性别差异，当被调查对象是女性时，应当有女性司法社会调查员。

（四）司法社会调查的实施

司法社会调查员接到社会工作机构的指派后，应当及时查看接案登记表，及时与办案人员取得联系，了解相关信息，并应当按照委托机构社会调查的时限，及时保质进行司法社会调查。一般程序是：

首先，前期准备。即在会见未成年犯罪嫌疑人前，与办案人员进行沟通交流，在办案机关及其人员许可的前提下，查阅相关法律文书。

其次，拟订社会调查实施计划，包括调查走访哪些被调查对象，不同对象应当了解什么问题。在正式进行社会调查前，如果未成年犯罪嫌疑人已被羁押的，应当提前与未成年人的父母沟通，并应当征得其父母的同意。

再其次，会见未成年犯罪嫌疑人。进行社会调查应当会见未成年犯罪嫌疑人，当面听取其陈述。未成年犯罪嫌疑人未被羁押的，可以到未成年犯罪嫌疑人的住所或者其他适当场所进行会见。未成年犯罪嫌疑人被羁押的，经公安机关审查同意，可以到羁押场所进行会见。会见时首先要向未成年犯罪嫌疑人出示社会调查委托函、介绍信和工作证，并应当向未成年犯罪嫌疑人履行相关告知义务。

最后，实施社会调查。围绕着委托机关的社会调查目的和调查事项，社会调查人员主要就个人基本情况、社会生活状况、涉嫌犯罪的相关情况等对未成年犯罪嫌疑人进行社会调查。不仅如此，开展社会调查时，应当走访未成年犯罪嫌疑人的监护人、亲友、邻居、老师、同学等相关人员，也应当走访被害人或者其近亲属等相关人员，以全面了解未成年犯罪嫌疑人。对在外地的监护人及亲友，必要时可以通过电话、电子邮件或者其他方式向他们了解情况。另外，还需要注意两点：一是社会调查员无论是调查未成年犯罪嫌疑人，还是未成年犯罪嫌疑人的监护人、亲友、邻居、老师、同学、被害人或者其近亲属等相关人员，都必须向他们出示社会调查委托函、介绍信和工作证；二是在实施社会调查时，可以融入社会工作方法，对涉罪未成年人提供一些帮教与干预服务。

（五）司法社会调查的内容

尽管公安机关、人民检察院、人民法院进行社会调查的重点有所不同，但为了全面反映涉罪未成年人基本情况和涉罪原因，社会调查机构应当围绕以下主要内容开展：其一，个人基本情况。这些情况包括未成年人的年龄、性格特点、健康状况、成长经历（成长中的重大事件）、生活习惯、兴趣爱好、教育程度、学习成绩、一贯表现、不良行为史、经济来源等。其二，社会生活状况。其主要包括未成年人的家庭基本情况（家庭成员、家庭教育情况和管理方式、未成年人在家庭中的地位和遭遇、家庭成员之间的感情和关系、监护人职业、家庭经济状况、家庭成员有无重大疾病或遗传病史等）、社区环境（所在社区治安状况、邻里关系、在社区的表现、交往对象及范围等）、社会交往情况（朋辈交往、在校或者就业表现、就业时间、职业类别、工资待遇、与老师同学或者同事的关系等）。其三，与涉嫌犯罪相关的情况。主要包括两个方面：一方面是对犯罪时的调查，包括犯罪目的、动机、手段、与被害人的关系等；另一方面是犯罪后的表现，包括案发后、羁押或取保候审期间的表现、悔罪态度、赔偿被害人损失等。其四，回归社会条件的调查。这些调查重点在于收集社会各方意见，包括被害方的态度、所在社区基层组织及辖区派出所的意见等，以及是否具备有效监护条件、社会帮教措施。其五，有其他与涉罪未成年人相关的内容，认为应当调查的，也可以进行社会调查。

（六）司法社会调查报告的制作

司法社会调查员根据要求，完成了社会调查之后，应当制作社会调查报告。当前，由于对司法社会调查报告没有统一的规范，不同机构制作的社会调查报告不尽相同，需要规范。大体而言，司法社会调查报告的主要内容主要由以下几个部分组成。

其一，陈述调查主体、方式及简要经过。这是司法社会调查的第一部分。在这一部分中，可以由两类重点内容组成。一是关于涉罪未成年人的个人信息，即简要载明涉罪未成年人的基本信息、案件的基本情况等。二是社会调查员实施社会调查时的主要调查过程，即做了哪些调查工作，采用了哪些方式和方法。

其二，全面反映调查内容。这是司法社会调查报告的第二部分。这一部分主要根据委托机构的社会调查要求，通过对社会调查所收集到的资料进行整理，有条理地全面呈现涉罪未成年人的相关信息。重点有三：一是载明个人基本情况。详细载明涉罪未成年人的基本情况，其重点在于呈现个人特征与涉罪的关联性。具体而言，其主要内容包括涉罪未成年人的性格特点、健康状况、成长经历、生活习惯、兴趣爱好、教育程度、学习成绩、一贯表现、不良行为史、经济来源等。二是社会生活状况。具体包含家庭基本情况、社区环境及社会交往情况这三个层面的内容。对这三个层面的调查，重点在于反映涉罪未成年人社会生活状况与其触犯法律的相关性。三是与涉嫌犯罪相关的情况。其内容主要包括犯罪目的、动机、手段、与被害人的关系等；犯罪后的表现，包括案发后、羁押或取保候审期间的表现、悔罪态度、赔偿被害人损失等。对涉嫌犯罪相关情况的呈现，主要是全面反映涉罪未成年人犯罪时的主观心态和犯罪后的悔罪表现。

其三，综合评价。综合评价是社会调查报告的第三部分。该部分的内容是在对社会调查主要内容认真梳理和研究的基础之上所作出的判断。其主要内容在于对未成年犯罪嫌疑人的身心健康、认知、解决问题能力、可信度、自主性、与他人相处能力以及社会危险性、再犯可能性等情况的综合分析。具体而言，主要包括三个方面：一是对此次违法行为因素的分析；二是对涉罪未成年人回归社会的不利因素的分析；三是对涉罪未成年人回归社会的有利因素分析。不管是有利因素还是不利因素，都需要围绕着涉罪未成年人的主观犯罪的恶性程度、再犯风险等级、受害人的意见、社区反映、是否具备有效监护条件、社会帮教条件等因素进行综合评价。

其四，意见建议。意见建议是社会调查报告的第四部分。这一部分旨在以社会调查和综合评价为基础，提出对未成年犯罪嫌疑人的处罚和教育建议。

其五，其他事项。社会调查报告主要由上述四个部分组成，但也有一些其他需要载明的事项，例如，社会调查人员之间对涉罪未成年人的综合评价和意见建议不一致的，应当在报告中写明。当然，在社会调查的最后，应当由调查人员签名，并加盖调查机构的单位印章。

（七）司法社会调查的结案

司法社会调查的结案就是指社会调查人员完成了所有社会调查，制作了社会调查报告，并把相关材料提交委托机关，并终结司法社会调查的过程。当司法社会调查全部结束后，司法社会调查员应当按照委托机构的要求，向委托机构提交司法社会调查报告和原始材料。其中，原始材料包括调查笔录、调查问卷、社会调查表、有关单位和个人出具的证明材料、书面材料、心理评估报告、录音录像资料等。对于调查笔录，需要给调查对象进行核对，调查对象确认无误后，需要签名后捺手印。对于以单位名义出具的证明材料，需要由材料出具人签名，并加盖单位印章。而对于以个人名义出具的证明材料，需要由材料出具人签名，并附个人身份证复印件。

第三章

合适成年人制度与司法社会工作

CHAPTER 3

第一节　合适成年人制度概述

在众多与社会工作相关的少年司法制度中，合适成年人制度是一个较有特点的制度。社会工作要切实做好合适成年人工作，履行好合适成年人的职能，首先应当对合适成年人制度有充分的了解。

一、合适成年人制度及其相关概念

合适成年人，也称适当成年人。从字面意义上理解就是合适当成年人的人。其中，所谓的成年人就是指在法律上被视为成年人的人，在我国是指年满 18 周岁的人。而所谓的合适或适当，不是说这一成年人自己有没有行为能力和责任能力，自己作为一个成年人是否适格，而是有特定所指，这种特定所指既包括特定的场合，也包括特定的对象。在特定的场合方面，主要是针对涉及未成年人的刑事诉讼过程。而在特定的对象方面，则是针对涉及刑事诉讼中的未成年人。综上，合适成年人就是指在刑事诉讼中，合适担任未成年人保护人的人。

这一概念内含了三个层面的意思：其一，合适成年人首先是成年人，而且应当是具有完全民事行为能力的成年人。因为限制民事行为能力人、无民事行为能力人，自我照顾能力弱，甚至自己尚需被照顾，其不能成为合适成年人。其二，合适成年人是专门针对刑事诉讼中的未成年人而言，是因未成年人而设置，具有保护未成年人的取向。其三，合适成年人制度对保护刑事诉讼中的未成年人具有合适性，即适合做合适成年人的，必须是有利于涉及刑事诉讼中的未成年人，而可能有害于未成年人的，则不能担任合适成年人。上述三层含义构成合适成年人的基本标准，是司法部门选任合适成年人参与刑事诉讼的理论基础和判断标准。

很显然，合适成年人是通过刑事诉讼法律建构出来的一种角色。这一角色参与到刑事诉讼中来而形成的法律制度，就是合适成年人制度。也就是说，合适成年人制度就是指在刑事诉讼过程中，合适成年人参与刑事诉讼的制度和规范总称。履行合适成年人的最为重要的职责就是合适成年人在场，因此，合适成年人制度又经常被称为合适成年人在场制度或者合适成年人在场权。

进一步理解合适成年人制度，应当从合适成年人的在场权着手。所谓合适成年人的在场权有最狭义、狭义、中义和广义四个层次的界定。最狭义的合适成年人在场权仅指未成年犯罪嫌疑人在侦查讯问程序中所享有的应当有合适的成年人到场参与的权利。狭义的合适成年人在场权是指未成年犯罪嫌疑人在审前讯问程序中（包括侦查阶段的讯问和审查起诉阶段的讯问）所享有的应当有合适的成年人到场参与的权利。中义的合适成年人在场权是指未成年犯罪嫌疑人、被告人在讯问、审判程序中所享有的应当有合适的成年人参与的权利。广义的合适成年人在场权则是指未成年犯罪嫌疑人、被告人在整个刑事诉讼程序中所享有的应当有合适成年人到场参与的权利。[①] 也就是说，区别合适成年人最狭义、狭义、中义和广义四个层次的标准在于合适成年人在涉罪未成年人的刑事诉讼过程中的某个阶段或环节拥有在场的权利。法律赋予合适成年人参与的环节越多越偏向于广义，越少越偏向于狭义。

从《刑事诉讼法》对合适成年人制度的确立情况来看，我国的合适成人制度偏中义，即指未成年犯罪嫌疑人、被告人在讯问、审判程序中应当有合适成年人的到场参与的权利。然而，在笔者看来，这一概念也并没有能够完全准确地界定合适成年人。很显然，当前对合适成年人概念的界定，都是以未成人犯罪嫌疑人或被告人为对象和范畴的。然而，合适成年人的适用对象和范畴，并不仅限于未成人犯罪嫌疑人或被告人，未成年人

---

① 姚建龙. 论合适成年人在场权 [J]. 政治与法律，2010 (7)：146.

被害人和证人也同样适用合适成年人制度。《刑事诉讼法》第 281 条关于合适成年人的制度规范条款最后一款规定“询问未成年被害人、证人，适用第一款、第二款、第三款的规定”，即合适成年人制度不仅可以适用于未成人犯罪嫌疑人或被告人，也可以适用于未成年人被害人和证人。

由此可以看出，合适成年人在其适用对象上，实际上存在三类截然不同的适用主体：一是作为刑事案件侵害人的犯罪嫌疑人或被告人，二是作为刑事案件的被害人，三是作为见证刑事案件的证人。这三类主体有一个共同的特征，那就是都为未成年人。也正是基于这一共同的特征，决定了合适成年人制度设置的一个共同的目标，那就是保护刑事案件中的未成年人。与适用主体一致的是，合适成年人不仅适用于讯问、审判程序之中，也适用于询问程序之中。因此，在笔者看来，合适成年人制度的概念一方面应当偏中义，另一方面应当超越既有的适用对象和所涉及的程序范围。即可以把合适成年人制度界定为在涉及未成年人的刑事案件中，担任未成年人的合适成年人，参与到刑事诉讼过程中，在司法机关讯问、询问、审判的时候，合适成年人应当到场的制度。

二、合适成年人制度的缘起与意义

合适成年人制度的起源，可以追溯到英国的肯费特（Confait）案。该案发生在 1972 年，有一名叫肯费特的男子被谋杀。在这起案件中，有三名十多岁的未成年人涉案。这三名未成年人在审讯中招供，承认杀害了肯费特，遂都被法院判处谋杀罪。该案上诉后，上诉法官对肯费特案进行调查发现，这三名未成年人中有一个男孩智力迟钝，警方在没有任何成年人在场的情形下对这三名未成年人进行讯问，也没有告知其有权与律师或朋友联系。基于此，上诉法官认为该判决无效。同时，建议由一个委员会来处理警方和未成年犯罪嫌疑人之间的平衡问题。1984 年，英国在《警察与刑事证据法》中正式建立了合适成年人制度，以保护涉罪未成年人。

很显然，合适成年人制度是英国刑事司法制度中的一项重要而富有特色的制度，这项制度的设置充分体现了英美法系国家重视权利的程序保障的传统[①]，也展现了对涉罪未成年人的特殊精细保护的制度安排。之后，这一制度在很多国家被吸收和采用，成为未成年人刑事诉讼中的一项特有制度。

在我国，一直没有合适成年人这一概念，更谈不上有合适成年人的制度设计。当然，与合适成年人相关的制度也是有的。实际上，早在1962年公安部制定的《预审工作细则（试行草案）》中就规定了，对少年犯的审讯，必要时可以邀请他的父母或监护人以及所在学校的代表参加。1979年公安部修改的《预审工作规则》、1996年修改的《刑事诉讼法》和1998年公安部制定的《公安机关办理刑事案件程序规定》（公安部令第35号）等都有类似的规定。但这些规定还不是严格意义上的合适成年人制度，因为这些规定虽与合适成年人相关，但却与合适成年人制度有本质性的差异。

合适成年人制度在我国的缘起，来自2000年之后的地方试点工作。早在2002年5月，昆明市盘龙区与英国救助儿童会合作的"未成年人司法试点项目"正式启动，其中就包含了合适成年人制度，在多年的试点探索之后，形成了合适成年人制度的"盘龙模式"。2004年4月，上海市在长宁区、浦东区和虹口区开展合适成年人制度的试点工作，以此为基础，上海市逐渐形成了合适成年人的"上海模式"。2010年4月，上海市人民检察院、上海市高级人民法院、上海市公安局、上海市司法局联合发布了《关于合适成年人参与刑事诉讼的规定》，这一规定对合适成年人的定义、任职条件、权利义务、工作程序等作了专门规定，规范了合适成年人在不同诉讼阶段，辅助未成年人参与刑事诉讼、保障未成年人权益的活动。该规定的出台也意味着上海将在全市范围内全面推进合适成年人制

① 姚建龙．英国适当成年人介入制度及其在中国的引入［J］．中国刑事法杂志，2004（4）：106.

度。此外，合适成年人制度试点还有厦门市同安区。该试点启动于2006年，并通过制定《厦门市同安区人民检察院合适成年人参与制度实施细则》建立了合适成年人制度的实施规范。至2012年，我国的《刑事诉讼法》修改，制定了未成年人专章，首次在立法上确立了合适成年人制度。之后，全国各地合适成年人制度逐渐铺开，以国家法律为基础，探索适合地方特色的合适成年人制度。

合适成年人制度是少年司法的一项重要制度，这一制度在我国的确立，标志着刑事诉讼中出现了一个新型的法律角色，塑造了一种新型的刑事诉讼架构。在传统的刑事诉讼架构中，未成年犯罪嫌疑人、被告人的讯问、询问和审判与成年人差异不大。尽管公安机关、人民检察院或人民法院可以通知未成年人的法定代理人或监护人到场。但这种到场主要是从未成年人的法定代理人或监护人的权利角度设置的，是父母或监护人享有的权利。即当未成年人涉嫌刑事犯罪时，其法定代理人或监护人有知悉并参与的权利。而合适成年人则是以未成年人利益为中心而设置的，是未成年人应当享有的权利。即当未成年人涉罪时，基于未成年人与司法办案机关不对等的情形，有获得父母、监护人及其他合适成年人保护其利益的权利。合适成年人的出现，改变了原有办案机关与未成年人两个主体的局面，出现了第三方主体，从而在一定意义上改善了涉罪未成年人可能面临的困境。

合适成年人制度对保护涉罪未成年人具有重要的意义，具体而言，包括以下几个方面：

（1）合适成年人制度是程序正义的重要体现。程序正义是与结果正义相对的过程正义。长久以来，我国一直是比较注重结果正义的。但如果注重结果正义而忽略过程正义，往往结果正义也无法得到保障。程序正义不仅能保障结果正义的实现，实际上，程序正义本身就是一种具有独立价值的正义。合适成年人制度就是一种典型的程序正义，其核心就是在刑事诉讼的讯问、询问和审判过程中，尤其是在讯问程序中，设置了一个新的法律主体。新主体的介入和在场在一定意义上改善了刑事诉讼的基本结构，能够在一定程度上抑制司法机关权力的滥用，以此保证刑事司法的结果正义。实际上，合适成年人制度作为一种程序正义有潜在的监督功能。在刑事诉讼中未成年人往往处于一个封闭空间，单独面对办案人员，司法机关可能利用自身优势及未成年人难以自我保护的弱点，进行办案。甚至会采取非法手段办案，从而导致结果的不正义。

（2）保护未成年人的权益。未成年人司法制度的核心是儿童利益最大化，而合适成年人制度作为一种程序正义，明显是以实现未成年人利益最大化而设置的。合适成年人的在场能在一定程度上抑制司法机关权力的滥用，这在某种意义上就是保护刑事诉讼中的未成年人。不仅如此，合适成年人一方面可以对司法机关在办案过程中可能存在的违法办案情形提出异议，以保护未成年人的权利不受侵害；另一方面可以通过对未成年人的情绪安抚、情感沟通、解决需求等方式，帮助和保护未成年人。

（3）有利于办案人员与刑事诉讼中的未成年人的沟通，提高诉讼效率。合适成年人制度作为刑事诉讼中新设的一种程序，是在传统刑事诉讼程序之外增加的。很明显，程序的增加，不仅意味着对司法机关办案提出了更高的要求，同时在某种意义上增加了办案人员的工作量。因此，有些基层办案人员对合适成年人制度不理解，甚至有抵制，不贯彻落实合适成年人制度，从而导致较为严重的形式化倾向。其衍生的后果是合适成年人制度的功能难以发挥，以致出现合适成年人无用论或取消论的论调。[①] 实际上，从合适成年人制度功能看，合适成年人制度不仅是保护刑事诉讼中未成年人的一种有效手段，还有助于办案人员与未成年人的沟通，以此提高刑事诉讼的效率。表面上看，合适成年人制度确实增加了办案人员的工

---

① 何挺．合适成年人讯问时在场：形式化背后的“无用论”反思［J］．环球法律评论，2019，41（6）：121．

作量，但合适成年人的介入，把刚性的刑事司法柔性处理，能在一定程度上改善办案机关与未成年人之间的关系，减少未成年人的抵制心理，从而有利于提高办案的效率。

（4）有利于提高未成年人讯问、询问程序的合法性，保证案件的法律效果。在刑事案件中，未成年犯罪嫌疑人的口供、未成年证人及被害人的言词证据是否有证明力及有多大证明力，一直是一个有争议的问题。众所周知，在刑事案件中的涉罪未成年人一般是民事法律意义上的限制行为能力人，其只能对其所作的与其年龄、智力状况相当的言词证据有证明力。而合适成年人制度，则是对未成年人证据的一种补强制度，即当有合适成年人到场时，办案机关进行对未成年人犯罪嫌疑人的讯问，对未成年人被害人和未成年人证人的询问，不仅符合程序法治，也增强了通过讯问和询问所获取的言词证据的合法性，从而提高和保证了办案的质量。

第二节　合适成年人制度的核心范畴和基本规程

我国的合适成年人制度是以《刑事诉讼法》第281条为基础建构的，该条规定：“对于未成年人刑事案件，在讯问和审判的时候，应当通知未成年犯罪嫌疑人、被告人的法定代理人到场。无法通知、法定代理人不能到场或者法定代理人是共犯的，也可以通知未成年犯罪嫌疑人、被告人的其他成年亲属，所在学校、单位、居住地基层组织或者未成年人保护组织的代表到场，并将有关情况记录在案。到场的法定代理人可以代为行使未成年犯罪嫌疑人、被告人的诉讼权利。到场的法定代理人或者其他人员认为办案人员在讯问、审判中侵犯未成年人合法权益的，可以提出意见。讯问笔录、法庭笔录应当交给到场的法定代理人或者其他人员阅读或者向他宣读。讯问女性未成年犯罪嫌疑人，应当有女工作人员在场。审判未成年人刑事案件，未成年被告人最后陈述后，其法定代理人可以进行补充陈述。询问未成年被害人、证人，适用第一款、第二款、第三款的规定。”2020年修改的《预防未成年人犯罪法》和《未成年人保护法》丰富了合适成年人制度。而在具体细化合适成年人条款方面，2017年最高人民检察院制定的《未成年人刑事检察工作指引（试行）》（高检发未检字〔2017〕1号）最具有代表性，该工作指引有一专节规定合适成年人的适用规则。从当前有关合适成年人制度的框架体系来看，其核心范畴和基本规程主要包括以下几个方面。

一、合适成年人的主体范围

合适成年人制度的核心问题之一就是哪些人可以并适合担任合适成年人。基于“儿童利益最大化”原则，合适成年人也应当是最合适和最有利于保护未成年人的成年人。总体而言，未成年人的父母应当是合适成年人的最佳人选。基于父母子女之间的血缘关系，父母对子女的照顾和保护，既是权利，也是义务。而且一般而言，无论是从生物学角度还是心理学角度，父母也更愿意尽全力保护自己的孩子。但社会的现实性和复杂性往往会引发很多不同的情况，导致未成年人父母没有或无法担任合适成年人。这就需要建立一种替代机制，以保护处于刑事诉讼中的未成年人的权利。而优先的替代机制，一般是与未成年人具有亲缘关系的成年人，其次是与未成年人相关的组织群体。

《刑事诉讼法》第281条确立的合适成年人包括四大类型：一是法定代理人，即未成年人的父母；二是未成年人的其他成年亲属；三是未成年人所在学校、未成年人的父母所在单位、未成年人居住地基层组织的代表；四是未成年人保护组织和社会工作机构的代表。这是对合适成年人所做的最大范围的界定，其核心要旨就是尽最大可能保护处于刑事诉讼中的问、询问的前几天，但更多的时候，办案机关为了节省办案时间，会在讯问、询问的同一天安排，即在讯问、询问前安排一个简短的会面时间。这也是学界经常批评合适成年人制度形式化的原因所在，因为在很短的时间内，合适成年人和卷入刑事案件的未成人很难有效沟通，也很难理解合适成年制度的意义和功能。应当注意的是，其中的告知义务主要是针对非法定代理人或亲友类型的合适成年人，因为这些合适成年人对卷入刑事案件中未成年人而言，都是陌生人。因此，必须让未成年人了解合适成年人的身份及责任，也了解合适成年人对其应有的作用与意义，以此让未成年人能接纳合适成年人。

（3）监督义务。所谓监督义务，就是指合适成年人在履职过程中，通过参与刑事案件的讯问、询问和审判，监督办案机关合法办案的义务。合适成年人制度具有潜在的监督功能，其通过合适成年人的在场，在某种意义上改变了办案机关在封闭场域中办案的结构，可以在一定意义上抑制公安机关、人民检察院、人民法院违法办案。监督的义务可以贯穿未成年人刑事诉讼的讯问、询问和审判的全过程，以维护卷入刑事案件的未成年人的基本权利。

（4）帮助教育义务。帮助教育既是合适成年人的权利也是其义务。从义务的角度讲，帮助教育义务是一种积极义务，即需要积极履行的义务。帮助教育是实现合适成年人制度功能的重要组成部分，但并不是所有的合适成年人都愿意积极履行。尤其是其法定代理人或亲友之外的其他合适成年人，这些合适成年人来源各异，目的也不同。尽管其带有一定的自愿性或职业性，但也难以确保他们积极履职。而在合适成年人制度实施过程中，办案机关有时会把合适成年人制度视为影响其办案的因素，并通过各种方式抑制合适成年人制度的功能发挥，导致合适成年人只是在场，却不能发挥其应有的作用。因此，需要确定法定义务，督促其积极履职。具体而言，帮助教育义务主要包括：抚慰未成年人，帮助其消除恐惧心理和抵触情绪；

帮助未成年人正确理解讯问或者询问程序，但不得以诱导、暗示等方式妨碍其独立思考回答问题，不得非法干涉办案机关正当的诉讼活动。

（5）保密义务。保密义务是指合适成年人不能将其履职期间接触案件的信息和相关未成年人的信息透露给外界的义务。所有合适成年人都应遵守保密义务，不管其是未成年人的法定代理人、亲友，还是其他合适成年人。但保密义务对于其他合适成年人更具有特殊的意义，尤其是对职业性合适成年人而言更是如此。因为职业性合适成年人的保密义务除了是其法定义务，还是其职业道德义务。保密义务主要包括两类信息的保密：一是不得泄露案情，即在讯问、询问和审判中接触到的案情信息不得泄露；二是不得泄露卷入刑事案件的未成年人的个人信息。

以上合适成年人的权利义务是总体性的权利义务，在场的法定代理人除了具有上述规定的权利义务外，还可以代为行使未成年犯罪嫌疑人、被告人的诉讼权利。当然，从法律性质而言，这是未成年人的法定代理人的权利，而不是其作为合适成年人的权利。

三、合适成年人制度的原则

为了准确贯彻实施合适成年人制度，发挥合适成年人制度应有的功能，就应当遵循一定的原则。所谓合适成年人制度的原则就是指合适成年人制度在实施过程中应遵循的原则。这些原则包括两大类：一类是根本原则，另一类是具体原则。

根本原则是合适成年人制度的最高原则，其他的原则都是建立于根本原则基础之上的。在少年司法中，整个司法体系的设置都是以儿童利益最大化为原则的，因此，其也应当是合适成年人制度的根本原则。合适成年人制度是基于儿童人权而产生的制度，其以实现儿童利益最大化为目标。未成年人卷入刑事案件，往往会单独直面司法机关的办案人员。因此，其需要有合适成年人在场，帮助其渡过难关与危机。也正因如此，无论是合适成年人的制度设计还是实施，都是围绕儿童利益最大化展开的。

以儿童利益最大化这一根本原则为基本遵循，在合适成年人制度具体实施过程中，应当遵循以下三个基本原则：

（1）差序化原则。差序格局的概念来自费孝通的理论，其是在概述我国人际关系的结构时所提出的，其认为乡土社会的人际关系是以自己为中心，根据他人与自己的亲疏远近建立的关系格局。[①] 确实，差序格局确立一个人的社会关系网络从近而远的差异状态。关系越近越容易得到信任。同样，关系越近的人也越愿意提供帮助。因此，差序化原则为确立合适成年人提供了指南，即司法机关的办案人员在选择合适成年人时，应当根据差序原则进行选任，优先选择未成年人最亲近的人，只有当前一差序的合适成年人不适格时才选择下一个差序中的合适成年人。

（2）同一原则。所谓同一原则就是在同一涉及未成年人的诉讼程序中，根据法定程序和办案需求，需要合适成年人多次在场时，应当选择同一个合适成年人。也就是说，不管是讯问程序、询问程序，还是审判程序，如果涉及需要多次在场的，就应当按照差序化格局确定一个合适成年人，全程参与同一个刑事诉讼程序。例如，最高人民检察院在《未成年人刑事检察工作指引（试行）》第48条规定："人民检察院对同一名未成年人进行多次讯问、询问的，一般应当由同一合适成年人到场。"然而，需要注意的是，在不同刑事诉讼程序中，可不可以采用同一性原则，在理论上有争议，在实践中有困难，尤其是在由机构组织担任合适成年人的情况下。这主要是不同的司法机关，基于职能的差异及合作关系的原因，其建立的合适成年人资源库有所不同，要在整个合适成年人可以参与的刑事诉讼过程中都做到同一原则，确实有难度。但笔者认为，同一原则应当贯彻到合适成年人可以参与的刑事诉讼各环节。在实践中，解决公安机关、人民检察院和人民法院各自为政的问题，可以通过地方司法行政机关或政法委牵头的方

---

① 费孝通. 乡土中国［M］. 北京：北京大学出版社，2008.

式，建立同一个合适成年人资源库。只要处于刑事诉讼前端的公安机关依法通知合适成年人，且该合适成年人又能正常履职，那么其他环节也应当通知该合适成年人到场。这一原则也适用于法定代理人和其亲友。

（3）回避原则。回避是保障诉讼公正的一项制度和程序，其主要是指司法工作人员或其他主体在法律规定的情形下应当退出诉讼。尽管我国法律没有规定合适成年人的回避制度，也没有建立回避原则，但在合适成年人参与的诉讼中，确实有合适成年人与介入案件存在利益相互冲突，从而导致合适成年人变得不合适的情形。因此，司法办案机关有必要在选择合适成年人时，排除有利害冲突关系的人担任合适成年人。合适成年人自己如果发现本人与案件存在利害关系或者其他不宜担任合适成年人的情况时，应当及时告知办案机关或者所在地未成年人保护组织。例如，如果合适成年人是案件的受害人，或者是受害人家属或其他亲友，那么其担任合适成年人便与其利益发生冲突，其很有可能不会以涉罪未成年人的利益为中心，从而降格了合适成年人制度的功能。也正是这个原因，居于这一处境中的人，不能担任该案涉罪未成年人的合适成年人。同样，对于刑事案件中的未成年受害人而言，如果合适成年人是侵害人的亲友，也不适合担任这一案件的合适成年人。

四、合适成年人制度的基本规程

基于合适成年人制度的基本原则，公安机关、人民检察院和人民法院在具体适用合适成年人制度时，应当遵守一定的规程。具体而言，主要包括以下几点：

（1）法定代理人的通知。根据《刑事诉讼法》第 281 条的规定，除非有法定情形外，公安机关、人民检察院和人民法院办理涉及未成年人刑事案件时，应当通知法定代理人。其中所谓的“应当”包含了两层含义：一是必须通知的意思，二是要优先于其他合适成年人。只有当法定代理人存在以下列外情形时，才可以排除应当通知这一规则。具体而言，包括以下情形：第一，与未成年犯罪嫌疑人构成共同犯罪的；第二，已经死亡、宣告失踪或者无监护能力的；第三，因身份、住址或联系方式不明无法通知的；第四，因路途遥远或者其他原因无法及时到场的；第五，经通知明确拒绝到场的；第六，阻挠讯问或者询问活动正常进行，经劝阻不改的；第七，未成年人有正当理由拒绝法定代理人到场的；第八，到场可能影响未成年人真实陈述的。

（2）其他合适成年人的通知。《刑事诉讼法》第 281 条规定是在法定代理人不能到场的情形下，才适用其他合适成年人的到场。而且，其他合适成年人的到场法律上规定的是可以通知，而不是必须通知，即公安机关、人民检察院和人民法院可以通知，也可以不通知，主要由这些机关的实际情况决定。但在司法实践中，为了切实保障卷入刑事案件的未成年人的权益，司法机关往往会通过非法证据的排除加以强化并保障其他合适成年人的到场。对于法定代理人不能或者不宜到场的，要保证未成年人的其他成年亲属、所在学校、单位或者居住地的村民委员会、居民委员会、未成年人保护组织的代表等合适成年人到场，公安机关、人民检察院、人民法院应当将有关情况记录在案。

（3）确定合适成年人的规则。对于法定代理人和其他合适成年人的到场通知，主要确立了合适成年人的适格和两种不同合适成年人的通知顺序。但最后由谁到场，还有一些具体的确定规则。大体而言，包括以下几种情形：第一，对于合适成年人的到场人数，不管是法定代理人还是其他合适成年人，一般为一人。即公安机关、人民检察院和人民法院通知一名法定代理人或一名合适成年人到场即可。在原来合适成年人的地方试点工作中，有些地方采取双重合适成年人制度，其不仅通知法定代理人到场，还通知其他合适成年人到场。这主要是考虑到有些法定代理人不懂得如何维护未成年人的权利。第二，对于合适成人的性别。一般对卷入刑事案件的男性未成年人没有特殊的要求，但对于卷入刑事案件的女性未成年人，则要求应当选择女性合适成年人到场。当然，对于卷入刑事案件的女性未成年人，在法定代理人或其他合适成年人中选择女性合适成年人时应当有所差异。即如果是法定代理人到场，一般不强调一定要母亲到场，但如果是其他合适成年人，则一定要是女性。第三，对于法定代理人的特殊规定。基于法定代理人优先，有助于保障未成年人的权利。因此，应当尽量让法定代理人到场，如起初不能或者不宜到场，但当这种情形消失后，还是应当及时通知法定代理人到场。例如，对于通知不到或查找不到的法定代理人，在其他合适成年人到场前联系上了，则应当通知法定代理人到场。

（4）更换合适成年人的规则。让合适成年人到场是卷入刑事案件的未成年人的权利，而未成年人对合适成年人提出异议，并提出更换的要求也是这一权利的组成部分。一般而言，未成年人要求更换合适成年人且有正当理由的，应当予以准许。未成年人虽然没有提出更换合适成年人，但表露出对合适成年人抗拒、不满等情形，导致诉讼活动不能正常进行的，办案人员可以在征询未成年人的意见后，及时更换合适成年人。然而，为了保证刑事诉讼程序得以及时、合法地进行，也不能让未成年人无限制地行使合适成年人的更换权。因此，更换合适成年人原则上以两次为限。当然，更换后的合适成年人不能正确行使权利、履行义务，不能依法保障未成年人合法权益的，办案人员也可以对合适成年人进行更换。

第三节　司法社会工作参与合适成年人工作

一、司法社会工作参与合适成年人的基本机制

从我国合适成年人制度设计的思路来看，其他合适成年人是作为法定

代理人的替代机制而设置的。其他合适成年人大体可分为三大类：第一类是未成年人的其他近亲属；第二类是与未成年人相关的村委会或居委会干部、学校的老师等；第三类是未成年人保护组织或机构的工作人员和志愿者。然而，由于与未成年人直接相关的人员往往一方面缺乏专业性，不知如何担任合适成年人，另一方面存在地域的短板，导致处在外地的亲友、老师及村居委干部难以到场；因而很多地方政府基于上述情形的考量，往往会在本地培养、支持专门的机构和专业的人员来担任合适成年人。这也是社会工作参与合适成年人工作的社会基础。

（一）司法社会工作者担任合适成年人的优势

当前，无论是国家立法还是地方政策，都在大力鼓励、扶持、促进社会工作参与司法。很显然，合适成年人制度作为少年司法的重要制度，也会大力引入社会工作的力量。这主要是因为社会工作者较其他合适成年人更具有优势。这些优势主要表现在以下三个方面：

第一，从社会工作的行业性质来看，社会工作是一种助人自助的社会组织活动。这一性质表明了社会工作是组织化的利他职业体，即专门为某些群体提供专门服务的公益性组织。这较个体化的合适成年人具有很大的组织优势。具体表现为：其一，社会工作机构有专门的从业者可以提供专门的服务；其二，社会工作机构能通过组织机构建立职业规范和规程，有效地规制合适成年人的履职行为；其三，司法机关需要稳定的职业队伍，以减少司法机关与合适成年人的沟通成本。

第二，社会工作的专业性质。一般而言，社会工作者都具有相应的专业知识、素养和能力，比其他主体更具有专业的优势。尤其是司法社会工作者，其还具备专业性的司法知识和工作能力。其在保护未成年人方面更有优势，这种优势超过了包括法定代理人在内的所有自然人，也超过了志愿者组织中的工作者。也就是说，从保护卷入刑事案件的未成年人而言，社会工作的专业性，更有利于儿童利益最大化。同时，对于司法机关而言，司法社会工作所具有的专业性，更有利于公安机关、人民检察院和人民法院与合适成年人工作的对接，从而提高司法的效率。

第三，社会工作的区域性质。社会工作一般具有特定的区域性特征，这主要是因为社会工作机构大多数是当地政府及相关部门培育出来的。而地方政府及相关部门培育社会工作机构的目的主要是为地方提供相应的服务，解决当地的切实社会问题。从司法实践来看，社会工作能有效解决异地涉罪未成年人的合适成年人到场的困境问题。众所周知，我国很多地方，尤其是发达地区，未成年人犯罪具有典型的异地犯罪之特征，即外地未成年人犯罪人数大大高于本地。例如，在上海市，未成年人犯罪人数中，外地人口一直占大多数，在上海市的有些区，外地未成年人犯罪占90%以上。由此带来合适成年人的适用问题，即法定代理人、亲友、村委会或居委会干部、学校老师等与未成年人具有一定关联性的合适成年人到场难的问题，而社会工作机构恰好就可以弥补和解决到场难的问题。

（二）司法社会工作者担任合适成年人的基本机制

一般而言，合适成年人的选择，是以法定代理人及近亲属优先为原则，但当这些主体难以到场时，则需要选任那些熟悉未成年人身心特点，掌握一定未成年人心理、教育或者法律知识，具有较强社会责任感，并经过必要培训的社工、共青团干部、教师、居住地基层组织的代表、律师及其他热心未成年人保护工作的人员担任。然而，基于司法社会工作的特点和优势，在地方实践中，公安机关、人民检察院和人民法院越来越倾向于选择社会工作者担任合适成年人。为了有效实施合适成年人制度，司法机关往往会打造一支相对比较稳定的合适成年人队伍。

从合适成年人队伍的建设主体来看，大体存在以下几种模式：一是办案机关自己建设，即由公安机关、人民检察院或人民法院，按照自己的要求选任合适成年人，建立合适成年人名册，并制定合适成年人到场的实施细则。二是由其他机关统一建设并管理合适成年人队伍。例如，由司法局或政法委承担这项职责，公安机关、人民检察院和人民法院可以从这一名册中选任。这一方式可以有效避免有关部门重复建设合适成年人队伍。三是由未成年人保护组织或机构组建，并由办案机关选入合适成年人名册。这三种建立合适成年人队伍的模式各有利弊，但基于司法社会化、专业化和职业化需求，以及社会工作的快速发展，很多地方越来越偏向于第三种模式。

从社会工作者担任合适成年人的角度来看，有两种基本方式：一是个体化方式，即社会工作者以个人的名义，被选任和担任合适成年人；二是以单位的名义，被选任和担任合适成年人。当前的主流方式是以单位的名义担任合适成年人，即社会工作者是受单位派遣，以履行单位职责的名义担任合适成年人。

从社会工作机构与司法机关的关系来看，也有两种基本形式：一是松散型配合关系。所谓松散型配合关系，就是指社会工作机构与司法机关不具有具体的权利义务关系，而只是基于司法工作的需求，社会工作机构配合其实现司法功能。具体而言，这种关系下，社会工作机构是否提出名单主要基于机构自愿，其只需提出合适成年人名单，后续都是由司法机关进行选任、实施和管理。而且，被选任的社会工作者也只是司法机关合适成年人名称中的一种。二是紧密型合作关系。所谓紧密型合作关系，就是指社会工作者与司法机关有正式的合作关系，相互具有特定的权利与义务。在这种关系下，社会工作机构一般会自我建立并管理合适成年人队伍，并把合适成年人名册送司法机关备案。司法机关根据合作协议，当需要合适成年人在场时，通知社会工作机构选派。

在司法实务中，司法机关为了减少沟通成本，更愿意选择正式的合作关系。而在正式的合作中，司法机关也不是仅就合适成年人工作委托给某一个社会工作机构，而是把所有可以让社会工作者参与的工作整体打包给社会工作机构，然后由社会工作机构按照协议和约定履行其义务。也就是说，社会工作参与合适成年人体制机制的建设，一方面依赖于政府及相关部门对社会工作机构的培育、扶持、规范及管理；另一方面在于司法机关与社会工作机构建立了较为成熟的合作机制，从而更为有效地开展合适成年人工作。

二、社会工作者担任合适成年人的主要工作

当社会工作机构与司法机关有了基础的合作协议与框架，那么司法机关便可以根据协议把需要合适成年人在场的涉未成年人案件通知社会工作机构派员及时到场，也可以根据双方合作协议与框架，从预先建立的合适成年人名册中选择合适成年人到场。社会工作者接到通知后，应当按照合适成年人制度的相关规定和基本规程，着力做好以下主要工作，履行好相关工作职责。大体而言，可以分为到场前准备工作、到场工作和后续工作三个部分。

（一）到场前准备工作

到场前准备工作是指社会工作者在接到担任合适成年人的到场通知后，在到场参与讯问、询问和审判前应当预先做好的工作。办案人员在通知合适成年人到场时，一般预留一段时间，以便于合适成年人做好到场前准备工作。具体而言，合适社会工作者做好到场前的准备工作主要包括以下几个方面：

第一，了解工作对象卷入刑事案件的性质与类型。在我国，合适成年人制度的适用对象不仅是针对未成年犯罪嫌疑人、被告人，还有未成年受害人和证人。合适成年人制度适用对象的不同，决定了合适成年人到场的场所、工作内容和工作方式也会有所差异。只有了解工作对象卷入刑事案件的性质与类型，才能有针对性地做好到场前的准备工作。

第二，确认办案人员是否联系过未成年人的父母，及其未到场的原因。这是社会工作者担任合适成年人的前提。《刑事诉讼法》规定，公安

机关、人民检察院和人民法院对卷入刑事案件的未成年人，必须通知法定代理人，法定代理人因各种原因无法到场，才通知其他合适成年人到场。而且最高人民检察院在适用合适成年人制度时，规定一般通知一名合适成人担任即可。也就是说，其他代理人本质上是法定代理人的一种替代，如有法定代理人到场，社会工作者就无须到场。因此，社会工作者应当确定办案人员是否联系过法定代理人，如果没有联系应当提醒其联系。如果联系了，但有法定无法到场的事由，那么要了解不能到场的原因。

第三，收集工作对象的基本信息。收集工作对象的基本信息也是合适成年人到场前的重点准备工作之一。社会工作者只有充分了解卷入刑事案件的未成年人的相关情况，才能有针对性地做好未成年人的各项工作，履行好合适成年人的职能。基本信息主要包括两大类：一是关于未成年人自身的信息，例如，姓名、性别、年龄、籍贯、健康状况、性格特征等。二是关于未成年人卷入刑事案件的信息，例如，对于涉罪未成年人，就包括涉案原因、收押时间、羁押地点、认罪态度等。如果是被害人则主要是其遭受的侵害情况，这些侵害情况不仅包括身体受害情况，还包括心理受害情况。对于未成年人基本信息的收集渠道，主要包括三个方面：一是向办案人员了解；二是经办案人员同意可以查阅相关案卷；三是经办案人员许可，可以提前会见卷入刑事案件的未成年人。然而，在合适成年人的实务工作中，办案机关为了减少工作环节，一般不会专门安排时间提前让合适成年人查阅案件卷宗和会见未成年人，而是在合适成年人到场的同一天安排这些工作。

第四，到场前的文案准备工作。在摸清卷入刑事案件未成年人的基本情况之后，社会工作者就可以着手准备到场的相关文案工作。这是到场前准备的程序性要件，主要包括两类：一是准备手续性文案，即社会工作者到场时应当向办案机关及人员提供的能够证明其作为合适成年人资格的相关证件。例如，身份证件、工作证件、单位委托或派遣文书等。二是准备建立卷宗类文书。即为自己的工作对象建立一个卷宗，其中主要包含合适成年人服务记录手册等。

（二）到场工作

到场工作是社会工作者按照法律要求和职业准则具体履行合适成年人职责的行为，是合适成年人制度的核心。什么时候到场，一般以办案机关通知的到场时间为准，如有特殊情况可以具体和办案人员进行协调。当办案人员确立社会工作者作为合适成年人满足适格条件后，到场工作就正式启动。具体而言，社会工作者的到场工作主要包括以下几点：

第一，尽可能全面掌握未成年人的信息及动向。一般而言，合适成年人到场前的准备工作主要是了解未成年人的基本信息，尤其是在到场前没有直接与办案人员沟通交流的情况下更是如此。而掌握更多、更全面的信息有助于合适成年人工作。因此，当合适成年人与办案人员见面后，可以进一步向办案人员了解未成年人的信息，尤其是那些在前期准备工作中，遇到的需要掌握却没有掌握的信息。

第二，与未成年人建构专业关系。社会工作特别重视专业关系的建立，因为这是做好社会工作的前提基础。专业关系的建立，包括形式上的专业关系和实质上的专业关系。当社会工作者接受办案人员的到场通知，并履行好到场手续后，就意味着形式上专业关系的确立。但只有当卷入刑事案件的未成年人自己认可其担任合适成年人，才意味着实质性专业关系的建立。社会工作者对卷入刑事案件的未成年人而言，实际上是一个陌生的主体。未成年人不太理解社会工作者作为合适成年人的职业角色是什么，对他们有什么意义。因此，社会工作者应当在把握涉案中的未成年人基本特点的前提下，一方面有针对性地向未成年人介绍自己，让他尽可能地了解自己和信任自己，并接纳自己；另一方面让该未成年人了解社会工作者在担任合适成年人的职业角色及对其所具有的意义，让其愿意接受专业关系的建立。需要注意的是，在合适成年人实务工作中，办案人员一般只在讯问、询问和审判前预留一点时间让社会工作者与未成年人沟通，这也使得这种专业关系的建立不是很牢靠。因此，社会工作者应尽量向办案人员争取在到场前专门安排一个会面时间，以便建立良好的专业关系。

第三，在场保护。在场的保护工作是社会工作者作为合适成年人履行在场权的核心工作。在场保护包括消极保护和积极保护两种类型。消极保护的核心就是在场本身，也就是说在场本身就是一种保护。而积极保护就是在场时可以根据具体的情形，积极主动履行保护未成年人的权利。作为自然人的个体，例如，法定代理人、亲友，甚至村委会或居委会的干部、学校老师，由于其并不清楚相关的法律及其合适成年人的制度，使得他们很多情况只能提供消极保护，而难以提供积极保护。而社会工作者则兼具消极保护和积极保护的能力。社会工作者可以从专业的角度对讯问、询问和审判未成年人时可能存在的不当和违法行为提出异议，以保护未成年人的权利。其主要可以针对以下几种情形提出异议：其一，是否存在违法程序；其二，对涉罪未成年人是否使用手铐、脚镣；其三，对卷入刑事案件的未成年人是否在不当场所审讯、询问和审判；其四，讯问、询问和审判时是否存在方式方法不当等情况。

第四，在场帮教。在场帮教与在场保护构成在场权两大核心职能。如果说在场保护的核心是通过监督公安机关、人民检察院和人民法院合法、正当履行职能，从而保护卷入刑事案件的未成年人，那么在场帮教则是针对未成年人本身而行使的在场权。在场帮教主要包括两个层面的工作：一是沟通、协调、处理好办案机关与卷入刑事案件的未成年人之间的关系，协助未成年人更好地理解法律、理解自身的罪错行为，积极悔过，从而更好地配合办案人员的办案；二是要了解卷入刑事案件的未成年人的合法、合理需求，处理好未成年人的不良情绪，帮助未成年人顺利度过因卷入刑事案件而产生的心理危机，保障其身心健康。

（三）后续工作

所谓后续工作就是指合适成年人在到场结束后所需要从事和完成的工

作。其主要工作包括以下几点：第一，签字确认。所有的合适成年人都有一项重要的权能，就是在到场结束后，对讯问、询问和审判的文书进行签字确认。签字确认是保障合适成年人在场权的重要机制。当合适成年人在场见证的和公安机关、人民检察院和人民法院制作的文书一致时，则应当签字；如不一致的可以拒绝签字，直到办案机关的这些错误得以纠正。第二，填写合适成年人工作记录表。填写合适成年人工作记录表属于职业性合适成年人的工作，而其他人并不需要。社会工作者不管从事何种类型和性质的社会工作，都需要有规范的工作记录表，详细记录其整个工作过程。因此，填写合适成年人工作记录表是社会工作者担任合适成年人的常规工作。第三，案件归档。案件归档也是社会工作者担任合适成年人的常规工作。社会工作者不论从事何种类型和性质的社会工作，都要一案一档。

第四章

涉未成年人民事审判中的司法社会工作

CHAPTER 4

第一节　涉未成年人民事审判概述

在我国，未成年人保护的研究和制度建构肇始于对西方儿童权利观念和制度的学习，但其重点则放在改革开放后日益严重的青少年犯罪这一社会问题上。同时，由于未成年人保护一直受中国家庭观念的影响，未成年人民事权利保护以家庭为中心，国家一般不予介入，这也使得未成年人保护研究以刑事保护研究为主。司法中重“刑”轻“民”之特征，无疑影响到司法社会工作的发展，使得我国司法社会工作的发展经历了先“刑”后“民”的过程。随着我国未成年人刑事司法保护日趋完善，家事审判制度改革的不断深入，尤其是随着《民法典》的出台和《未成年人保护法》的修订，未成年人司法保护逐渐开始由“刑”转“民”。而与此相对应的是，司法社会工作也应当重心转移，开拓司法社会工作新领域，探索未成年人的民事司法保护机制。为此，社会工作者不仅需要对民事审判基本制度有一定的了解，也要关注和研究社会工作可以介入司法审判过程的哪些环节和工作。

一、民事审判概述

所谓民事审判，一般而言，是指人民法院依照《民事诉讼法》所规定的步骤和程序，对民事案件进行审理和判决的活动。我们可以从三个层面理解民事审判这一概念。首先，从主体上看，民事审判的主体是人民法院及其法官，行使国家审判权。根据《民事诉讼法》第 6 条的规定，“民事案件的审判权由人民法院行使”。也就是说，人民法院作为司法机关独立行使审判权，而法官则是代表人民法院履行审判职责的国家工作人员。其次，从民事审判范围上看，民事审判的范围是民事纠纷。根据《民事诉讼法》第3条的规定，“人民法院受理公民之间、法人之间、其他组织之间以及他们相互之间因财产关系和人身关系提起的民事诉讼”。这意味着只要当事人因民事纠纷向人民法院提起诉讼，都属于民事审判的范围。最后，从民事审判过程上看，民事审判应当依照《民事诉讼法》规定的审判阶段和程序进行审判活动。

《民事诉讼法》规定的民事审判采取两审终审制，审理程序大体分为一般程序和简易程序两大类，但审理程序大体相当。一般而言，人民法院的审理基本过程和程序分为以下四个方面：

第一，当事人起诉。民事审判采取不诉不理，民事审判的启动必须依赖于纠纷当事人向人民法院提起民事诉讼，这是民事审判的前提。

第二，调解。调解是解决纠纷的方式之一，人民法院也可以采取调解的方式解决争议。人民法院调解有诉前调解和诉中调解的区别。所谓诉前调解一般是指人民法院在案件受理过程中，还没有进入审判程序所作出的调解。而诉中调解是指人民法院立案之后，在审判过程中进行的调解活动。人民法院调解的目的主要是避免当事人在民事审判过程中矛盾激化，减少当事人的成本，节约国家审判资源。但人民法院的调解工作，不是民事审判的必经程序。人民法院可以根据当事人自愿的原则决定是否需要进行调解，适宜调解的，可以先行调解；不适宜调解的，或调解不成功的，应当及时审判。

第三，立案。立案是指人民法院对当事人向人民法院提交的民事起诉状进行立案审查，对符合立案条件的，决定立案；对不符合立案条件的，决定不予受理的民事诉讼程序。符合起诉条件的，应当在七日内立案，并通知当事人；不符合起诉条件的，应当在七日内作出裁定书，不予受理。

第四，开庭审理。在人民法院立案后，需要对案件进行开庭审理的准备。在开庭准备过程中，办案法官根据当事人的同意，还可以对案件进行调解。但对大多数案件来说，这不是必备的程序。在人民法院按照《民事诉讼法》的程序要求做好审前准备后，就可以开庭进行审理了。在开庭审理过程中，要经历告知开庭审理的必要事项、法庭调查、法庭辩论、询问当事人最终意见、判前调解、作出判决等程序。

二、涉未成年人民事审判的界定

涉未成年人民事审判是民事审判的一种类型。界定涉未成年人民事审判的关键在于要理解什么是“涉未成年人”，为何要把涉未成年人作为一种特殊的民事审判加以区别，其意义和目的是什么。

对于什么是“涉未成年人民事审判”，从语义学上讲，就是指涉及未成年人的民事审判。在学界，往往喜欢用“涉少”这一词语，其中“涉少”就是涉及少年的意思。因为在刑事案件中，审理未成年人刑事案件的法庭往往被称为少年法庭。少年从概念上讲，通常是通过对人的生命年龄进行分类后所界定的一类人群。然而，少年应当界定在哪个年龄段内，在我国的法律上没有明确的规定。在日常生活中，少年一般是指 7 岁至 17 岁的人群。而根据中国共产主义青年团中央委员会（以下简称共青团中央）对青少年的年龄界定，少年应当是指 14 岁以上，18 岁以下的人群。很显然，涉少民事审判中的“少年”明显与我们通常理解的少年有一定的差异。因为其中的“涉少”是与我国法律上的未成年人概念对应，也与联合国《儿童权利公约》所界定的儿童概念对应。《民法典》第 17 条规定：“不满十八周岁的自然人为未成年人。”联合国《儿童权利公约》第 1 条规定：“儿童系指 18 岁以下的任何人。”也就是说，学界常用的“涉少”实际上就是指未满 18 周岁的未成年人。而“涉少”民事审判就是指涉及未成年人的民事审判。

民事审判的类型学划分可以根据不同的标准加以分类。不同的类型学划分具有一定的研究价值和实践意义。那么，在我国的民事审判中，为何要根据人的年龄在未成年人和成年人之间做一个区别，为什么要把涉及未成年人的民事案件作为一种特殊的案件，加以特殊的“关照”。实际上，这与未成年人保护制度相关。根据《民法典》和《未成年人保护法》的规定，未成年人属于无行为能力人和限制行为能力人。基于处于这一年龄段的人，尤其是低年龄段的未成年人，他们在生理、心理、智力、认知能力等各方面还处于成长期，他们与成年人而言，相对甚至绝对处于弱势，他们难以甚至无法保护自己的权利。因此，法律赋予了未成年人的平等权利和受特殊保护权利。所谓平等权利就是未成年人作为一个自然人与成年人享有同等的权利。而特殊保护权利就是法律基于未成年人的特殊性，只赋予未成年人享有的权利。这两种权能，构成未成年人民事权利的制度系统。当未成年人的上述权利受到侵犯时，都可能通过民事诉讼的方式加以救济。

涉未成年人民事审判实际上就是通过民事审判的方式对未成年人进行权利救济与保护的一种重要机制。因此，涉未成年人民事审判的类型学划分其实也包含了少年司法改革不断深入的意涵。实际上，在我国的民事审判制度中，很长一段时期来，都没有专门对涉未成年人民事审判进行区别。我国的民事审判都是在《民事诉讼法》的制度框架内与成年人不加区别地进行审理和判决。当然，在具体审理过程中，法官也会融入未成年人保护的理念，依照保护未成年人方式进行案件审理。然而，随着我国刑事法律和民事法律逐渐确立了一套与成年人相区别的制度体系，尤其是随着少年法学的发展，我国的司法也逐渐进行改革，试图建立一个与成年人相区别的司法审判机制。在这一改革的过程中，最先取得突破性进展的是刑事审判。当前，有关刑事制度中的少年司法逐渐成形。然而，在民事司法领域，却依然在摸索之中。这也使得涉未成年人民事案件的概念看似清晰，实务中其范围却是比较模糊的。

从理论上讲，只要是涉及 18 岁以下未成年人的案件都属于涉未成年人民事审判，未成年人的权利都应当受到法律的保护，受到司法的救济。但这是一种最为广义的界定，我们还需要更进一步进行分析和探索。因为“涉及”这个概念在民事审判中，至少可以分为两大类型：一个类型是指18岁以下的未成年人是民事审判中的当事人。不管未成年人是原告还是被告，都属于涉未成年人的民事审判。这一范围非常广泛，包含了法律中规定的未成年人所有民事权利类型的保护。另一个类型就是民事审判中的当事人都不是未成年人，但他们的诉争却涉及未成年人，这些案件也是属于涉未成年人民事审判的范围。这两种类型的涉未成年人民事审判，前一种属于常规化的民事审判，其中涉及的这些未成年人本身就是当事人，处于民事审判的显性位置，其权利比较容易受到关注，也能够得到较好的保护；而后一种属于非常规的民事审判，其中涉及的未成年人不是案件的当事人，处于民事审判中的隐性位置，不容易被法官察觉，甚至有些案件在既有的民事诉讼法中难以获得救济。

正是基于涉未成年人民事审判的两大类型的学理区别，我们才能逐渐清晰地认识到涉未成年人民事司法改革的目标及其对涉未成年人民事审判的定位。涉未成年人司法改革的重要取向在于通过审判组织、审判方式、审判制度的改革，以最大限度保护未成年人。从学理的角度，也是从最理想的角度，涉未成年人民事案件应当包含所有涉未成年人民事案件。然而，是否会把所有涉未成年人民事案件纳入司法改革的范畴，并确立涉未成年人民事法庭，一方面依赖于法律的确认，另一方面依赖于现实的可操作性。从当前的实际情况看，民事审判组织及案件的分类主要依赖于民事案件涉及的内容属性，而不是依据年龄。如果涉未成年人司法改革致力于把涉及未成年人的案件划归为一个专门的法庭审理，以追求对未成年人最好的保护，那么其中最大的难题就是如何处理与既有的案件类型的划分产生交叉的问题。作为一个稳健型改革取向的司法改革，不会选择做这种大幅度改革的取向。实际上，当前处于司法改革中的涉未成年人民事审判的范围要小得多。在法律对未成年人作为民事审判当事人有比较成熟的保护制度前提下，涉未成年人民事审判的改革重心是如何在未成年人作为非当事人的案件中有效保护未成年人。基于未成年人作为非当事人的案件主要发生在家事领域，因此在民事司法改革中，主要把涉未成年人民事案件嵌入家事审判加以解决。通过家事审判把涉未成年人案件纳入司法审判考量的范围，以此延伸司法审判对未成年人的保护力。而这种司法保护机制的延伸，也正是司法审判与社会工作合作的契机所在。

第二节　社会工作介入涉未成年人民事审判的起源

在我国，社会工作介入司法领域，保护未成年人权益，始终是与少年司法改革相伴相随的。少年司法首先在刑事司法领域中得以确立，之后才逐渐拓展到民事司法领域。相应地，司法社会工作的探索发展也有一个逐渐从以刑事案件为中心转向以民事案件为中心的过程。该过程主要有如下三个基本阶段。

一、少年刑事司法确立阶段

我国少年司法的探索是从刑事领域开始的。早在 1984 年，上海市长宁区人民法院就成立了我国第一个少年法庭，专门从事未成年人刑事案件的审判。1988 年，最高人民法院开始在全国有条件的地方推广少年法庭。1989 年 11 月 20 日，联合国大会基于 1959 年的《儿童权利宣言》通过了《儿童权利公约》，其第 3 条第 1 款规定："关于儿童的一切行为，不论是由公私社会福利机构、法院、行政当局或立法机构执行，均应以儿童的最大利益为一种首要考虑。"这一表述后被总结为"儿童利益最大化原则（或理念）"。在少年司法中适用儿童利益最大化原则是各缔约方应该履行的义务。中国作为缔约方之一，也开始基于这一理念对刑事司法领域的未成年司法制度进行改革，并逐步确立了我国未成年人刑事审判的规程，建立了少年法庭的受案范围、社会调查、庭审程序、法庭教育、回访考察等制度。少年司法是我国司法审判中的重要改革，是在司法领域和司法过程中探索如何保护未成年人权益的重要成果。也正是因为有了少年司法的改革，社会工作介入司法才得以成为可能。当然，在这一阶段，少年司法所建立的制度，主要是由司法机关来完成的。这一方面是因为当时的少年司法改革思路在于主体制内部的改革；另一方面是因为当时的社会组织发展，尤其是社会工作组织的发展，还处于薄弱时期，司法机构缺乏可以借助的社会组织资源。2000 年之后，在国家的推动下，社会工作机构得以快速发展。与此同时，社会工作也开始逐步介入少年刑事司法领域。

二、未成年人案件综合审判庭改革阶段

2006 年 8 月，最高人民法院下发《关于在部分中级人民法院开展设立独立建制的未成年人案件综合审判庭试点工作的通知》，开始启动未成年人案件综合审判改革试点。本次试点确立了包括上海市在内的 15 个省（市、自治区）中的 17 个中级人民法院作为试点单位，之后在 2012 年，最高人民法院确定再增加 32 个中级人民法院进行未成年人案件综合审判试点。未成年人案件综合审判改革突破了少年司法以刑事案件为中心的桎梏，不再局限于仅受理未成年人的刑事案件，同时还开始受理民事案件中涉及未成年人权益的抚养关系纠纷、抚育费纠纷、人身损害赔偿纠纷，以及涉及未成年人的行政案件。在这一过程中，社会工作介入少年刑事司法的机制与体制基本形成。与此同时，在民事司法领域，社会工作也开启了介入民事审判、探索保护未成年人民事权益的工作。

三、少年家事审判改革阶段

2016年，最高人民法院发布《最高人民法院关于开展家事审判方式和工作机制改革试点工作的意见》（法〔2016〕128号），要求“探索引入家事调查员、社工陪护及儿童心理专家等多种方式，不断提高家事审判的司法服务和保障水平”。同年，一百多个基层人民法院和中级人民法院开始了为期两年的家事审判方式和工作机制改革试点工作。其改革的基本方案主要分为两大类：一是少年审判与家事审判合并试点，即在试点人民法院设立家事少年审判庭。其中，对原已设立未成年人案件综合审判庭的，将其更名为家事少年审判庭，并将家事案件纳入其审理范围；对尚未设立未成年人案件综合审判庭的，可在原审理婚姻家庭纠纷案件审判庭的基础上进行更名或者新设家事少年审判庭，负责审理家事案件和未成年人刑事案件、被害人是未成年人的刑事案件以及涉未成年人家事案件。二是少年审判与家事审判分头试点。即对原设置有少年法庭的，可保持原少年法庭，同时设置家事审判庭。两个法庭的资源共享，但案件类型有所区别。大体而言，就是与家事纠纷相关的案件，尽管也涉及未成年人，但都由家事法庭审理，其他涉及未成年人的案件，由少年审判庭审理。截至2018年6月底，全国共有118家中级、基层人民法院参与了最高人民法院确立的家事审判改革试点工作，有超过400家中级、基层人民法院参与了各高级人民法院确立的家事审判改革工作；全国超过90%的试点人民法院成立了专门家事审判机构，其中独立建制的家事审判庭和少年家事审判庭占70%以上。这意味着，历经两年的探索实践，我国家事审判方式和工作机制改革在制度和实践方面的探索和创新工作取得了重大进展。

正是基于少年家事审判的改革，国家也开始探索社会工作如何介入涉未成年人民事案件的体制与机制，以更好发挥社会工作的功能、更有效地保护未成年人。2017年7月，最高人民法院、最高人民检察院、教育部、民政部等15个部门和单位联合发布了《关于建立家事审判方式和工作机制改革联席会议制度的意见》（法〔2017〕18号），决定“‘建设青年之声’、‘青少年维权在线’和12355青少年服务台，联系法律、心理等方面专业力量和青少年事务社工服务机构，为青少年提供困难帮扶、法律咨询、心理健康、自护教育等专业服务”。2018年2月，最高人民检察院和共青团中央签署《关于构建未成年人检察工作社会支持体系合作框架协议》，明确界定社会组织参与未成年人司法保护服务的介入路径和制度保障。同年7月，《最高人民法院关于进一步深化家事审判方式和工作机制改革的意见（试行）》（法发〔2018〕12号）发布，明确其他专业力量可以“家事调查员”或“心理疏导师”的角色参与到家事案件的调解过程中去。这些制度，为地方法院探索和建构社会工作介入涉未成年人民事案件奠定了制度基础。

第三节　社会工作介入涉未成年人民事审判的制度探索

从少年刑事审判，到综合审判，再到家事审判改革过程中，上海市一直是国家的先行试点，也是我国少年司法改革的风向标。在此过程中，如何在司法审判各个环节中，在不同的司法审判类型中引入社会工作参与司法审判，这便成为少年司法改革的重要组成部分。而上海市的社会工作机构以此为契机，探索社会工作介入司法审判，保护未成年人民事权益，也是社会工作功能拓展的一个重要的里程碑。

一、社会工作介入家事审判的探索过程

早在未成年人案件综合审判庭改革阶段，上海市长宁区人民法院就作

为建设全国少年庭改革与建设的样本，于2011年9月联合中国共产主义青年团上海市长宁区委员会和青少年社工站共同签订了《在未成年人民事案件中开展社会观护工作的工作规程》，开启了社会工作者担任民事案件社会关护员工作的探索。同年12月，上海市高级人民法院与共青团上海市委员会联合制定下发《上海法院审理未成年人民事、行政案件开展社会观护工作的实施意见》，全面对上海市人民法院未成年人民事、行政审判的社会观护工作予以推进。其中对社会观护员的任职条件及权利义务作了具体规定，且要求社会观护员应当优先从专业社会工作者、共青团干部和妇联干部等人员中选任。2014年，上海市高级人民法院制定了《关于上海法院未成年人案件心理干预机制的若干规定（试行)》，确立了在民事、刑事和行政审判过程中，涉及未成年人的案件，在必要时可以启动心理干预机制，以保护未成年人的身心健康。同时提出要设立未成年人审判的心理干预机制，即“由少年法庭组织具有专业资质或者专业知识的人员，通过对心理干预对象进行心理测评、心理咨询、心理疏导，疏解消极情绪，转变消极认知，为未成年人的个性化矫治和社会观护提供科学参考，以维护未成年人健康成长”。

少年家事审判改革之后，上海市就在两个试点基层人民法院进行家事审判改革的过程中，探索融入社会工作。同时，为了引导、促进和规范社会工作介入涉未成年人民事审判工作，相关部门建立了合作机制，制定了规范制度。2016年4月，上海市高级人民法院和共青团上海市委员会共同发布了《关于建立上海市青少年事务社工参与涉青少年家事纠纷解决机制的合作协议》，少年家事审判改革试点之后的一年，上海市高级人民法院公布了《关于全面推进家事审判方式和工作机制改革工作的方案》，其中明确指出要“完善家事审判多元化纠纷解决机制”，“推动建立司法力量、行政力量和社会力量相结合的新型家事纠纷综合协调解决机制”；要“探索专业咨询和辅导机构协助家事案件审理机制”，“探索引入专业社工、儿童心理学家、公益性服务机构及人员……制定相应的工作规程，借助专业力量配合法院及时为当事人提供心理疏导、开展家事案件社会调查等相关专业服务”；要“加强家事审判队伍建设”，“探索招录具有社会工作专业、心理学专业背景的法官助理，担任专职家事调查员，同时积极探索通过引入社会团体工作人员和对外购买社会服务等方式，辅助法官审理家事案件”。也是在同一年，上海市高级人民法院和共青团上海市委员会又共同发布了《关于进一步规范和完善青少年事务社工参与涉未成年人家事案件纠纷解决机制的合作协议》，完善了社会工作介入涉未成年人家事案件的工作机制。

为了进一步推动社会工作介入涉未成年人民事案件，2019 年 11 月阳光中心与上海市第二中级人民法院签署了《建立青少年事务社会工作者参与涉未成年人家事案件纠纷解决工作机制的合作协议》，该协议进一步细化了社会工作介入涉未成年人民事案件的具体方案。2020 年 7 月，上海市发布了由共青团上海市委员会和阳光中心共同起草的《未成年人司法社会工作服务规范》地方标准，这是全国首个未成年人司法社会工作服务领域的省级地方标准。该标准系统地建立了未成年人司法社会工作的服务规范，而介入涉未成年人民事审判也是这个规范中的重要范畴。

二、社会工作介入涉未成年人民事审判的制度框架

在上海市社会工作介入涉未成年人民事案件的制度建构中，经过人民法院系统、团委系统和阳光中心的共同努力，在以下几个方面形成了较为成熟的介入涉未成年人民事案件的制度框架。

首先，社会工作介入民事案件的服务对象与受案范围的确定。在社会工作介入民事案件的服务对象上，都是围绕着未成年人而展开的。但并非所有的涉及未成年人的民事案件社会工作都要介入。介入的领域和范围是一个逐渐探索的过程。家事审判改革前，社会工作介入民事司法审判主要

以任务为切入口，通过引入社会工作辅助人民法院对涉未成年人民事案件中的未成年人进行社会关护和心理辅导。家事审判改革后，社会工作介入民事司法审判则以案件范围来确定服务对象。在上海市高级人民法院和共青团上海市委员会联合发布的《关于进一步规范和完善青少年事务社工参与涉未成年人家事案件纠纷解决机制的合作协议》中把人民法院审理的涉及年龄未满 18 周岁未成年人的离婚纠纷、抚养纠纷、监护权纠纷、探望权纠纷、亲子关系纠纷、收养关系纠纷、继承纠纷等案件纳入社会工作介入的范畴。而阳光中心与上海市第二中级人民法院签订的合作协议中，进一步把可以介入的受案范围列得更为明细，这些受案范围包括“离婚纠纷、婚姻无效纠纷、同居关系纠纷、抚养纠纷、收养关系纠纷、监护权纠纷、探望权纠纷、继承纠纷等婚姻家庭、继承纠纷”。

在上述所有不同类型的家事纠纷中，社会工作可能并非要全部介入，而是只介入那些涉及未成年人子女利益，并可能会对未成年人子女产生不利影响的家事纠纷。也就是说，在受案范围的确定上，社会工作是以家事案件为范畴的，但在服务目标上是以保护未成年人为核心的。也正是基于保护未成年人这一目的，社会工作不仅只服务于家事案件中的未成年人，而且要延伸到未成年人之外的家庭及其他主体。

其次，社会工作者介入涉未成年人民事案件的工作机制。司法审判与社会工作的目标都是有效地保护诉讼中的未成年人权益。尽管社会工作在司法审判中的定位是辅助司法，但两者都是平等的主体，而非主从关系。因此，在未成年人权益保护事业中，社会工作与司法是一种委托与被委托的合作关系。也正因为如此，社会工作者介入民事案件的工作机制都是通过人民法院委托加以实施的。即法院与社会工作机构签订合作协议，具体确定介入案件的范畴、工作对象、工作内容、工作程序、工作原则等。社会工作机构根据协议，介入涉未成年人民事案件，根据协议和办案要求，参与保护未成年人权益工作。

最后，社会工作介入涉未成年人民事审判的基本规程。根据人民法院审理家事纠纷的需求和社会工作的职业特征，确立了社会工作介入的涉未成年人民事案件的主要工作内容。具体而言，主要包括以下六个基本程序：第一，对未成年人的个人情况、家庭情况、学习情况以及权益保护现状等进行调查；第二，在案件审理过程中协助人民法院少年法庭对案件进行调解；第三，在案件审理过程中对未成年人及其家长进行心理疏导，或者受人民法院少年法庭委托，依托12355上海市青少年公共服务平台，安排心理专业机构对未成年人及其家长进行心理咨询；第四，在案件审理时出庭宣读社会调查报告，并接受双方当事人的质询；第五，案件审结后，对未成年人及其家庭进行回访观护，了解裁判的履行情况，考察未成年人的权益保护情况，并及时向人民法院书面报告回访观护情况；第六，协助人民法院少年法庭对当事人、未成年人的监护人或近亲属进行法制、伦理道德等方面的教育。

三、社会工作者介入涉未成年人民事案件的角色与职责

基于社会工作介入涉未成年人民事案件所从事的主要工作，确定了社会工作者在涉未成年人民事案件中的基本角色。这一角色并不是一元的，而是多元的。大体而言，在整个民事司法审判过程中，社会工作者担任的职业角色与职能主要包括以下几个方面。

（1）社会调查员。从制度渊源上讲，社会调查起源于少年刑事司法的基本制度，其核心目标在于给法官定罪量刑做参考，也是司法分流的重要依据。在民事审判中，对于涉未成年人民事案件，如何审理和判决最有利于未成年人，如何确定是否要社会工作介入，如何介入，都是需要经过社会调查加以呈现和评估的。因此，社会工作者的工作内容和职责之一就是参与家事社会调查工作，对家事审判案件中涉及的未成年人，至其所在的家庭、学校、居（村）委会等场所，围绕其性格、身心状况、成长经历、

居住环境、扶养现状，父母或者其他监护人的教育程度、财产状况、工作情况等方面有针对性地进行调查了解，并向相关部门出具家事调查报告。

（2）调解员。法院调解大体可以区别为诉前调解和诉中调解，调解员参与其中主要以诉前调解为主。在法院调解中，原来一般都是由人民调解机构的调解员来参与。但人民调解员的选聘标准相对比较低，一般不是专职人员担任，缺乏专业性。尤其是在涉及未成年人的案件中，调解员不仅要提供调解服务，还要提供教育引导、心理疏导等专业化较强的服务。因此，社会工作者在家事审判案件中的主要职责，应当从原被告双方个人发展、家庭观念、子女教育等多方面进行家事案件的调解工作，帮助当事人舒缓情绪、解决冲突。

（3）社会观护员。社会观护制度起源于刑事审判，是针对未成年人的特别刑事司法程序，其制度价值在于保护涉罪的未成年人。在民事审判制度中，社会观护的核心在于保护因家事纠纷而陷入困境的未成年人。即在家事审判案件中，在案件判决书或调解书生效后，对未成年人及其家庭进行定期回访，了解未成年人权益保护情况，对侵害未成年人权益的行为进行适度干预，并向相关部门出具回访观护报告。其基本特征在于：第一，介入职责。社会观护员对于因家事纠纷陷入困境的未成年人具有观察、关心和保护的责任。第二，介入过程。可以在审判过程中，也可以在审判或调解之后。第三，介入目标。尽量保护未成年人，避免未成年人因家事纠纷受到不利影响。

（4）家庭教育指导员。在家事审判过程中，法官发现或认为未成年人的父母或者其他监护人，存在家庭教育不当，或不当对待未成年人，致使未成年人权益受损害的，法官可以聘请社会工作者对未成年人的父母或者其他监护人开展家庭教育指导，协助其树立正向教育观念，以及获得教育子女的知识和技能。

（5）探视监督人。探视监督人主要针对家事纠纷中的探视执行问题。

在抚养权变更、抚养费纠纷、探视权纠纷等家事案件中，双方往往会因探视子女引发新的纠纷，获得抚养权的一方往往会因为各种原因，不愿意甚至阻挠另一方探视。阻挠探视权不仅妨碍了另一方的法定探视权利，更重要的是妨碍了未成年人子女的被探视的权利。既有司法对探视权的保护，比较倾向于从父母探视权的角度进行考虑，而涉未成年人民事司法审判改革应当以儿童利益最大化为原则。实际上，探视权本身不仅是父母的权利，更是子女的权利。虽然父母离婚，但父母的身份和权利义务是不变的。未成年人子女不能因为父母离婚而断绝与另一方的来往，这很不利于未成年人的健康成长。社会工作者作为探视监督人的核心职责就是保护未成年人，承担陪同一方行使探视权的探望监督人工作，通过减少双方矛盾的激化，甚至化解双方矛盾，以维护未成年人合法权益。

（6）权益代表人。权益代表人是指代表未成年人权益的人。在民事诉讼中，保护未成年人的主体主要是未成年人的监护人或监护人为未成年人聘请的律师。然而，在家事纠纷中，往往会出现监护人不顾及未成年人或不保护未成年人的情形。具体主要包括以下几个方面：其一，父母遗弃、虐待未成年子女的；其二，父母坚持放弃子女抚养权的；其三，未成年子女名下有财产权益可能受到侵害的；其四，未成年子女存在身心疾患等其他特殊情况的。基于上述情形，法院在审判过程中，可以聘请社会工作者，由其代表未成年人作为独立的诉讼主体参与诉讼，全面参与庭审，包括调查、举证、发表主张、参与调解等，以更好地保护未成年人的权益。

第四节　社会工作介入涉未成年人民事审判的经验、问题及展望

在家事审判改革的推动下，上海市逐渐探索建立了具有自身特色的社会工作介入民事审判的体制与机制。以此为基础，阳光中心以试点人民法

院为平台，积极参与涉未成年人民事案件，积累了丰富的实践经验，同时在未成年人权益保护实践过程中，也遇到了一些新的问题。

一、社会工作介入涉未成年人民事审判的经验

（一）以试点人民法院为中心逐渐向其他人民法院拓展

社会工作介入涉未成年人民事审判是从家事审判试点改革入手的，根据上海市高级人民法院、共青团上海市委员会《关于建立上海市青少年事务社工参与涉青少年家事纠纷解决机制的合作协议》的相关规定和要求，上海市率先在普陀区、静安区开展青少年事务社工参与涉青少年家事案件调解工作。阳光中心普陀区工作站、静安区工作站作为首批合作单位参与到此项工作中，开启社会工作介入涉未成年人民事案件的征程。阳光中心介入涉未成年人的民事审判，对未成年人权益保护起到了积极的效果。因此，司法机关与阳光中心开始了试点人民法院之外的合作。2019年，阳光中心与上海市第二中级人民法院达成合作，确定在第二中级人民法院辖区人民法院系统内，开展介入涉未成年人家事案件的社会工作。在基层人民法院的合作中，除了静安区和普陀区两个试点人民法院之外，还与宝山区、闵行区和青浦区的人民法院开展了相关合作。未来随着体制机制的成熟，将逐渐在人民法院系统内推广。

（二）以参与家事调解为主，逐步扩展到其他服务领域

尽管在合作框架中，社会工作介入涉未成年人民事审判的领域比较丰富多样。但在实际的介入工作中，其介入最多的领域则是参与法庭家事的调解，并以家事调解为中心，向其他服务领域拓展。笔者在阳光中心调研时了解到，自参与介入试点人民法院的民事审判以来至2018年9月底，阳光中心共参与家事审判案件134件，其中诉前调解113件，调解成功78件，调解率达69%。有17个案件启动了诉前调查程序，社工提交的社会调查报告的意见中，人民法院的采纳率在90%以上。2018年12月1日至

2019 年 11 月 15 日，开展涉民事案件家事社工介入工作 441 人次。2020 年受新型冠状肺炎疫情的影响，社会工作介入家事案件大幅下降。截至 2020 年 10 月 28 日，阳光中心家事法庭试点工作共开展 173 项，静安区工作站开展 112 项，普陀区工作站开展 41 项，上海第二中级人民法院开展 20 项；其中诉前调解 146 项，诉前社会调查 11 项，案后跟进 1 次，其他 15 项。

（三）以无行为能力未成年人为核心服务对象

笔者在阳光中心调研时了解到，2020 年，夫妻年龄为 35 周岁以上的家事纠纷中涉未成年人的，共有 59 人，其中，未成年人 8 岁以下的有 30 人，8 岁以上的有 29 人。夫妻年龄为 35 周岁以下的家事纠纷中涉未成年人的，共有 100 人，其中，未成年人 8 岁以下的有 95 人，8 岁以上的有 5 人。也就是说，在阳光中心介入涉未成年人民事案件的未成年人服务对象上，主要以 8 岁以下未成年人为主。8 岁在《民法典》中是未成年人的一个重要年龄分界线。《民法典》把未成年人分为无行为能力人和限制行为能力人。把 8 岁以下未成年人设定为无行为能力人，其实就是因为 8 岁以下的未成年人是自我保护能力最弱，也最需要保护的。因此，人民法院更愿意邀请社会工作参与 8 岁以下未成年人的家事纠纷，以更好地保护好这一部分未成年人的权益。

（四）司法与社会工作合作模式

当前社会工作介入涉未成年人民事案件尚处探索期，没有固定的合作模式，但从社会工作机构与试点人民法院探索合作的模式来看，大体有两种：一种是与上海市普陀区人民法院合作建立的个案模式，另一种是与上海市静安区人民法院合作建立的驻点模式。个案模式主要是人民法院根据案件受理的情况，把需要社会工作参与的案件，根据双方的协议，让社工机构派遣社工参与涉未成年人民事案件。而驻点模式则是在人民法院设立办公场所，社会机构根据合作协议派遣社工在一定时间内进驻人民法院，参与涉未成年人民事案件。“个案模式”和“驻点模式”针对不同的问题采取不同的策略，起到了良好的示范性作用。针对这种模式，可以在普陀区工作站、静安区工作站现有的工作经验基础上，总结和完善相关经验，最终形成可复制、可推广的《青少年事务社工参与涉青少年家事案件调解工作实务指导手册》，以在上海市全市推开，供其他区工作站借鉴，从而可以少走弯路，提高工作效率。

二、当前社会工作介入民事案件存在的问题

（一）工作机制有待完善

当前，社会工作介入涉未成年人民事案件还处于探索期间，许多工作机制还有待于完善。正如阳光中心静安区工作站的一位一线场域社工在访谈中表示，“2016 年 6 月 6 日，当我作为一名青少年社工参与到改革试点法院的家事调解工作中时，其实是没有规定的、没有东西的，没有一张纸一支笔，也没有案子的。在这种一穷二白的情况下，法院希望你给他们一些参考性的东西，而我们社工又不知道能给他们什么。从我们的角度来说，我们也希望别人给到我们案子，但是我们也没有一个大概的思路去做什么”。也就是说，即使当时全国性和地方性的政策法规在对社会工作者介入涉未成年人民事案件的具体条款上有所细化、有所探索，但对于基层人民法院、基层社工机构和基层社工来说，实际上并没有一个成文的、十分明确的制度法规可供其依照。他们必须“摸着石头过河”，一步一步与人民法院一同探索具体的工作流程和细则，并承担不确定的风险。因此，探索建立规范化的操作规程是当前社会工作介入涉未成年人民事案件亟须解决的问题。

（二）人民法院与社会工作的对接还需磨合

人民法院与社会工作机构在涉未成年人民事案件的合作还处于探索阶段，具体如何对接还尚处磨合期。需要不断磨合对接的工作主要有两个方面：一方面，人民法院在与社会工作对接过程中，主要以司法为中心，在

人民法院审判案件过程中，主要按照原有的审判节奏进行审理，而忽略引入社会工作之后，需要对其节奏作出相应的调整。从而导致社会工作在介入涉未成年人案件时，难以详细了解案件，难以充分做好社会工作，难以有效发挥社会工作保护未成年人的职能。另一方面，人民法院在工作分配中，由于很多法官并不是很了解社会工作，他们会把从人民法院分离出来的非审判业务，打包分配给社会工作者。而这些工作并不都是社会工作者从事的工作，也非社会工作者所擅长的工作。这也导致社会工作压力较大，工作繁杂，也无法发挥社会工作的优势，为保护未成年人作出应有的贡献。

（三）社会工作在介入家事案件中的角色定位模糊

当前，我国的民事审判法律体系中，缺乏有关社会工作的制度规范和保障。社会工作作为化解家事纠纷，保护未成年人权益的一种新探索，还在摸索过程之中。这也使得其在介入涉未成年人民事案件中角色定位相对模糊。其主要表现在两个方面：一方面，从社会工作自身角度而言，社会工作机构对社会工作在涉未成年人民事案件的角色定位缺乏清晰的认知；另一方面，人民法院在家事审判中，是以多元化纠纷解决机制为取向的，人民法院把各种人民团体、社会组织和企事业单位都可以纳入家事纠纷解决机制，而在不同的人民团体和社会组织之间，并没有明确的职能分工和角色定位，也缺乏案件分配的机制，随机性比较大。这导致时常出现社会工作应当介入的案件没有介入，而不适宜社会工作的事宜却有可能分配到社会工作机构及其社会工作者。这也导致社会工作难以发挥专业优势，有效保护未成年人权益，同时也浪费了国家公共资源。

三、健全社会工作介入涉未成年人民事案件的展望

家事审判制度的改革为社会工作介入涉未成年人民事案件提供了重要契机和发展空间，而在社会工作探索介入涉未成年人民事案件过程中，积

累了丰富的经验，为进一步推动社会工作在民事审判中保护未成年人奠定了基础。随着《未成年人保护法》和《预防未成年人犯罪法》的修改，未成年人权益保障体系更加健全，社会工作也被正式入法。上海市的社会工作应当把握这一重要契机，在逐步完善既有的介入涉未成年人民事审判制度的基础上，全面创新社会工作介入涉未成年人民事审判的新机制，以更有成效地保护好未成年人的权益。

（一）边行边试创新机制，探索、总结社会工作介入涉未成年人民事案件的上海经验

就上海市而言，司法社会工作走在全国前列，需要肩负发挥引领作用的责任，要想在该领域取得突破性的成就，需要不断在新领域探索新的实践经验。就目前来看，社会工作介入涉未成年人民事案件尚处于起步阶段，阳光中心走在探索前列。然而，由于可供学习的资料与经验有限，所取得更多的经验主要依赖于社工的不断探索和逐渐完善。当前，上海市社会工作介入涉未成年人民事案件已经有一定的成效，但还在探索期间。创新社会工作介入涉未成年人民事案件可推广的介入模式，需对社工的探索及实践经验不断地先行先试，边行边试，总结经验并提炼出科学可行的操作规程和制度，以此提升社会工作对未成年人权益的保护能力，促进我国司法社会工作的发展。

（二）转变接案思路，促进社会工作机构接案从被动向主动转型

当前，社会工作介入涉未成年人民事案件的前提在于人民法院及办案法官对案件是否需要社会工作介入的判断。这种判断基于人民法院及办案法官的办案需求和主观认知。社会工作机构能介入哪些涉未成年人民事案件，什么时候介入，需要做什么工作，非常依赖于人民法院和法官的决定，社会工作机构没有主动权。然而，哪些案件适合社会工作的介入，需要有客观标准。这一标准应当建立在儿童利益最大化这一原则基础之上，并根据这一原则建立涉未成年人民事案件评估机制，以此确立涉未成年人

民事案件是否需要社会工作介入。因此，从案件分配与分流的程序上讲，所有涉未成年人案件首先应由人民法院委托社会工作机构进行评估，确定该案件是否需要社会工作介入。对于需要介入的案件，应当由社会工作机构自主决定介入方式和内容。通过这种工作思路的转换，可以引导社会工作介入涉未成年人民事案件由被动接案转向主动接案，从而更有助于保护好未成年人权益。

（三）加强人民法院与社会工作机构的对接，促进社会工作更为扎实有效

自 2016 年以来，阳光中心与上海市人民法院系统合作进行了近四年的探索工作。在不断探索过程中，静安区社工站与静安区人民法院、普陀区社工站与普陀区人民法院建立了一套工作流程，形成了两个以“个案模式”和“驻点模式”为基础的合作机制。为保证社会工作介入涉未成年人民事案件更为顺畅，工作更扎实有效，需要在合作的基础上，细化对接机制。具体而言，建立对接机制的重点主要体现在以下三个方面：第一，案件的分配。当涉未成年人民事案件确实需要社会工作介入时，应细化承办法官与社会工作机构的对接流程。第二，在介入环节上，哪些程序可以融入社会工作及应当提供什么样的社会工作服务，需要承办法官与社会工作者对接。第三，社会工作介入涉未成年人民事案件过程中形成的各种案件材料应与司法审判的卷宗材料对接。

（四）逐渐探索扩大服务范围，拓展涉未成年人民事案件的介入领域

当前，社会工作介入涉未成年人民事案件主要是以家事纠纷为中心，包括离婚纠纷、婚姻无效纠纷、同居关系纠纷、抚养纠纷、收养关系纠纷、监护权纠纷、探望权纠纷、继承纠纷等婚姻家庭纠纷等。而介入的方式，是以参与家事调解为突破口，逐渐扩展到其他司法审判环节。家事纠纷作为社会工作介入民事案件的试验田，主要是基于家事纠纷中，未成年

人成为隐形的受害者，却难以通过民事审判本身加以保护。而解决家庭问题保护未成年人恰好是社会工作专业领域，因此，司法与社会工作有很强的合作空间和基础。然而，未成年人的民事权益保护，并不仅限于家事纠纷领域，还包括学校和社会等领域。当这些领域中涉及未成年人的民事纠纷进入司法领域时，社会工作是否可以介入，如果可以介入又应当如何介入，我们能否建立涉未成年人民事案件全覆盖，审判过程全参与的社会工作介入机制，是值得上海市司法系统和社会工作系统研究的重大课题。

（五）加强完善评估机制，提高社会工作保护未成年人权益的能力

社会工作评估是整个助人活动中的一个重要阶段，是确定目的和目标实现的重要手段，是对介入程序、介入效果等内容进行考量的过程。通过评估，总结工作经验，并以评估的形式对工作过程中存在的问题进行反思，以此提高社会工作保护未成年人权益的能力，促进人民法院和诉讼当事人对社会工作的认可。评估方式大体可以分为过程评估和结果评估，人民法院作为服务的购买者，当事人作为服务的使用者，其对服务的评价有着至关重要的作用。当前，上海市对社会工作介入涉未成年人民事案件的评估，仍以人民法院调解率、结案率等考核为主，其单一的考核标准难以对社会工作进行准确的考核，无法有效指引社会工作介入涉未成年人民事案件的工作方向，更无法有效保护好未成年人。因此，加强完善对社会工作介入涉未成年人案件的评估，一方面，应当以儿童权利最大化为原则，建立专业的、符合社会工作实务的评估体系；另一方面，应当加强对服务过程的评估，保证社会工作介入民事涉未成年人案件的专业性和有效性。

（六）打造专业化的司法社会工作人才队伍

社会工作对涉未成年人民事案件中未成年人的保护与国家少年司法改革的目标是一致的。2020 年 5 月 28 日，十三届全国人大常委会第三次会议表决通过了《民法典》，2020 年 10 月 17 日，十三届全国人大常委会第

二十二次会议表决通过了修订后的《未成年人保护法》，这一方面体现了民事司法领域对未成年人权益的保护势在必行，另一方面体现了各项法律法规的出台为社会工作介入民事司法领域保护未成年人权益提供了可能性。目前，司法社会工作的服务领域主要集中于犯罪预防、犯罪矫正和刑事司法审判领域。社会工作者对这一领域的知识掌握、业务训练及实务技术都比较娴熟。然而，在民事审判领域，社会工作的介入尚处于探索阶段。尽管社会工作者社会工作能力较强，但因为对民事审判及其相关的法律知识不是很熟悉，导致司法与社会工作衔接出现困难，也使得社会工作的介入效果大打折扣。因此，社会工作机构应当着眼未来，大力培养和打造介入涉未成年人民事案件的人才和专职社会工作队伍。

第五章

“两法”*修改中的司法社会工作

CHAPTER 5

* “两法”是《未成年人保护法》和《预防未成年人犯罪法》的简称。

第一节 “两法”概况

一、“两法”的立法过程

改革开放以来，我国的立法快速增长。2011 年，时为全国人大常委会委员长的吴邦国在《在形成中国特色社会主义法律体系座谈会上的讲话》中指出，中国特色社会主义法律体系已经形成。党的十八大以来，在国家全面依法治国的战略部署下，社会主义法治体系逐步完善。至 2018 年 8 月底，我国现行有效法律 267 件，行政法规 756 件，地方性法规 12 000 多件，以《宪法》为核心的中国特色社会主义法律体系形成并不断完善。①

从成年人与未成年人的视角来观察法律的发展，可以发现，自古以来，法律都是按照成年人的世界观来对待未成年人的。传统中国的法律建构的是长幼有序的法律秩序，其法律制度的设计是为了实现成年人对未成年人的支配和维系成年人的权威这一宗旨。随着现代社会中民主、平等、自由等价值理念不断扎根于中国社会，在我国现代法律中也呈现成年人与未成年人相互平等的法律特征。但在法律体系上，依然是成年人与未成年人混同的状态。

当前，在日益庞杂，也日臻成熟的法律体系中，国家层面有两部法律是专门针对未成年人的，一部是《未成年人保护法》，另一部是《预防未成年人犯罪法》。这也是我国迄今为止，从成年人世界分离出来的两部法律，学界将其简称为“两法”。《未成年人保护法》于 1991 年第七届全国人民代表大会常务委员会第二十一次会议通过，自 1992 年 1 月 1 日起施

① 杨维汉，陈菲．目前我国现行有效法律 267 件 行政法规 756 件［EB/OL］．［2021－01－20］．http：//www. npc. gov. cn/npc/c35257/201809/2bf59a93f09c446ebf45312dc23e7c06. shtml.

行。2006 年、2012 年和 2020 年全国人民代表大会常务委员会对该法进行了两次修订和一次修正。《预防未成年人犯罪法》于 1999 年第九届全国人民代表大会常务委员会第十次会议通过，自 1999 年 11 月 1 日起施行，2012 年和 2020 年全国人民代表大会常务委员会对该法分别进行了一次修正和一次修订。

“两法”一直被视为保护未成年人的基本法，是保护未成年人的“小宪法”。在“两法”出现之前，我国的法律体系中尽管有很多关于未成年人的法律规范，但没有专门的未成年人法。在法律如何对待未成年人这一问题上，确实有很多涉及未成年人特殊利益和特别照顾的条款，但总体而言是按照小儿酌减的方式确定的。从某种意义上说，“两法”应当是成年人法与未成年人法的分水岭。这一分水岭从形式上讲是在成年人与未成年人一体化立法中分离出了未成年人立法。从实质上讲，表明我国的法律体系中，开始有了未成年人法的思维。这是一个重要的标志，标志着未成年人法脱离于成年人法的开始。但直到目前，尽管“两法”经过几次修改，日趋完善，历史意义也显而易见，但在本质上依然没有脱离成年人的思维。

对于未成年人专门立法的起源，可以追溯到改革开放之初。“文化大革命”遗留的问题与社会转型带来的问题纠缠在一起，使得国家面临着社会安全与违法犯罪，尤其是青少年违法犯罪的严峻挑战。因此，1979 年，中共中央转发中宣部等八个单位《关于提请全党重视解决青少年违法犯罪问题的报告》（中发〔1979〕58 号）的通知，随后中央开始对违法犯罪实施“严打”刑事政策。1985 年，中共中央又下发了《关于进一步加强青少年教育预防青少年违法犯罪的通知》（中发〔1985〕20 号），进一步强化了预防思维。很显然，这两个中央文件，促进了对青少年犯罪问题的关注，也促进了相关立法的出台。但有趣的是，我国第一个与未成年人相关的立法不是《预防青少年犯罪法》，而是《未成年人保护法》。

之所以出现这样的立法结果，其主要原因有四：其一，与认为青少年违法犯罪是因为未能获得合适的教育和保护的观念有关。其二，是“预防”思维的体现。其三，“保护”一词也含有“控制”的意思，这与当时未成年人权利观念发育还不成熟有较大的关系。其四，可能是基于立法“可行性”的考虑。① 也正因为如此，《未成年人保护法》在内容设置上，明显具有犯罪预防、控制的痕迹，从而把两种不同立法取向的制度融入同一部法律。

然而，在《未成年人保护法》实施过程中，由于犯罪控制的立法目的，并没有能够通过“保护”产生犯罪控制的预设效果。为此，国家重启犯罪治理的立法，在《未成年人保护法》颁布八年之后，《预防未成年人犯罪法》也最终落地诞生。《预防未成年人犯罪法》在立法思路上与《未成年人保护法》遥相呼应，《未成年人保护法》的立法思路在于有效的保护能产生有效的预防，而《预防未成年人犯罪法》则认为防止未成年人犯罪就是对未成年人最好的保护。基于这样的立法思路，使得未成年人保护立法中有预防，预防立法中有保护。也正是基于这样的立法思路，“两法”在法律条款的设计上，呈现交叉设立特征，使得在保护立法条款中内含了犯罪预防的条款，预防立法条款中也穿插着保护条款。但这种你中有我，我中有你的立法，并不表明“两法”的完美衔接。也正是基于立法思维的交叉，导致无法清晰地界分“两法”不同的性质和立法目的。

出现这种状况的原因，一方面在于“两法”的制度缺乏长远的规划。新中国成立后的近三十年，国家立法较少。改革开放后，邓小平同志秉持“摸着石头过河”的基本思路，在立法上提出“不能等”“宜粗不宜细”“成熟一个制定一个”的方针。这使得我国的法制建设能够在短期得以恢

---

① 姚建龙．未成年人法的困境与出路：论《未成年人保护法》与《预防未成年人犯罪法》的修改［J］．青年研究，2019（1）：2.

复，为改革开放提供法制保障，但也使得有些立法缺乏整体规划，法律之间缺乏协调。表现在“两法”的制定上就是，制定《未成年人保护法》的时候，把能够适用未成年人的条款都融入进去，而等要制定《预防未成年人犯罪法》时，则发现很多条款在《未成年人保护法》中都有。另一方面在于国家在立法上对待未成年人的心理一直摇摆于作为保护对象的未成年人和作为治理对象的未成年人之间，受这两种立法思维的影响。这是社会安全与未成年人权利这两种法益的立法较量。因此，当前“两法”修改亟须解决的一个问题，就是摆正“两法”的位置，让“两法”各归其位。这也是“两法”同步修改的重要原因。

二、“两法”是司法社会工作的制度渊源

尽管“两法”的制定存在各种各样的问题，但其历史地位和作用是不可否认的。其作为中国历史上仅有的两部专门针对未成年人的法律，是未成年人法学的里程碑。不仅如此，“两法”还为犯罪治理乃至社会治理的延伸与扩展奠定了制度基础，也使得社会各种主体参与犯罪治理成为可能。

众所周知，党的生命线和根本工作路线就是群众路线。在犯罪治理中，各职能部门也是坚持一切为了群众，一切依靠群众，从群众中来，到群众中去的群众路线。然而，随着社会主义法治化的发展需求，社会各类主体权利义务逐渐清晰，机构职能逐渐法定化，司法也逐渐呈现职业化、专业化、精英化等特征。因此，在犯罪治理上，司法中心主义取向日益明显，使得国家机关与社会逐渐出现疏离。群众一方面越来越难以发动，另一方面犯罪治理专业化要求，群众也难以参与。尤其是，我国对犯罪分子的治理主要是法教义学取向，使得司法在犯罪治理中采取消极主义态度。即只要没有达到入罪的程度，一般就不加以干预。

然而，由于消极主义司法遭遇了犯罪高发的社会事实，促使国家思考

如何应对。因此，积极能动司法曾经有段时间成为我国司法改革的时尚。而如何引入社会力量参与犯罪治理，实施综合治理，也成为国家不可回避的问题。“两法”的出台，很显然就是试图从制度上解决如何综合治理，如何引入各种社会力量的参与。因此，无论是《未成年人保护法》，还是《预防未成年人犯罪法》，都把政府有关部门、司法机关、人民团体、有关社会团体、学校、家庭、居民委员会、村民委员会等纳入保护与预防体系，根据不同主体的性质，赋予不同的职责，以此建构一个国家与社会一体的治理体系。这一体系的建构突破了《刑法》的治理思维，把综合治理思维融入犯罪治理。但是应当注意的是，从 20 世纪 90 年代制定“两法”开始，虽然“两法”都有修订，但其保护和预防未成年人的组织体系并没有发生大的变化。

组织体系是实施“两法”的责任主体，也是保障“两法”有效运行的根本力量。然而，庞大的综合治理体系，也可能会产生“九龙治水”的问题。这与司法中心主义有所不同。司法中心主义主要以司法审判为中心，在治理主体上，一方面，相对比较单一，涉及的部门不多，且各职能部门在法律上有非常清晰的刚性法定职责；另一方面，司法中心主义的组织机构体系中涉及的部门以国家机关为主，且以司法机关为主导，国家机关之外的主体很难参与进来，即使是有所参与都是属于被动角色。而“两法”下的组织结构，是一个综合治理体系。其不仅机构部门众多，而且还有不少人民团体和社会团体参与。这些众多的机构和部门，一方面，在部门协同方面经常面临着困难，使得合力难以形成，实施效果也因此会大打折扣。另一方面，在综合治理下的协同组织结构中，也存在“最后一公里”现象。即一个好的制度，好的组织体系，在实施“两法”过程的最后一个环节无法触及，使得有关机构和部门的职责难以有效延伸到最后，这也使得法律上的权责难以最终落实。

因此，在“两法”修改中，从组织机构入手，必须着力解决两个问题：一个就是部门协同的问题；另一个就是解决“最后一公里”现象。前一个问题的解决，需要在赋予职能部门更明确和更刚性的职责界定的同时，建立强有力的协调机构。后一个问题主要需要探寻新的组织模式，引入新的社会力量加以解决。实际上，随着我国快速转型与发展，一个新生的社会力量逐渐形成。这个新生的社会力量就是社会组织。社会组织在广义上可以包括社会中所有的有组织的形态，包括政党、政府、企业、学校等；而狭义的社会组织又称民间组织、非营利性组织，这些组织是在社会发展过程中衍生出来的，其能够上承国家，下接社会，为解决社会中的某类公共性问题而存在，并在解决这些公共性问题的同时，为化解国家行政权力末端问题提供新的组织支撑。因此，随着社会时代发展的新需求，社会组织也有了更快更好的发展。这为“两法”修改在健全组织保障体系上提供了新的契机，也奠定了坚实的社会基础。

第二节 《未成年人保护法》修改中的司法社会工作

比较《未成年人保护法》2020 年修改前后的法律文本，可以发现，修改前的《未成年人保护法》共有 7 章，72 个条款。章节分类主要按照保护主体及其职能进行确定，分为四类主体，即家庭、学校、社会和司法，并以此为基础，分别构成四个章节。其余三个章节分别是总则、法律责任和附则。在整个未成年人保护组织体系中，家庭保护、学校保护，甚至司法保护，其主体相对比较单一。而社会保护这一章中，主体则是概括式的，其类型也较为复杂。在 2012 年的《未成年人保护法》总则中规定的责任主体，除了包括家庭、学校、司法之外，还包括国家、政党、社会团体等。当然，在这些主体中，并没有包含社会组织。这也意味着，当时尽管我国已有不少地方的社会组织开始参与未成年人保护工作，但在国家立法上还没有被确认。2020 年修改后的法律文本共有 9 章 132 条，其不仅增加了 60 个条款，而且原有条款几乎每条都做了修改。在章节体例上，2020 年修改的《未成年人保护法》增加了政府保护和网络保护。与此同时，创设了很多新的机制体制，全面建构了未成年人保护组织体系。

一、议事协调机制的创立

2020 年修法，在未成年人保护机制上，有了很大的突破。这不仅表现在对各机构、部门的法定职权配置上，尽可能避免职能虚设，明确部门权责，大大加强立法的可操作性，并让《未成年人保护法》成为一个“长牙齿”的法律。更表现为创设了一个新的保护机制，那就是增设了未成年人保护议事协调机构。

自启动《未成年人保护法》修改以来，立法机关曾两次发布修订草案征询意见稿。第一次是在 2019 年 10 月 31 日至 11 月 29 日征询意见，修订草案从原法 72 条增加至 130 条，而最后通过的法案增加至 132 条。这是《未成年人保护法》修改幅度最大的一次，不仅增加条款 60 条，而且在原有的条款中也进行了较大幅度的修改。不仅如此，《未成年人保护法》的章节结构也首次出现了变化，在原有七章基础上，增加了两章。即增加了第五章网络保护和第六章政府保护。政府保护是从社会保护中分离出来的，单独作为一个重要的保护主体和保护力量。尤其是要在众多的保护主体构成的保护组织体系中，突出政府对保护未成年人的地位和责任。就网络保护而言，其本身不是一个特殊的主体或保护力量，而是一个新兴和特殊的保护空间和场所，即在实现空间保护之外的虚拟空间。增设网络保护，从总体结构上讲，看起来与其他章节并不是很协调，而且网络保护本身也需要现实社会中的各个保护机构及群体的介入。然而，把网络保护单列出来，却可以看到国家对未成年人网络保护的重视和决心，也表明了虚拟世界对未成年人发生了非常深远的影响，国家必须全面介入。

比较2020年修改的《未成年人保护法》的一审、二审修订征求意见稿及最后通过的文本，可以发现，本次修法在未成年人保护组织体系上出现了变化。社会各界比较关注的就是创立了未成年人保护的议事协调机构。议事协调机构是我国比较独特的社会治理结构，一般专为解决某类社会问题而设置，目标在于解决我国行政系统的条块关系，以统筹各职能部门，防止多头治理现象，促进各职能部门协同合力的跨部门机构。一般而言，议事协调机构在性质上是一个临时性的机构，以实现解决某类社会问题而组建，也因这些问题得以解决而解散。因此，尽管我国有很多的各种各样的议事协调机构，甚至在现实运行中，很多协调议事机构是常态化的。但在我国立法上，议事协调机构入法的并不是很多。尤其是当前国家整合政府职能，大力规范、裁撤五花八门的议事协调机构的大背景下，能够把未成年人保护议事协调机构入法，更能彰显国家加大力度保护未成年人的决心。

从修法内容上看，在《未成年人保护法》一审修订征询意见稿中，议事协调机构条款设置在第六章政府保护中，即该法的第69条，该条款规定“国务院和县级以上地方人民政府应当建立未成年人保护工作协调机制，统筹、协调、督促、指导有关部门做好未成年人保护工作。协调机制具体工作由同级民政部门承担”。其不仅明确了要就如何保护未成年人建立协调机制，同时明确规定了协调机构设置在民政部门。做这条规定，主要是由民政机关的法律性质所确定的。尤其是在《民法总则》及后来《民法典》颁布后，民政部门作为未成年人的国家监护机关，行使对未成年人的保护职责，是保护未成年人的重要机关。

然而，在二审征求意见稿和通过的文本中，这一条款的设置发生了一定的变化。原来的条款是在第六章政府保护这一章中，二审征求意见稿和通过的文本则把这一条款放在第一章总则的第9条进行规定。而且条款内容也发生了一定的变化，该条款规定“县级以上人民政府应当建立未成年人保护工作协调机制，统筹、协调、督促、指导有关部门在各自职责范围内做好未成年人保护工作。协调机制具体工作由同级人民政府民政部门或者省级人民政府确定的部门承担”。在笔者看来，把这一条款从政府保护移到总则之中，表明国家不只把协调机制视为政府保护的一个部分，而是在做未成年人保护的总体设计，其站位要比放到政府保护中要高，即表明是保护未成年人组织体系的一个重要组成部分，又更加突出了这一机构的重要性。

二审征求意见稿不仅把议事协调机构调整到总则，而且也对该条款的内容做了调整，其核心就是地方人民政府对是否由民政部门来承担协调机制具体工作具有一定的自主权。具体而言，这一条款表达了几个层面的制度设计指向：第一，民政部承担国家层面的议事协调机构的具体工作。第二，地方各级政府可以让民政部门承担议事协调机构的具体工作，但不做硬性规定。第三，地方政府如果不以民政部门承担议事协调机构的具体工作，那么由哪个部门承担，法律规定，须由省级人民政府确定。也就是说，从国家对这一条款的制定来看，国家对地方是否确立由民政部门担任协调机构的具体工作不做“一刀切”处理，而给了地方政府一定的自主权。省级人民政府可以根据本省市的具体情况，决定是否由民政部门担任议事协调机构的具体工作，因为每个省市可能在保护未成年人的实践过程中，都有一些自己的经验和做法。

最终通过的文本，又对议事协调机构的设立作了微调。该条款表述为“县级以上人民政府应当建立未成年人保护工作协调机制，统筹、协调、督促和指导有关部门在各自职责范围内做好未成年人保护工作。协调机制具体工作由县级以上人民政府民政部门承担，省级人民政府也可以根据本地实际情况确定由其他有关部门承担”。最终文本的微调使得这一制度更加完善，强调了一些自主设置的事由，也在某种意义上缩减了地方在设置议事协调机构的自主性。这也体现在《未成年人保护法》修改过程中，在关于如何设置议事协调机构这一问题上，一直存在中央与地方关系的博弈，最后的结果体现出中央与地方关系的均衡。在修改的一审征求意见稿中，主要体现出中央主导的刚性，地方没有设置议事协调机构的自主权。而在二审征求意见稿中，地方设置议事协调机构的自主性很大，只要省级人民政府自己确定即可。而在最终通过的文本中，则在某种意义上限缩了地方的自主设置权。

另外需要注意的是，在这一条款中，只是规定了省级人民政府具有一定的自主权，而没有规定省级以下的地方人民政府具有设置权。那么很显然，如果省级人民政府没有自主设置由非民政部门承担议事协调机构具体工作的，省级以下各级人民政府很显然应当按照国家的规定直接设置民政部门承担议事协调机构的具体工作。然而，当省级人民政府根据自主设置权设置了由其他机构承担议事协调机构具体工作的，那么省级以下地方人民政府设置议事协调机构就可能出现两种情形：一是省级以下各级人民政府按照国家规定依然由民政部门担任；二是省级以下各级人民政府设置与省人民政府保持一致，由其他部门承担议事协调机构的具体工作。对于如何理解这一条款可能包含的法意，在笔者看来，省级以下地方各级人民政府应当与省级人民政府保持一致，这样比较符合立法的设计。这是因为建立省级自主原则，主要是从国家层面考虑各个省市的总体差异。但在省域内部，一般差异不是很明显。而且如果在省域内部，省级与省级以下的协调机构设置不一样的话，省域内部的协调机构之间的协调也会产生问题，从而导致协调机构无法协调的后果。因此，理顺省域内部协调机构层级关系就应采取与省级人民政府保持一致的原则。

二、社会组织及社会工作的嵌入

未成年人保护议事协调机构设立无疑是2020年《未成年人保护法》

的一个重大变化与机制创新，其大大健全了未成年人保护组织体系。因此，引发了社会各界广泛关注和热议，也期待其在未来发挥应有的作用。然而，还有一个未成年人保护组织体系上的变化，却没有引起人们应有的关注。那就是在现有的保护组织结构体系中，嵌入了一个新的保护机构——社会组织。而在社会组织之中，很大程度上指向了作为社会组织之一的社会工作组织。这也是《未成年人保护法》制定以来前所未有的事情。

从当前《未成年人保护法》修改的内容来看，在一审征求意见稿中，涉及社会组织的条款共有五条，即第 90 条、第 102 条、第 104 条、第 109 条及第 113 条。这五个条款都是新增加的条款，其中第 90 条放在第六章政府保护中，其余四条都在第七章司法保护这一章。而在二审征求意见稿中，把一审征求意见稿中五个涉及社会组织的条款删除了一个，即第 109 条。这主要是基于这一条款更接近《预防未成年人犯罪法》，所以把这一条款移至《预防未成年人犯罪法》中。其余的四个条款在二审征求意见稿中都进行了进一步的完善。不仅如此，二审征求意见稿还另外增加了五个涉及社会组织的条款。也就是说，在二审征求意见稿中，涉及社会组织的条款共有九条。而且这九个条款除了分布在第六章政府保护和第七章司法保护之外，在第一章总则、第四章社会保护和第五章网络保护中也有所体现。

在最终通过的《未成年人保护法》文本中，一方面在完善相关条款的基础上，保留了二审征求意见稿中的社会组织条款设置。另一方面，在政府保护章节中，新增加了一个与社会组织相关的条款，即在第 97 条中，把社会组织也纳入可以“参与建设未成年人保护服务平台、服务热线、服务站点，提供未成年人保护方面的咨询、帮助”的保护组织体系。同时，还应当特别注意的一个变化是，在最终通过的《未成年人保护法》文本中，又开始突显社会工作者群体。其中第 99 条和第 116 条就把原来规定为"有关社会组织"的表述，修改为"有关社会组织、社会工作者"。

2012年法律文本、一审征求意见稿、二审征求意见稿及最终通过的法律文本中涉及社会组织条款的基本情况如表5－1所示。

表5－1 《未成年人保护法》中社会组织条款修改情况对照

章节	2012年法律文本	一审征求意见稿	二审征求意见稿	2020年通过稿
第一章 总则	第6条第1款 保护未成年人，是国家机关、武装力量、政党、社会团体、企业事业组织、城乡基层群众性自治组织、未成年人的监护人和其他成年公民的共同责任	第6条第1款 保护未成年人，是国家机关、武装力量、政党、社会团体、企业事业组织、城乡基层群众性自治组织、未成年人的监护人和其他成年人的共同责任	第6条第1款 保护未成年人，是国家机关、武装力量、政党、人民团体、企业事业单位、**社会组织**、城乡基层群众性自治组织、未成年人的监护人和其他成年人的共同责任	第6条第1款 保护未成年人，是国家机关、武装力量、政党、人民团体、企业事业单位、**社会组织**、城乡基层群众性自治组织、未成年人的监护人以及其他成年人的共同责任
	第8条 共产主义青年团、妇女联合会、工会、青年联合会、学生联合会、少年先锋队以及其他有关社会团体，协助各级人民政府做好未成年人保护工作，维护未成年人的合法权益	第10条 共产主义青年团、妇女联合会、工会、残疾人联合会、关心下一代工作委员会、青年联合会、学生联合会、少年先锋队以及其他有关社会团体，协助各级国家机关做好未成年人保护工作，维护未成年人合法权益	第11条 共产主义青年团、妇女联合会、工会、残疾人联合会、关心下一代工作委员会、青年联合会、学生联合会、少年先锋队以及其他人民团体、**社会组织**，应当协助各级人民政府及其有关部门做好未成年人保护工作，维护未成年人合法权益	第10条 共产主义青年团、妇女联合会、工会、残疾人联合会、关心下一代工作委员会、青年联合会、学生联合会、少年先锋队以及其他人民团体、有关**社会组织**，应当协助各级人民政府及其有关部门、人民检察院、人民法院做好未成年人保护工作，维护未成年人合法权益

续表

章节	2012 年法律文本	一审征求意见稿	二审征求意见稿	2020 年通过稿
第四章 社会保护	第 27 条第 2 款 国家鼓励社会团体、企业事业组织以及其他组织和个人，开展多种形式的有利于未成年人健康成长的社会活动	第 37 条第 2 款 国家鼓励、支持和引导社会团体、企业事业组织以及其他组织和个人，开展有利于未成年人健康成长的社会活动与服务	第 40 条第 2 款 国家鼓励、支持和引导人民团体、企业事业单位、**社会组织**以及其他组织和个人，开展有利于未成年人健康成长的社会活动和服务	第 42 条第 2 款 国家鼓励、支持和引导人民团体、企业事业单位、**社会组织**以及其他组织和个人，开展有利于未成年人健康成长的社会活动和服务
第五章 网络保护	第 33 条第 1 款① 国家采取措施，预防未成年人沉迷网络	第 64 条第 2 款 家庭、学校及有关**社会组织**应当相互配合，预防和干预未成年人沉迷网络	第 66 条第 1 款 教育、卫生健康、新闻出版、文化旅游、网信等部门应当开展预防未成年人沉迷网络的宣传教育，监督网络产品和服务提供者履行预防未成年人沉迷网络的义务，指导家庭、学校、**社会组织**互相配合，采取科学、合理的方式对未成年人沉迷网络进行预防和干预	第 68 条 新闻出版、教育、卫生健康、文化和旅游、网信等部门应当定期开展预防未成年人沉迷网络的宣传教育，监督网络产品和服务提供者履行预防未成年人沉迷网络的义务，指导家庭、学校、**社会组织**互相配合，采取科学、合理的方式对未成年人沉迷网络进行预防和干预

① 本条属于 2012 年《未成年人保护法》的第四章社会保护，但为了与 2020 年通过的法律条文做直观对比，故将其置于此处。

续表

章节	2012年法律文本	一审征求意见稿	二审征求意见稿	2020年通过稿
第六章 政府保护	第12条第2款① 有关国家机关和社会组织应当为未成年人的父母或者其他监护人提供家庭教育指导	第71条 各级人民政府应当将家庭教育指导服务纳入城乡公共服务体系，开展家庭教育知识宣传，鼓励和支持有关社会团体、企业事业组织开展家庭教育服务	第81条 各级人民政府应当将家庭教育指导服务纳入城乡公共服务体系，开展家庭教育知识宣传，鼓励和支持有关人民团体、企业事业单位、**社会组织**开展家庭教育指导服务	第82条 各级人民政府应当将家庭教育指导服务纳入城乡公共服务体系，开展家庭教育知识宣传，鼓励和支持有关人民团体、企业事业单位、**社会组织**开展家庭教育指导服务
	第47条② 未成年人已经完成规定年限的义务教育不再升学的，政府有关部门和社会团体、企业事业组织应当根据实际情况，对他们进行职业教育，为他们创造劳动就业条件	第75条 各级人民政府应当发展职业教育，保障没有进入普通高中学习的未成年人接受职业教育或者职业技能培训，鼓励和支持社会团体、企业事业组织为未成年人提供职业技能培训服务	第84条 各级人民政府应当发展职业教育，保障未成年人接受职业教育或者职业技能培训，鼓励和支持人民团体、企业事业单位、**社会组织**为未成年人提供职业技能培训服务	第85条 各级人民政府应当发展职业教育，保障未成年人接受职业教育或者职业技能培训，鼓励和支持人民团体、企业事业单位、**社会组织**为未成年人提供职业技能培训服务

① 本条属于2012年《未成年人保护法》的总则，但为了与2020年通过的法律条文做直观对比，故将其置于此处。

② 本条属于2012年《未成年人保护法》的第四章社会保护，但为了与2020年通过的法律条文做直观对比，故将其置于此处。

续表

章节	2012 年法律文本	一审征求意见稿	二审征求意见稿	2020 年通过稿
第六章 政府保护	—	第 90 条 县级以上人民政府应当培育、引导和规范有关**社会组织**参与未成年人保护工作，开展家庭教育指导和未成年人心理疏导、康复救助、收养评估等**社会工作**和服务	第 99 条 地方人民政府应当培育、引导和规范有关**社会组织**参与未成年人保护工作，开展家庭教育指导服务，为未成年人的心理辅导、康复救助、监护及收养评估等提供专业服务	第 99 条 地方人民政府应当培育、引导和规范有关**社会组织**、**社会工作者**参与未成年人保护工作，开展家庭教育指导服务，为未成年人的心理辅导、康复救助、监护及收养评估等提供专业服务
	—	第 88 条 县级以上地方人民政府应当开通全国统一的未成年人保护热线，及时受理、转介侵害未成年人合法权益的投诉、举报；鼓励和支持人民团体、企业事业组织参与建设未成年人保护服务平台、服务热线、服务站点，为未成年人提供咨询、帮助	第 97 条 县级以上人民政府应当开通全国统一的未成年人保护热线，及时受理、转介侵犯未成年人合法权益的投诉、举报；鼓励和支持人民团体、企业事业单位参与建设未成年人保护服务平台、服务热线、服务站点，提供未成年人保护方面的咨询、帮助	第 97 条 县级以上人民政府应当开通全国统一的未成年人保护热线，及时受理、转介侵犯未成年人合法权益的投诉、举报；鼓励和支持人民团体、企业事业单位、**社会组织**参与建设未成年人保护服务平台、服务热线、服务站点，提供未成年人保护方面的咨询、帮助
第七章 司法保护	—	第 102 条 人民法院审理涉及未成年人的离婚、抚养、收养、监护、探望等民事案件，可以委托相关**社会组织**对未成年人的家庭情况进行社会调查	第 108 条 人民法院审理离婚、抚养、收养、监护、探望等民事案件涉及未成年人的，可以自行或者委托相关**社会组织**对未成年人的家庭情况进行社会调查	第 109 条 人民法院审理离婚、抚养、收养、监护、探望等案件涉及未成年人的，可以自行或者委托**社会组织**对未成年人的相关情况进行社会调查

续表

章节	2012 年法律文本	一审征求意见稿	二审征求意见稿	2020 年通过稿
第七章 司法保护	—	第 104 条第 2 款 公安机关、人民检察院、人民法院可以联合政府有关部门、社会团体以及有关**社会组织**，对遭受性侵害或者严重暴力伤害的未成年被害人及其家庭实施必要的经济救助、心理干预、转学安置等综合保护	第 110 条第 2 款 公安机关、人民检察院、人民法院应当与其他有关政府部门、人民团体、**社会组织**互相配合，对遭受性侵害或者严重暴力伤害的未成年被害人及其家庭实施必要的经济救助、心理干预、转学安置等保护措施	第 111 条 公安机关、人民检察院、人民法院应当与其他有关政府部门、人民团体、**社会组织**互相配合，对遭受性侵害或者暴力伤害的未成年被害人及其家庭实施必要的心理干预、经济救助、法律援助、转学安置等保护措施
	—	第 109 条第 1 款 公安机关、人民检察院、人民法院办理涉未成年人刑事案件，可以委托社区矫正机构或者有关**社会组织**对未成年犯罪嫌疑人、被告人的成长经历、犯罪原因、监护教育等情况进行社会调查	删除	删除
	—	第 113 条 国家鼓励和支持未成年人保护、**社会工作**服务等**社会组织**，参与对涉案未成年人和未成年被害人的心理干预、法律援助、社会调查、社会观护、教育矫治、社区矫正等工作	第 114 条 国家鼓励和支持**社会组织**参与对涉及未成年人案件中未成年人的心理干预、法律援助、社会调查、社会观护、教育矫治、社区矫正等工作	第 116 条 国家鼓励和支持**社会组织、社会工作者**参与涉及未成年人案件中未成年人的心理干预、法律援助、社会调查、社会观护、教育矫治、社区矫正等工作

比较研究2012年《未成年人保护法》、两次审议公布的征求意见稿、2020年通过文本，可以发现社会组织入法的基本过程。2012年《未成年人保护法》确立的未成年人保护组织体系中，是不涉及社会组织的。而2020年社会组织入法在一审征求意见稿中有6个条款，在二审征求意见稿中有10个条款，这在立法史中是比较罕见的。在当前立法资源非常稀缺的时代，能够增设一个条款，涉及社会组织，都实属不易。而在《未成年人保护法》修改过程中，不断增加涉及社会组织的条款，足见国家对发挥社会组织在未成年人保护中的作用是非常重视的，也是非常期待的。

需要注意的是，在一审征求意见稿中，有两个条款专门提到社会工作，但在二审征求意见稿中，都用社会组织这个更高层面的概念概括了。在笔者看来，做这种处理，主要是考虑两个方面的因素：一是从社会工作机构与社会组织之间的关系来看，社会组织的概念包容度更大，国家推进和发挥社会组织的作用，是包含社会工作在内的社会组织。很显然，社会工作机构是社会组织中的一种类型，两者之间是种属概念关系。因此，用社会组织的概念，并不意味着不重视社会工作，更不意味着取消了社会工作，而是把社会工作嵌入社会组织体系。二是从未成年人保护的社会组织发展前景看，因为现在参与未成年人保护的社会组织主要是社会工作组织，但在我国不断发挥社会组织作用的当前，会有越来越多的其他社会组织参与，如果只用社会工作的概念概括可能会以偏概全。而且，还可能存在一种情况，如果社会工作组织的名称发生了变更，那么立法就要随之变动。就像政府机构部门一样，时常会出现立法中因机构改革或撤并影响立法的。为了保持立法的稳定性，用社会组织的概念相对比较稳妥。

有趣的是，在最终通过的文本中，第99条和第116条这两个条款又把社会工作写入了法律文本。其实在一审征求意见稿中，这两个条款就有社会工作的表述，但在二审征求意见稿中被删除了。但后来基于只有社会组织这一概念，整个条款就缺乏对具体工作者的规范，因此在通过的立法中又重新融合了这两个条款。从通过的文本对这两个条款的规定情况看，第 99 条规定“地方人民政府应当培育、引导和规范有关**社会组织**、**社会工作者**参与未成年人保护工作，开展家庭教育指导服务，为未成年人的心理辅导、康复救助、监护及收养评估等提供专业服务”。第 116 条规定“国家鼓励和支持**社会组织**、**社会工作者**参与涉及未成年人案件中未成年人的心理干预、法律援助、社会调查、社会观护、教育矫治、社区矫正等工作”。这两个条款都是关于国家或地方如何鼓励、支持、促进社会组织发展的条款，其在社会组织之后加上了社会工作者的表述，在某种意义上表明本次立法中涉及社会组织的条款，主要是指社会工作组织。也就是说，这两个条款不仅包括对机构的规范，也包括对机构中的工作者的规范。

三、社会工作参与未成年人保护的体制机制

尽管当前在立法语言上，大部分条款用社会组织替代了社会工作。但实际上 2020 年《未成年人保护法》的修改，对于社会组织条款的增设，是建立在近二十年来社会工作组织参与未成年人保护的探索与实践基础之上的，是对社会工作组织在未成年人保护的经验总结、提升与确认。因此，从某种意义上说，2020 年《未成年人保护法》修改中有关社会组织条款的增设，其实就是从立法上建立了社会工作参与未成年人保护的体制与机制。具体而言，包括以下几个方面：

（1）社会工作组织的定位。在《未成年人保护法》一审征求意见稿中，有关社会组织的条款分布在不同保护类型的各个章节之中，在总则中没有做规定。对一部有总则与分则之分的法律而言，如果在分则中规定了

很多条款，而在总则中却没有反映，或者找不到依据，是有问题的。因此，二审征求意见稿中，增加了两个条款，对社会工作等社会组织进行了定位，这是对这一失误的弥补。其中，第 6 条确立了未成年人保护组织体系，而社会组织也被正式确立为未成年人保护组织体系中的一个组成部分，担负着保护未成年人权益的功能。而第 11 条则是对社会组织的职能定位，即协助政府及相关职能部门保护好未成年人。也就是说，未成年人保护组织体系是政府负责，社会协同，公众参与的体系。社会组织在整个未成年人保护组织体系中的功能定位是辅助功能。

（2）社会工作等社会组织的主要职能。基于社会工作等社会组织在未成年人保护组织体系中的辅助功能定位，《未成年人保护法》赋予了其相应的法律职能。这些职能主要包括：第一，开展有利于未成年人健康成长的社会活动和服务。第二，开展家庭教育指导服务。第三，提供职业技能培训服务。第四，参与未成年人保护工作，为未成年人的心理辅导、康复救助、监护及收养评估等提供专业服务。第五，对民事案件中涉及未成年人的案件进行社会调查。第六，对未成年人被害人提供救助、干预等保护。第七，对涉及未成年人案件中的未成年人提供心理干预、法律援助、社会调查、社会观护、教育矫治、社区矫正等工作。以上职能分布在社会保护、政府保护和司法保护之中，构成了社会工作等社会组织参与未成年人保护工作的职能体系。而其中，涉及司法的这一领域，建构了司法社会工作的基本范畴。

（3）社会工作等社会组织的发展。在我国，社会发展相对缓慢。自改革开放以来，国家致力于推动社会转型与发展。其中的举措之一就是孵化、培育和发展社会组织，通过社会组织促进社会的发展。而新时代以来，社会组织被纳入国家治理体系与治理能力现代化的框架，成为国家治理体系的一个组成部分，担负着社会治理的重要职能。因此，进一步推动社会组织参与国家治理体系，便成为国家立法的重要目标。也正因为如此，2020 年通过的《未成年人保护法》，在政府保护和司法保护两个章节中，有多个条款赋予政府鼓励、促进、支持社会组织发展的条款。其立法目的不仅在于健全未成年人保护组织体系，也是激发社会组织参与未成年人保护的活力。

第三节 《预防未成年人犯罪法》修改中的司法社会工作

《预防未成年人犯罪法》与《未成年人保护法》一直被视为姊妹法，虽然从词义上看，一个是犯罪预防，一个是权益保护，两者关联性不是很强，但两者在立法理念和制度设计方面却具有同源性。预防中包含了保护，保护中孕育了预防。这与我国未成年人法学思潮的兴起和青少年犯罪高发这一双重背景紧密相关。而 2020 年同步修改《预防未成年人犯罪法》与《未成年人保护法》，其核心目标在于两者适度的分离。2020 年 12 月 26 日，《预防未成年人犯罪法》修改尘埃落定，自此“两法”修改已经全部完成，并都在 2021 年 6 月 1 日起实施。从已经通过的《预防未成年人犯罪法》的文本来看，我们可以看出这部法律的修改思路及其对社会工作的法治化方案。

一、《预防未成年人犯罪法》修改的基本过程

《预防未成年人犯罪法》于 1999 年在第九届全国人民代表大会常务委员会第十次会议上通过，之后于 2012 年进行了一次修正，2013 年正式实施。此次修正后，《预防未成年人犯罪法》共有八章 57 个条款，这些章节条款的分布基本情况如下：第一章为总则，共有 5 个条款；第二章为

预防未成年人犯罪的教育，共有8个条款；第三章为对未成年人不良行为的预防，共有20个条款；第四章为对未成年人严重不良行为的矫治，共有6个条款；第五章为未成年人对犯罪的自我防范，共有4个条款；第六章为对未成年人重新犯罪的预防，共有5个条款；第七章为法律责任，共有8个条款；第八章为附则，共有1个条款。

2012年修正的《预防未成年人犯罪法》实施以来，为有效预防和减少未成年人犯罪作出了巨大的贡献。但随着经济社会的发展，预防未成年人犯罪也出现了一些新现象与新问题。因此，在第十二届全国人民代表大会召开之时有不少全国人大代表提出了修改《预防未成年人犯罪法》的议案、建议。在全国人大和各有关部门的努力下，2018年，修改《预防未成年人犯罪法》被列入十三届全国人大常委会立法规划。2019年10月，《预防未成年人犯罪法（修订草案）》提请第十三届全国人大常委会第十四次会议审议。2019年10月31日至11月29日，《预防未成年人犯罪法（修订草案）》第一次面向社会公开征求意见。一审意见稿共有52个条款，与2012年修正的法律相比，减少了5个条款。在章节上，也有所调整。原来共有八章，一审意见稿共有七章。其中减少一章的原因主要是把第二章预防未成年人犯罪的教育和第五章未成年人对犯罪的自我防范做了整合，两章合并为一般预防，作为新的一章。在章节调整上，一审意见稿还把第三章中的对未成年人不良行为的预防修改为对不良行为的干预，同时把所有章节标题中的未成年人删除。另外，一审意见稿还加强了责任条款，由原来的3条，增加至6条。

在一审建议稿征求社会意见的基础上，全国人大围绕《预防未成年人犯罪法》进行了大量的调研，对许多条款进行了进一步的修改和完善。2020年8月8日，《预防未成年人犯罪法（修订草案二次审议稿）》提请第十三届全国人大常委会第二十一次会议审议。从二审征求意见稿的条款修改情况可以看出，首先，在章节结构上，保持了一审征求意见稿的七个章节的体例，但把第二章的一般预防修改为预防犯罪的教育。其次，从条款数来看，二审征求意见稿为 65 条，这也意味着在一审意见稿基础上，新增了 13 个条款。

在二审意见稿公布之后，又进行了一轮意见征询和立法调研，形成了三审意见稿。四个多月后的 2020 年 12 月 26 日，第十三届全国人大常委会第二十四次会议通过了修订的《预防未成年人犯罪法》，该法已于 2021 年 6 月 1 日起施行。从形式上看，通过的法案在体例结构上与二审保持不变，条款数由二审征求意见稿中的 65 条变为 68 条，新增了 3 个条款。修改后的《预防未成年人犯罪法》共有七个章节。第一章为总则，共有 14 个条款；第二章为预防犯罪的教育，共有 13 个条款；第三章为对不良行为的干预，共有 10 个条款；第四章为对严重不良行为的矫治，共有 12 个条款；第五章为对重新犯罪的预防，共有 11 个条款；第六章为法律责任，共有 7 个条款；第七章为附则，共有 1 个条款。

二、2020 年修改的《预防未成年人犯罪法》的重大变化

比较修改前后的法律文本，可以发现，本次《预防未成年人犯罪法》的修改，内容上有非常大的变化。一方面，本次修改的重心要处理好“两法”之间的关系，要形成“两法”定位清晰、功能互补的关系；另一方面，健全预防未成年人犯罪体系，增强其可操作性。大体而言，主要包括以下几个方面。

（一）健全预防未成年人犯罪的组织体系

从预防未成年人犯罪的组织体系来讲，2020 年修改的《预防未成年人犯罪法》主要从三个方面健全预防组织体系：一是夯实既有的犯罪预防组织体系。原有的预防犯罪组织体系主要包括政府有关部门、司法机关、人民团体、有关社会团体、学校、家庭、城市居民委员会、农村村民委员会，这些部门的职责往往是概括式、模糊性的规定。而本次修

改则按照预防组织机构的不同性质，分类型、分部门地细化职能、强化职责。二是引入社会力量参与预防，把社会工作等社会组织纳入犯罪预防组织体系，成为预防未成年人犯罪组织体系的重要组成部分，这是首次将社会工作纳入预防未成人犯罪体系。三是在各机构和部门之间建立更为有效的协同预防机制。

（二）分级预防体系更科学

现有的法律在预防分级上大体包括自我预防、预防教育、不良行为的预防和严重不良行为的矫治。尽管这一预防体系也有一定的分级，但并不科学，也不完整。修改后的《预防未成年人犯罪法》从分级上把自我预防和预防教育合并，同时突出国家对预防教育的责任。并且，对不良行为和严重不良行为的界定更为科学，也更为完整，形成了一个无遗漏和空白的分级预防体系。这不仅表现在对不良行为和严重不良行为的概念区分上更为清晰，在范畴上更为全面。更表现在对严重不良行为的界定上，把未成年人实施的由《刑法》规定但因不满法定刑事责任年龄不予刑事处罚的行为，也视为严重不良行为加以调整。2020 年修改的《预防未成年人犯罪法》做这种立法处理，主要在于填补《刑法》与《预防未成年人犯罪法》之间的衔接空白。防止出现罪错比原有严重不良行为更为严重的未成年人，却只能一放了之而无法干预的困境。

（三）强化国家与社会的预防职责，建立共建、共治、共享的综合治理格局

修改前的《预防未成年人犯罪法》尽管有较为健全的预防组织体系，但各方主体责任虚化，难以落实。这一特征尤其表现在社会主体上。因此，2020 年修法，一方面，充分发挥了社会的预防功能。其中，特别突出家庭和学校在预防未成年人犯罪中的职责，明确了在预防中所应承担的责任，并把社会组织纳入预防组织体系，强化了社会组织参与预防，建构了国家与社会共治的基本格局。另一方面，强化了国家的预防和矫治责

任。尤其是在突出严重不良行为的矫治和再犯预防方面，司法机关及各有关部门的职责更为清晰、明确，也更为刚性。

（四）完善了保护处分机制，填补了制度空白

2020年修法的亮点之一就是完善并突出了专门学校的制度设计。一方面，以原有的工读学校为基础，建立了专门学校教育体系，细化了专门教育的认定、接收、教育机制。另一方面，把收容教养改为专门矫治教育，纳入专门学校的教育体系。对未成年人实施了《刑法》规定的行为，但因不满法定刑事责任年龄不予刑事处罚的，按照分校区、分班级等方式设置专门场所进行矫治教育。这一制度不仅让收容教养这一术语退出了历史舞台，而且使得“专门矫治教育”法律化。

三、社会工作的融入

与《未成年人保护法》一样，2020年《预防未成年人犯罪法》的修改也首次把社会工作等社会组织纳入法律组织体系，并赋予社会工作等社会组织很多预防职能。正如在《未成年人保护法》中所讨论的一样，社会组织是一个上位概念，社会工作组织是一个下位概念，社会工作组织是社会组织中的一种，两者是包含与被包含的关系。在立法上，用社会组织这一概念更具有包容性，其本身包含了社会工作，且用社会工作这一概念更具有专属性和特殊性。因此，在修改的过程中，法律应当如何准确定位社会工作等社会组织，则是一个不断调整的过程。从《预防未成年人犯罪法》修订开始，文本的调整主要经历了三次，即一审征求意见稿、二审征求意见稿和最终通过的法律文本。比较2012年法律文本、一审征求意见稿、二审征求意见稿与最终通过稿，可以发现社会组织入法的调适过程，如表5－2所示。

表 5－2 《预防未成年人犯罪法》中社会组织条款修改情况对照

章节	2012 年法律文本	一审征求意见稿	二审征求意见稿	2020 年通过稿
第一章 总则	第 3 条第 2 款 政府有关部门、司法机关、人民团体、有关社会团体、学校、家庭、城市居民委员会、农村村民委员会等各方面共同参与，各负其责，做好预防未成年人犯罪工作，为未成年人身心健康发展创造良好的社会环境	第 3 条第 2 款 政府有关部门、司法机关、人民团体、有关**社会组织**、学校、家庭、城市居民委员会、农村村民委员会等各方面共同参与，各负其责，相互配合，共同做好预防未成年人犯罪工作，为未成年人身心健康发展创造良好的社会环境	第 4 条第 2 款 国家机关、人民团体、**社会组织**、学校、家庭、居民委员会、村民委员会等各负其责、相互配合，共同做好预防未成年人犯罪工作，及时消除引发未成年人违法犯罪行为的各种消极因素，为未成年人身心健康发展创造良好的社会环境	第 4 条第 2 款 国家机关、人民团体、**社会组织**、企业事业单位、居民委员会、村民委员会、学校、家庭等各负其责、相互配合，共同做好预防未成年人犯罪工作，及时消除滋生未成年人违法犯罪行为的各种消极因素，为未成年人身心健康发展创造良好的社会环境
	—	—	—	第 6 条第 3 款 专门教育指导委员会由教育、民政、财政、人力资源社会保障、公安、司法行政、人民检察院、人民法院、共产主义青年团、妇女联合会、关心下一代工作委员会、专门学校等单位，以及律师、**社会工作者**等人员组成，研究确定专门学校教学、管理等相关工作

续表

章节	2012 年法律文本	一审征求意见稿	二审征求意见稿	2020 年通过稿
第一章 总则	—	—	第 8 条 共产主义青年团、妇女联合会、工会、残疾人联合会、关心下一代工作委员会、青年联合会、学生联合会、少年先锋队以及有关**社会组织**，应当协助各级人民政府及其有关部门、人民检察院和人民法院做好预防未成年人犯罪工作，为预防未成年人犯罪提供和培育社会支持服务	第 8 条 共产主义青年团、妇女联合会、工会、残疾人联合会、关心下一代工作委员会、青年联合会、学生联合会、少年先锋队以及有关**社会组织**，应当协助各级人民政府及其有关部门、人民检察院和人民法院做好预防未成年人犯罪工作，为预防未成年人犯罪培育社会力量，提供支持服务
	—	第 7 条 国家培育和发展相关**社会组织**、社会工作服务机构，鼓励、引导它们参与预防未成年人犯罪的相关工作，依法给予政策支持，并加强管理	第 9 条 国家鼓励、支持和指导**社会工作服务机构等社会组织**参与预防未成年人犯罪相关工作，并加强监督	第 9 条 国家鼓励、支持和指导**社会工作服务机构等社会组织**参与预防未成年人犯罪相关工作，并加强监督

续表

章节	2012年法律文本	一审征求意见稿	二审征求意见稿	2020年通过稿
第二章 一般预防	—	第16条 教育行政部门根据需要可以以购买服务等方式招聘专职或者兼职的**社会工作者**，学校根据需要可以聘请**社会工作者**，长期或者定期进驻学校，协助开展德育教育、法治教育和心理健康教育，参与处理学生欺凌事件和其他不良行为，为有需求的学生提供服务	第20条 教育行政部门鼓励和支持学校聘请**社会工作者**长期或者定期进驻学校，协助开展道德教育、法治教育和心理健康教育，参与预防和处理学生欺凌等行为	第21条 教育行政部门鼓励和支持学校聘请**社会工作者**长期或者定期进驻学校，协助开展道德教育、法治教育、生命教育和心理健康教育，参与预防和处理学生欺凌等行为
	第13条 城市居民委员会、农村村民委员会应当积极开展有针对性的预防未成年人犯罪的法制宣传活动。 第27条 公安机关应当加强中小学校周围环境的治安管理，及时制止、处理中小学校周围发生的违法犯罪行为。城市居民委员会、农村村民委员会应当协助公安机关做好维护中小学校周围治安的工作	第20条 居民委员会、村民委员会应当积极开展有针对性的预防未成年人犯罪的法治宣传活动，协助公安机关做好维护中小学校周围治安的工作，掌握本辖区内有严重不良行为未成年人的情况及暂住人口中未成年人的就学、就业情况，积极培育社区**社会组织**，为预防未成年人犯罪提供专业化服务	第24条 居民委员会、村民委员会应当积极开展有针对性的预防未成年人犯罪宣传活动，协助公安机关维护学校周围治安，及时掌握本辖区内未成年人的就学、就业情况，组织、引导**社区社会组织**参与预防未成年人犯罪工作	第25条 居民委员会、村民委员会应当积极开展有针对性的预防未成年人犯罪宣传活动，协助公安机关维护学校周围治安，及时掌握本辖区内未成年人的监护、就学和就业情况，组织、引导**社区社会组织**参与预防未成年人犯罪工作

续表

章节	2012 年法律文本	一审征求意见稿	二审征求意见稿	2020 年通过稿
第三章 对不良行为的干预	第 28 条 公安派出所、城市居民委员会、农村村民委员会应当掌握本辖区内暂住人口中未成年人的就学、就业情况。对于暂住人口中未成年人实施不良行为的，应当督促其父母或者其他监护人进行有效的教育、制止	第 33 条 公安派出所、居民委员会、村民委员会对于辖区内未成年人实施不良行为的，应当采取家访、书面告知、由**社会工作服务机构**辅导等方式，督促其父母或者其他监护人正确履行监护职责，有效制止不良行为	第 29 条第 1 款 学校对有不良行为的未成年学生，应当加强管理教育，不得歧视；对拒不改正或者情节严重的，学校可以根据情况采取以下管教措施：……（五）要求接受**社会工作者**或者其他专业人员的心理辅导和行为干预	第 31 条 学校对有不良行为的未成年学生，应当加强管理教育，不得歧视；对拒不改正或者情节严重的，学校可以根据情况予以处分或者采取以下管理教育措施：……（五）要求接受**社会工作者**或者其他专业人员的心理辅导和行为干预
第四章 对严重不良行为的矫治	第 35 条第 1 ~2 款 对未成年人实施本法规定的严重不良行为的，应当及时予以制止。 对有本法规定严重不良行为的未成年人，其父母或者其他监护人和学校应当相互配合，采取措施严加管教，也可以送工读学校进行矫治和接受教育。 第 37 条 未成年人有本法规定严重不良行为，构成违反治安管理行为的，由公安机关依法予以治安处罚。因不满十四周岁或者情节特别轻微免予处罚的，可以予以训诫	第 35 条 未成年人有严重不良行为的，公安机关应当及时制止、处理，责令其父母或者其他监护人和学校相互配合，采取措施严加管教。对有严重不良行为依法不予处罚的未成年人，公安机关可以同时采取以下一项或者几项教育矫治措施：……（七）责令接受未成年人**社会工作服务机构**的观护帮教	第 40 条 对有严重不良行为的未成年人，公安机关可以根据具体情况，采取以下矫治教育措施：……（八）责令接受社会观护，由**社会组织**、**有关机构**在适当场所对未成年人进行教育、监督和管束	第 41 条 对有严重不良行为的未成年人，公安机关可以根据具体情况，采取以下矫治教育措施：……（八）责令接受社会观护，由**社会组织**、**有关机构**在适当场所对未成年人进行教育、监督和管束

续表

章节	2012 年法律文本	一审征求意见稿	二审征求意见稿	2020 年通过稿
第四章 对严重不良行为的矫治	—	—	第 41 条第 1 款 公安机关在对未成年人进行矫治教育时，可以根据需要邀请学校、居民委员会、村民委员会以及**社会工作服务机构等社会组织**参与	第 42 条第 1 款 公安机关在对未成年人进行矫治教育时，可以根据需要邀请学校、居民委员会、村民委员会以及**社会工作服务机构等社会组织**参与
	第 35 条第 3 款 对未成年人送工读学校进行矫治和接受教育，应当由其父母或者其他监护人，或者原所在学校提出申请，经教育行政部门批准	第 38 条 对需要送专门学校进行教育矫治的未成年人，公安机关可以向教育行政部门提出建议；父母或者其他监护人或者其所在学校可以向教育行政部门提出申请。 教育行政部门根据建议或者申请，组织教育学专家、心理学专家、未成年人**社会工作者等**专业人员进行评估，依据评估结果作出决定	—	—
第五章 对重新犯罪的预防	—	—	第 49 条第 1 款 公安机关、人民检察院、人民法院办理未成年人刑事案件，可以自行或者委托有关**社会组织**、机构对未成年犯罪嫌疑人、被告人的成长经历、犯罪原因、监护、教育等情况进行社会调查	第 51 条第 1 款 公安机关、人民检察院、人民法院办理未成年人刑事案件，可以自行或者委托有关**社会组织**、机构对未成年犯罪嫌疑人或者被告人的成长经历、犯罪原因、监护、教育等情况进行社会调查

续表

章节	2012年法律文本	一审征求意见稿	二审征求意见稿	2020年通过稿
第六章 法律责任	—	—	第61条 有关**社会组织**、机构及其工作人员虐待、歧视接受社会观护的未成年人，或者出具虚假社会调查、心理测评报告的，由民政、司法行政等部门对直接负责的主管人员或者其他直接责任人员依法给予处分，构成违反治安管理行为的，由公安机关予以治安管理处罚	第64条 有关**社会组织**、机构及其工作人员虐待、歧视接受社会观护的未成年人，或者出具虚假社会调查、心理测评报告的，由民政、司法行政等部门对直接负责的主管人员或者其他直接责任人员依法给予处分，构成违反治安管理行为的，由公安机关予以治安管理处罚

（一）涉社会工作等社会组织的总体情况

从修改的条款的总体情况看，在《预防未成年人犯罪法》一审征求意见稿中，共有7个条款涉及社会工作及社会组织。在这7个条款中，有2个条款是全新条款，有5个条款是修改增加的。其中，3个条款涉及社会组织，4个条款涉及社会工作。7个条款分布在第一、二、三、四章。其中，第一章总则中，有2个条款；第二章一般预防中，有2个条款；第三章对不良行为的干预中，有1个条款；第四章对严重不良行为的矫治中，有2个条款。通过这7个条款，建构了社会工作等社会组织在预防未成年人犯罪的制度架构。

在二审意见稿中，以一审征求意见稿为基础，新增加了几个相关条款，即共有10个条款涉及社会工作及社会组织。其中，直接表述为社会组织的有8个条款，直接表述为社会工作的有2个条款。这10个条款在各章节中都有涉及，包括在一审征求意见稿文本中所没有涉及的章节。其中第一章总则中，有 3 个条款；第二章一般预防中，有 2 个条款；第三章对不良行为的干预中，有 1 个条款；第四章对严重不良行为的矫治中，有 2 个条款；第五章对重新犯罪的预防中，有 1 个条款；第六章法律责任中，有 1 个条款。

在通过的修改法案中，以二审征求意见稿为基础，又对相关条款进行了完善。具体而言，共有 11 个条款涉及社会工作及社会组织。其中，直接表述为社会组织的有 8 个条款，直接表述为社会工作的有 3 个条款。这 11 个条款在各章节中都有涉及。其中第一章总则中，有 4 个条款；第二章一般预防中，有 2 个条款；第三章对不良行为的干预中，有 1 个条款；第四章对严重不良行为的矫治中，有 2 个条款；第五章对重新犯罪的预防中，有 1 个条款；第六章法律责任中，有 1 个条款。

（二）涉社会工作等社会组织的制度体系

从《预防未成年人犯罪法》一年多的修改过程来看，社会工作及社会组织立法不仅经历了一个逐渐完善的过程，也经历了一个不断扩容的过程。这不仅表现为其涉及的条款数逐渐增多，而且重心越来越倾向于对社会工作及社会组织立法的顶层设计。要理解社会工作等社会组织的入法，不仅应考察修改前后的文本变化，还要考察修订过程的变化。梳理这些条款的修改和完善过程，可以完整地呈现《预防未成年人犯罪法》中社会工作的制度体系。具体而言，包括以下几个方面：

第一，预防组织体系条款。2012 年的《预防未成年人犯罪法》中的组织体系条款是在第一章总则第 3 条进行规定的，在一审征求意见稿中也是第 3 条。一审征求意见稿第 3 条第 2 款规定“政府有关部门、司法机关、人民团体、有关**社会组织**、学校、家庭、城市居民委员会、农村村民委员会等各方面共同参与，各负其责，相互配合，共同做好预防未成年人犯罪工作，为未成年人身心健康发展创造良好的社会环境”。这一条款在人民团体之后增加了社会组织，其他保持不变。在二审征求意见稿及通过的法案中，又对预防组织体系进行了完善，把政府有关部门、司法机关概括为国家机关。这一条款主要是从预防未成年人犯罪的组织体系角度，把社会组织纳入犯罪预防组织，与其他主体共同构成预防组织体系，并以此首次确立了社会组织在《预防未成年人犯罪法》中的法律地位。另外，还有一个特殊的预防组织体系，那就是专门教育指导委员会的构成。这一条款在一审和二审征求意见稿中都没有出现。最终通过的法案第 6 条第 3 款规定“专门教育指导委员会由教育、民政、财政、人力资源社会保障、公安、司法行政、人民检察院、人民法院、共产主义青年团、妇女联合会、关心下一代工作委员会、专门学校等单位，以及律师、**社会工作者**等人员组成，研究确定专门学校教学、管理等相关工作”。也就是说，社会工作者是专门教育指导委员会这样新设的预防组织体系的组成部分。

第二，社会组织参与犯罪预防的功能定位。在一审征求意见稿中，就有关于群团组织在犯罪预防中的功能定位条款，但并没有提及社会组织这一概念。而二审征求意见稿则把社会组织列入。最终通过的法案在第 8 条规定“共产主义青年团、妇女联合会、工会、残疾人联合会、关心下一代工作委员会、青年联合会、学生联合会、少年先锋队以及有关**社会组织**，应当协助各级人民政府及其有关部门、人民检察院和人民法院做好预防未成年人犯罪工作，为预防未成年人犯罪培育社会力量，提供支持服务”。这一条款是对社会组织在预防未成年人犯罪的功能定位。很显然，预防犯罪是国家的重要职能，在犯罪预防中起主导作用。而社会组织的职能则是协助国家机关进行犯罪预防，为犯罪预防提供专业性的支持服务。

第三，国家与社会工作等社会组织关系条款。在一审征求意见稿中就有相关条款，其后在二审征求意见稿和通过稿的表述上有所完善。其中在一审征求意见稿中的第 7 条规定，“国家培育和发展相关**社会组织**、社会工作服务机构，鼓励、引导它们参与预防未成年人犯罪的相关工作，依法给予政策支持，并加强管理”。二审征求意见稿和通过稿都规定在第9条，表述与一审征求意见稿有些差异。即把“社会组织、社会工作服务机构”的表述，更改为“社会工作服务机构等社会组织”。其具体规定“国家鼓励、支持和指导**社会工作服务机构等社会组织**参与预防未成年人犯罪相关工作，并加强监督”。这一条款主要涉及的是国家与社会工作等社会组织的关系条款，其制定与我国社会工作及社会组织的发展现状直接关联。一方面，在我国经济发达地区，社会工作及社会组织参与未成年人犯罪预防取得了很大的成效，这一经验入法就是要在全国推广。另一方面，我国的社会工作及社会组织还处于培育阶段，尤其是在经济落后的省市和地区，社会工作等社会组织的发展很薄弱。因此，国家在处理与社会工作等社会组织的关系问题上，不仅需要从政策层面鼓励、支持社会工作等社会组织的发展，鼓励、支持这些机构参与未成年人犯罪预防，同时还需要对这些组织的发展及参与预防未成年人犯罪进行指导和监督。

第四，学校社会工作条款。本次修法增设了两个有关学校社会工作的条款，其中一条设置在第二章一般预防，另一条设置在第三章对不良行为的干预。这两个条款着力推动社会工作在学校犯罪预防中的功能。对于社会工作参与预防犯罪的教育，一审征求意见稿规定为“教育行政部门根据需要可以以购买服务等方式招聘专职或者兼职的**社会工作者**，学校根据需要可以聘请**社会工作者**，长期或者定期进驻学校，协助开展德育教育、法治教育和心理健康教育，参与处理学生欺凌事件和其他不良行为，为有需求的学生提供服务”。二审征求意见稿和通过稿把“学校根据需要可以聘请社会工作者”，调整为“教育行政部门鼓励和支持学校聘请**社会工作者**”。同时，社会工作在预防教育中的职能，主要有德育教育、法治教育和心理健康教育，并参与处理学生欺凌等行为和其他不良行为，为有需求的学生提供服务。在通过稿中教育的内容增加了生命教育，同时把社会工作集中在预防和处理学校欺凌行为。对于社会工作参与对不良行为的干预，学校就有不良行为的未成年学生，拒不改正或者情节严重的，可以要求其接受社会工作者或者其他专业人员的心理辅导和行为干预。

第五，社区社会工作条款。社区社会工作条款规定在第二章一般预防中。这一条款融入社区预防的职责体系。国家在健全预防体系上，越来越加强社会中各种基层组织的预防，其中村民委员会、居民委员会就是最重要的基层预防体系。村民委员会、居民委员会不仅应当“积极开展有针对性的预防未成年人犯罪宣传活动，协助公安机关维护学校周围治安，及时掌握本辖区内未成年人的监护、就学和就业情况”，还应当“组织、引导社区**社会组织**参与预防未成年人犯罪工作”。也就是说，社区社会工作需要在村民委员会、居民委员会的统筹协调下开展。

第六，矫治教育条款。社会工作等社会组织参与矫治教育的条款规定在第四章对严重不良行为的矫治中，共有两个条款。其中，一个条款体现在矫治教育的措施中，是有关社会观护的规定。社会观护是对严重不良行为的八大矫治教育措施之一。其在通过的法律文本的第 41 条进行规定，具体表述为“对有严重不良行为的未成年人，公安机关可以根据具体情况，采取以下矫治教育措施：……（八）责令接受社会观护，由**社会组织、有关机构**在适当场所对未成年人进行教育、监督和管束”。需要注意的是，通过的法律文本与社会工作相关的表述是“社会组织、有关机构”，而在一审征求意见稿的表述则是“社会工作机构”。另一个条款是对教育矫治过程的规定，是有关社会工作参与矫治的规定。这一条款是从二审征求意见稿才开始设立，其在通过的法律文本中的第 42 条进行了规定，具体表述为“公安机关在对未成年人进行矫治教育时，可以根据需要邀请学校、居民委员会、村民委员会以及**社会工作服务机构等社会组织**参与”。也就是说，社会工作参与对严重不良行为未成年人的矫治教育，不仅可以通过专门性的社会观护渠道加以实施，也可以根据公安机关的需求，参与到矫治教育的各个环节之中。

第七，社会调查条款。在第五章对重新犯罪的预防中与社会工作相关的条款就是社会调查条款。有关社会调查的条款规定是在二审征求意见稿中开始设置的，其内容与通过稿基本一致。其规定“公安机关、人民检察院、人民法院办理未成年人刑事案件，可以自行或者委托有关**社会组织**、机构对未成年犯罪嫌疑人、被告人的成长经历、犯罪原因、监护、教育等情况进行社会调查”。这一条款既是社会调查条款法定化，也是社会工作参与社会调查的法律依据。社会工作参与涉罪未成年人的社会调查都是通过办案机关的委托加以实施的。

第八，责任条款。基于社会工作等社会组织在将来会大量参与预防未成年人犯罪这一事实，对社会工作等社会组织进行有效地规制便变得非常重要。因此，在整个有关社会工作等社会组织所构成的制度体系中，法律责任是一个不可或缺的重要组成部分。从二审征求意见稿开始，就有关于社会工作等社会组织的法律责任条款。通过的法律文本与二审征求意见稿在内容上没有变化。通过稿第 64 条规定“有关**社会组织**、机构及其工作人员虐待、歧视接受社会观护的未成年人，或者出具虚假社会调查、心理测评报告的，由民政、司法行政等部门对直接负责的主管人员或者其他直接责任人员依法给予处分，构成违反治安管理行为的，由公安机关予以治安管理处罚”。从这一条款可以看出，社会工作等社会组织在预防未成年人犯罪中构成法律责任的事由主要有两种：一是在社会观护中虐待、歧视接受观护的未成年人；二是在社会调查和心理测评中出具虚假报告，妨碍办案机关对涉罪未成年人进行正确判断。

第六章

儿童权利与儿童福利

CHAPTER 6

第一节　儿童权利概述

儿童权利与儿童福利是一对相互关联的概念，也是关涉儿童的最为重要的概念，其在某种意义上决定了儿童在社会中的地位与待遇。儿童权利与儿童福利观念的兴起，为儿童的权利与福利制度建设奠定了基础，也为社会工作介入儿童成为可能。

一、儿童权利的概念

梁启超先生在《少年中国说》中指出，少年智则国智，少年富则国富，少年强则国强，少年独立则国独立，少年自由则国自由，少年进步则国进步，少年胜于欧洲，则国胜于欧洲，少年雄于地球，则国雄于地球。[①] 这是我国迄今为止关于少年儿童与国家关系的最佳阐述。其一方面表明儿童对国家的重要意义，有什么样的儿童就有什么样的国家；另一方面表明国家应当重视并促进儿童的发展，把祖国的花朵培养成国家栋梁。从法律的角度而言，就是国家应当给儿童赋予什么样的权利，及如何保护这些儿童权利，以塑造“雄于地球”之儿童。

所谓儿童权利也称儿童人权，是基于人的成长规律，按照人的年龄界分，对处于儿童这一成长阶段的人所赋予的、应当享有且不可剥夺的基本权利。这是对儿童权利的一个总体性概括，对于儿童权利这一概念的进一步理解，则需要了解什么是儿童，而应当享有的基本权利又包含了哪些内容。

儿童，既是一个日常生活中的概念，也是一个法律概念。在生活中，有很多关于儿童的称谓。传统中国记录年龄不太用数字，而主要用与其年龄相近的特征加以表达，其可以用襁褓、孩提、总角、垂髫、黄口、髫

① 梁启超．饮冰室合集［M］．北京：中华书局，1989．

年、豆蔻、及笄、束发等词语表达成年之前的年龄。清末以后，在国人向西方学习先进的思想和制度过程中，发现了成人法律与未成年人法律的分离，随后国内就开始用一个概念来概括所有处于未成年人这一阶段的人。这些概念包括“幼童”“幼年”“童稚”“儿童”“未成年人”等。如今，比较常用的概念有婴儿、幼年、儿童、少年、未成年等，而青少年这一概念，也涵盖了儿童。这些多样化的词语表达也经常在法律文本中出现，而不同的概念又潜藏了不一样的年龄界定，从而也造成了很多理解和法律适用上的分歧。为了消除这种词语交叉重叠而造成的混乱，应当统一称谓和年龄边界。在有关儿童权利的法律上，儿童应当是一个区别于成年人的概念，联合国《儿童权利公约》第 1 条规定：“为本公约之目的，儿童系指 18 岁以下的任何人，除非对其适用之法律规定成年年龄低于 18 岁。”作为《儿童权利公约》缔约国的中国，在《未成年人保护法》第 2 条规定：“本法所称未成年人是指未满十八周岁的中国公民。”就此而言，儿童与未成年人应当是一个同义词，而未成年人这个概念在我国当前较儿童更为正式，是一个更为专业的法律术语。而且用未成年人来指称儿童，还可以把我们日常生活中的儿童概念区别出来。从而在未成年人概念下，对不同年龄段的未成年人进行进一步的划分，这样就可以更容易理解未成年人中不同年龄段的权利配置。这也是有学者主张把“14 周岁以上不满 18 周岁的人称为少年，把 14 周岁以下称为儿童”① 的重要原因。

儿童权利是一种特殊群体的人权，其专门针对儿童这一特殊群体而确立。其既是人权的衍生和具体化，又是基于儿童这一属性而产生的权利。儿童权利可以根据不同的分类标准，分成不同的权利类型。我们也可以通过这些分类，多角度、立体性地理解儿童权利。从权利的存在形态可以将

---

① 姚建龙教授把 14 周岁以上不满 18 周岁的人称为少年，其中 14 至 16 周岁为年幼少年，16 至 18 周岁为年长少年；把 14 周岁以下的人称为儿童，其中 12 周岁以下为年幼儿童，12 至 14 周岁为年长儿童。参见姚建龙．刑事法视野中的少年：概念之辨［J］．青少年犯罪问题，2005（3）：24.

儿童权利划分为三个基本类型：其一，应有权利，即基于儿童主体特殊性而天生的，不可剥夺的权利。其是一种高于其他权利形态的自然权，也是其他权利的来源和合法性的标准。其二，法定权利，即通过立法确立下来的儿童权利类型。法定权利是应有权利的载体，通过法律确立、保障应有权利。其三，实有权利，即为能够实现的儿童权利。根据儿童与成人在权利享有方面是否相同，可以把儿童权利分为一般权利与特殊权利。前者主要指儿童作为一般公民与成人一样所普遍享有的基本权利。后者主要是指儿童作为一国公民中的特殊群体所依法享有的特殊权利。[①] 根据权利范畴分类，儿童权利可以分为以下四个基本类型：其一，生存权，即儿童具有活着的权利。其主要包括儿童的生命权和维持基本生存条件的权利，前者涉及生命不可剥夺的权利，后者涉及获得温饱的权利。其二，发展权，即儿童拥有充分发展其能力的权利，其主要包括休息权、受教育权和娱乐权等。其三，受保护权，即基于儿童身心发展特征，在需要帮助和受到伤害时所具有的权利。其四，参与权，即儿童享有参与与其年龄相适应的各种活动的权利。其中主要包括参与家庭生活、文化生活和社会生活的权利。根据权利范畴的分类是最常使用的一种分类方式，这主要是因为这一分类来源于《儿童权利公约》设置的权利内容，而我国《未成年人保护法》在第 3 条中也把这四种权利通过立法的形式加以确认。

鉴于《儿童权利宣言》不具有条约法效力，1978 年联合国人权委员会倡议起草《儿童权利公约》。1979 年，《儿童权利公约》起草工作组成立，并开始了《儿童权利公约》的起草工作。历经十年，始得完成并获得通过。《儿童权利公约》于 1989 年 11 月 20 日在第 44 届联合国大会上通过，1990 年 9 月 2 日开始生效。《儿童权利公约》是当今世界上有关儿童权利最具有影响力的纲领性文件。迄今为止，至少有 196 个国家加入了《儿童权利公约》。《儿童权利公约》共有 54 个条款，宗旨在于最大限度

① 吴鹏飞. 儿童权利一般理论研究［M］. 北京：中国政法大学出版社，2013.

保护儿童权利。公约将“儿童”界定为“18 岁以下的任何人”，而保护内容则不仅涵盖了所有与儿童相关的权利范畴，而且还内含了所有的保护措施和程序性要求。我国始终积极参与《儿童权利公约》的起草与制定工作，并在《儿童权利公约》提案、表决、通过中起到了积极作用。不仅如此，我国也是最早加入《儿童权利公约》的国家之一。1990 年 8 月 29 日，我国签署了《儿童权利公约》，1991 年 12 月 29 日，第七届全国人大常委会第二十三次会议决定批准我国加入《儿童权利公约》。

二、儿童权利的特征

保护儿童权利是人权保护的重要范畴，也是当今世界普遍关注与重视的法律问题。然而，儿童权利并非自古就有。实际上，不论是中国，还是西方国家，儿童权利的话语都是晚近的事情。一直以来，儿童在成人的统治下，基本没有话语权。直到 19 世纪，西方在人的发现过程中，发现了儿童。[①] 随后才有儿童权利不断地被发现和建构。总体而言，儿童权利的特征与儿童相关联，具体而言，主要包括以下特征。

（一）儿童权利具有身份专属性

儿童权利首先是一种特定群体的人权，具有身份专属性。界定儿童身份的唯一标准是年龄，而与其他身份特征无关。在法律上，儿童即为未成年人，其边界就是人的年龄是否达到法定上的成年人的年龄。而身份专属性意味着只有具有儿童身份的人才能享有儿童权利，其表达了两层含义：其一，身份专属性不仅把成年人与儿童两个群体区别开来，也把儿童权利和成年人权利两类权利体系做了切割。只有具有儿童身份的人才能享有儿童权利，这就把成年人排除在外。其二，身份专属性也对一个人的成长过程做了分割，即对一个人而言，只有在儿童这一特定的阶段才享有儿童权

① 王雪梅. 儿童权利论：一个初步的比较研究［M］. 北京：社会科学文献出版社，2005：26.

利。而当其随着年龄增长，超过儿童年龄的边界，步入成年后，其所具有的身份专属权利就会自动消失。

（二）儿童权利具有独立性

儿童权利是一种从父权和成年世界中争取并分离而来的权利，其意味着儿童具有作为人的独立主体资格，而不再是成人的附属品。儿童权利出现与形成是人权历史中的重要里程碑，不仅标志着儿童权利时代的到来，也是人权获得重大进步的表现。在很长的历史时期内，儿童受家长支配，没有任何权利而言。儿童被视为成人的附属物，其可以被当成家长的财产买卖，也可以被当成物品随意处置。至社会进步到把儿童视为人看待之后，儿童也逐步从成人中解放出来，成为独立于父母的个体。而儿童权利也逐渐随着儿童的主体性不断建构。因此，儿童权利的独立性主要表达了两个层面的含义：其一，儿童权利的独立性意味着儿童权也逐步从父权中分离，成为一种独立于成年人的权利。其标志着儿童拥有一种性质截然不同的法律身份，以及不同于其父母的利益和需要。[①] 其二，儿童权利的独立性还意味着儿童具有与成年人尤其是与父母相互平等的权利，在成年人面前，儿童也具有自己的话语权。这也意味着，儿童权利在很多方面表现为享有与成年人一样的平等权利。

（三）儿童权利具有保护性

儿童权利的保护性特征主要与人的成长规律相关联。任何生物都要经历从生到死的过程，人也不例外。儿童是人的初级，也是成长阶段。从生物学的角度而言，儿童是一个身体上和生理上还没有成熟的人。从心理学的角度而言，儿童的智力水平有限，认知能力和控制能力还比较弱，随着年龄的增长才能不断提高，并走向稳定、成熟。从社会学的角度而言，儿童就是一张白板，必须经历一定的社会规训，才能维系社会生存。这也意

---

① STEVEN MINTZ. Placing children's rights in historical perspective [J]. Crim. Law Bulletin 2, 2008, 3 (44): 35.

味着，如果儿童，尤其是年幼儿童，脱离了应有的照顾、保护、教育，其就难以正常的生存与发展。因此，在法理上，儿童理所当然地成为需要特殊保护的群体，以帮助儿童能够健康、顺利地长大成人。而儿童权利则是儿童得以健康成长而应当享有的受到保护的权利。在保护主体上，儿童权利保护不仅包括家庭对儿童的保护，也包括国家与社会对儿童的保护。

（四）儿童权利具有脆弱性

儿童权利的脆弱性既与社会观念相关联，又与儿童特征相关联。一方面，儿童权利作为现代社会中的一种新兴权利，其要获得社会的接受与认同需要一个很长的时期。很多国家和地方虽然已经在法律上确立了儿童权利，但由于社会观念，其在实施过程中大打折扣。实际上，无论是成人还是国家制度，都会在有意无意中忽视儿童权利的存在，而要在实施中被保护则更为困难。另一方面，基于儿童的身心特征，很多时候儿童都无法表达或难以表达其权利要求和主张，他们在成人的庇护中成长，其权利的侵害也往往在庇护中被遮蔽，既不容易被发现，也不容易被保护。

三、儿童权利原则

所谓儿童权利原则，是指基于儿童的成长规律、身心发展特征而抽象出来的，以人权为基础形成的，指导儿童权利设置、实施的法理基础和基本准则。儿童权利原则既是法律原则的具体化，又是人权原则的具体化。其是所有有关儿童法律制度创制的基本原则，也是所有有关儿童的司法及其执法过程中应当遵守的基本原则。同时，儿童权利原则还可以作为评价涉及儿童的立法、司法、执法乃至整个法律系统合法性、正当性的标准。对于儿童权利原则的类型，会因分类标准而有所不同。但大多数学者都会在《儿童权利公约》中寻找儿童权利原则或分类的依据。在我们看来，儿童权利的基本原则与人权相关，同时与儿童的成长规律紧密相连，因此，儿童权利至少应当包含以下四个原则。

（一）最大利益原则

最大利益原则是儿童权利原则的基本原则，其他原则都是从最大利益原则衍生而来，是最大利益原则的具体化原则。最大利益原则是《儿童权利公约》设立的首要原则，其在第3条第1款规定："关于儿童的一切行动，不论是公私社会福利机构、法院、行政当局或立法机构执行，均应以儿童的最大利益为一种首要考虑。"对于何为最大利益原则，至今也没有官方文件给予准确的界定，学界对此也是一直争论不休。但毋庸置疑的是，最大利益原则在于强调一切有关儿童行动，尤其是法律行动，应当从以下四个方面进行考量：第一，应看到并考虑儿童利益的存在；第二，怎么对儿童有利，就怎么行动；第三，哪种方案对儿童最有利，就选择哪一种方案；第四，在处理儿童权利与其他权利冲突的情形时，应以儿童权利作为优先考虑。最大利益原则不仅可以成为有关儿童立法的基本原则，也是有关儿童法律适用的基本原则。

（二）无歧视原则

无歧视原则作为儿童权利原则，其既是人权基本原则的体现，也是儿童最大利益原则的具体化。就儿童权利原则的宗旨而言，无歧视原则是基于消除儿童发展的不利因素，保护儿童利益而提出来的。从儿童权利原则的渊源而论，无歧视原则来自人权原则中的平等原则，其本质是相同情况相同对待，不同情况不同对待。《儿童权利公约》在第2条第1款规定了儿童权利的无歧视原则的具体含义，其是指："不因儿童或其父母或法定监护人的种族、肤色、性别、语言、宗教、政治或其他见解、民族、族裔或社会出身、财产、伤残、出生或其他身份而有任何差别。"很明显，这一条款对无歧视原则的概括无疑是平等原则在儿童权利中的重新伸张。也就是说，儿童权利的无歧视原则包含了两个层面的含义：第一，在狭义上，其表达的是儿童与儿童之间相互平等。这一含义表明儿童权利对所有儿童都是平等的，而不能区别化对待。儿童权利只与儿童的年龄有关，而与其身份和特征无关。第二，在广义上，其还包含儿童与成人之间的相互平等。这一含义表明儿童与成年人一样具有人的主体资格，与成年人一样，是平等的。这也意味着儿童具有独立于成年人的权利，而不能因为其是儿童就遭歧视。实际上，从某种意义上说，儿童权利的本质就是在不断消除成年人对儿童的歧视。

（三）参与原则

所谓参与原则，就是指儿童权利的创设和实施就是要促进和保障儿童充分享有参与家庭、社会、文化等活动的权利。参与原则既是人权原则在儿童权利中的体现，也是儿童最大利益原则的具体化。儿童的健康成长，离不开社会参与。参与原则所覆盖的儿童权利很广，大体而言，主要包含两个层面：一是在狭义上指参与表达，即儿童与成人一样拥有表达的自由，社会应充分尊重儿童的表达权。《儿童权利公约》第 12 条第 1 款规定："缔约国应确保有主见能力的儿童有权对影响到其本人的一切事项自由发表自己的意见，对儿童的意见应按照其年龄和成熟程度给以适当的看待。"二是在广义上包括参与活动，即儿童享有按照其意愿进行活动的权利，社会应保障其参与各种活动的权利。其中参与活动，包括接受教育、参与适合儿童年龄的各类文化、娱乐、社会活动等。

（四）保护原则

保护原则，即对儿童的特殊保护，是指基于儿童成长规律提出来的，为保护儿童健康成长而必须专门赋予儿童的权利。《儿童权利公约》在序言中，详细叙述了公约的宗旨和原则就是保护儿童。《儿童权利公约》第 6 条规定："缔约国确认每个儿童均有固有的生命权，缔约国应最大限度地确保儿童的存活与发展。"其中，保护的原因在于人的成长规律和儿童的身心特征。正如 1959 年通过的《儿童权利宣言》所言："儿童因身心尚未成熟，在其出生以前和以后均需要特殊的保护和照料，包括法律上的适当保护。"而根据保护原则创设的，专门赋予儿童的权利，大体分为两个层面：第一，一般保护。一般保护主要针对一般儿童，其主要是依照儿童身心发展特征而赋予的具有保护性的儿童权利。第二，特殊保护。特殊保护主要针对困境儿童，其主要是依据儿童陷入的不同困境而赋予的具有保护性的儿童权利。其中的困境包含内容很广，包括基于身体原因、贫困原因、被遗弃原因、涉诉原因、触法原因，甚至包括因战争原因而陷入困境的儿童等。

第二节　儿童福利概念的论争

一直以来，无论是理论界还是实务界对儿童福利这一概念都缺乏统一的共识，内涵界定不清晰，外延边界很模糊，甚至连概念的表述也经常与其他概念混同。这种状况本身就是儿童福利研究的不成熟表现，其也必将制约儿童福利的顶层战略决策和制度设计。纵览有关儿童福利概念的研究和论争，可以发现儿童福利内涵和外延的确定取决于对概念界定的不同旨趣。具体而言，主要包括以下几种。

一、通过儿童福利的范围界定儿童福利的概念

在我国，对儿童福利概念的界定有狭义和广义之分。这种分类界定主要基于社会福利这一更高层面的概念延伸。对于社会福利而言，狭义的社会福利指为帮助特殊的社会群体、疗救社会病态而提供的服务。而广义社会福利的对象扩大到了全体公民，社会福利的项目从针对弱势群体的社会救助和社会福利服务扩大到社会保障、教育和医疗等。① 与此相对，狭义的儿童福利是指政府和社会为有特殊需要的儿童及其家庭提供的各种支持、保护和补偿性服务。② 而广义的儿童福利是指由国家或社会为立法范

① 尚晓援. “社会福利”与“社会保障”再认识［J］. 中国社会科学，2001（3）：116.
② 徐月宾. 儿童福利服务的概念与实践［J］. 民政论坛，2001（4）：17－21.

围内的所有儿童普遍提供的旨在保证正常生活和尽可能全面健康发展的资金与服务的社会政策和社会事业。① 通过对社会福利和儿童福利的概念比较可以看出，社会福利的广义与狭义之分是以福利内容的范围来界定，而儿童福利则是以社会福利的内容为基础，通过儿童主体的特殊性来确定广义与狭义的概念。

广义的儿童福利概念，在内涵上强调福利的普惠性，在外延上，以普惠性这一内涵为核心，对儿童福利享有的主体、供体及儿童福利的内容进行确定。首先，在儿童福利的主体上，是针对所有儿童，即只要是年龄符合儿童的标准，即有权利享有。其次，在儿童福利的供体上，主要是指由谁来提供儿童福利和保护，广义上的儿童福利供体不仅包括国家，也包括社会。最后，在儿童福利的内容上，只要是能促进儿童生理、心理及社会潜能最佳发展的各种措施和服务都是儿童福利的内容。

狭义的儿童福利概念，在内涵上强调福利的特殊性，而这种特殊性又是基于儿童自身的特殊性而确定的。因此，在其外延的确定上，主要是因儿童的特殊情境而定。儿童的特殊情境不同，其福利的内容也有所不同。当前，我国的特殊儿童主要包括孤儿、残疾儿童、流浪儿、被遗弃的儿童、被虐待或被忽视的儿童、家庭破碎的儿童、行为偏差或情绪困扰的儿童等。与儿童福利的主体相适应，儿童福利的内容就以主体的需求来建立。

二、通过儿童福利的理念界定儿童福利的概念

不同的儿童福利和保护制度背后都隐含了不同的儿童福利观和理念。儿童福利观和福利理念的不同，既有历史性的因素，也有共识性的特征，甚至还包含对儿童福利的未来预设。

---

① 陆士桢. 简论中国儿童福利［J］. 华中师范大学学报（哲学社会科学版），1997（6）：30－34.

考察西方儿童福利的发展史，可以发现，儿童福利主要经历了以下四个阶段，有学者把它称为四种典范。① 这四个阶段或四种典范的差异主要在于儿童福利的理念不同，从而其内涵与外延也因此有所差异。

（一）救助型儿童福利

救助型儿童福利起源于西方的中世纪，兴起于工业社会，至今依然是儿童福利的重要内容。救助型儿童福利的基本理念是对儿童的救助。因此，其内涵主要是通过对儿童救助需求来界定，而在外延的界定上，则主要依赖于国家判定哪一类儿童属于需要救助的儿童，例如，残疾儿童、遗弃儿童、贫困儿童等。而救助的内容主要是替代性福利服务，包括建立儿童福利院、儿童教养机构等。

（二）发展型儿童福利

发展型儿童福利起源于近现代社会早期阶段，普遍存在于发达国家和发展中国家，具有相当的广泛性与普遍性。发展型儿童福利的基本理念是促进儿童发展，因此，儿童福利的内涵应当是如何增进儿童发展，而其外延则可以包含所有儿童。同时，儿童福利的内容通过发展这一概念扩展到各个领域，包括儿童教育、儿童健康，以及正常儿童社会性功能的发展等。②

（三）保护型儿童福利

保护型儿童福利主要发生在工业化程度较高的欧美国家，其是指国家和社会机构针对受虐待、疏忽、剥夺、剥削或处于不健康或不道德情境中的儿童提供服务的社会福利体系。③ 很明显，保护型儿童福利的基本理念是基于儿童特殊性的保护，这种保护既不属于正向促进儿童发展的范畴，也不属于一般的救助范畴，而是基于避免儿童卷入工业化浪潮，成为工业化

---

① 刘继同．儿童福利的四种典范与中国儿童福利政策模式的选择［J］．青年研究，2002（6）：38.

② 张凡．儿童福利事业的定位与发展［J］．中国民政，2001（3）：22.

③ 林胜义．儿童福利行政：儿童福利与概要［M］．台北：五南图书出版有限公司，1997：121.

时代的受害者的一种保护理念。因此，保护型儿童福利的内涵主要是保护儿童免遭迫害或忽视，而外延则是把更多的儿童纳入儿童福利范围，例如，企业中的童工、因父母卷入工业生产中而遭忽视或处于危险中的儿童等。

（四）参与型儿童福利

参与型儿童福利是指促进儿童积极主动和广泛参与家庭生活、文化生活和社会生活的儿童福利体系。这是欧美国家儿童福利改革的结果，也是未来儿童福利发展的方向。

通过儿童福利的理念界定既能够较为清晰地界分儿童福利的内涵和外延，也能够反映出儿童福利的历史发展阶段。当然，也有学者把西方儿童福利的发展分为“失依儿童救济时期”“儿童福利和保护时期”和“儿童保护与家庭支持融合时期”三个阶段。[①] 这种分类法也是通过儿童福利的基本理念而确定，其内涵与外延总体上与四分法一致。而且这种分类法也为我们对儿童福利的界定提供了理论基础，成为观察我国儿童福利的发展历程及界定儿童福利内涵和外延的重要视角。

三、儿童福利的统合性界定

有学者提出，我国儿童福利概念中存在公众个体化理解、各学科专业各自为政、模仿照搬西方国家概念、概念的职能部门化等问题。尤其是在职能部门化这一问题上，每个部委均从各自部门职能角度，界定儿童福利，从事与此相关的儿童福利保护工作。这一方式，实际上是“人为”将儿童需要分隔为许多“局部性服务”，缺乏以儿童为中心的系统性和连续性服务。[②] 为此，刘继同提出了整合职能部门化的儿童福利概念，还提出了建立统合实务与学理的具有共享性的概念。即把儿童福利概念定义为

---

① 乔东平，谢倩雯. 西方儿童福利理念和政策演变及对中国的启示［J］. 东岳论丛，2014，35（11）：116.

② 刘继同. 中国特色儿童福利概念框架与儿童福利制度框架建构［J］. 人文杂志，2012（5）：148.

“国家与社会旨在保护、照顾和促进儿童身心健康成长的所有服务项目、政策法规和努力的总和”①。

毫无疑问，儿童福利的统合性界定，在某种意义上就是广义的儿童福利概念，其目的在于实现内涵与外延的全面延伸。具体而言，儿童福利的内涵在于保护、照顾和促进儿童身心健康成长，主体外延包括所有的儿童，供体外延包括国家与社会中的职能部门、非政府组织及各种团体，内容涵盖了与保护、照顾和促进儿童身心健康成长有关的所有服务和政策法律及各种努力。

统合性界定无疑有助于确立儿童福利的儿童中心主义，以及提升儿童福利的整体性认识，但却有把儿童福利与儿童权利等同之嫌，从而把儿童权利概念的职能部门化等同于儿童福利概念部门化。实际上，职能部门化概念不是针对儿童福利，儿童福利作为民政部门的职能并没有争议，有争议的是各职能部门对儿童权利保护职能的界分。在笔者看来，儿童福利概念缺乏共识的原因不在于概念的部门化，而在于儿童福利在传统概念下建构出来的儿童福利制度和保护工作，无法满足儿童的福利需求，更无法满足国家保障人们尤其是儿童对美好生活需求的向往。这是儿童福利理想与现实，也是理论与实践之间的冲突。这种差异和冲突才是学界和实务部门亟须解决的问题，也是儿童福利概念需要统合的地方。

第三节　界定儿童福利概念的误区

从既有的研究可以看出，当前对儿童福利的概念确实缺乏共识，不同的概念论争反映出当前学界和实务界对儿童福利的内涵难以准确把握，外延边界无法确定。分析其中原因，可以发现，当前儿童福利概念的界定存在

---

① 刘继同. 中国特色儿童福利概念框架与儿童福利制度框架建构［J］. 人文杂志，2012（5）：151.

如下几个问题，而这些问题是我们准确界定儿童福利的概念所需要避免的。

一、把儿童福利与儿童权利等同

儿童福利与儿童权利相关，儿童福利权是儿童人权体系中极其重要的一项权利。① 有什么样的儿童权利才能建构什么样的儿童福利和保护制度。改革开放以来，我国儿童保护法律体系不断发展和完善，儿童保护逐渐涵盖了儿童救助、收养、教育、安全、医疗卫生等与儿童相关的各个方面的内容，在立法体系上，已形成以《宪法》为基础，依托于儿童专项法律及国务院行政法规，以部门规章及政策性文件为主体的儿童保护立法政策体系。② 这些立法包括专门性的儿童立法，包括《未成年人保护法》《预防未成年人犯罪法》《义务教育法》等，也包括散见于其他法律文本中的儿童法律制度，更有国务院及其部委围绕法律对儿童权利保护而制定的法规和规章。

尽管立法相对分散，也存在诸多的问题，但却为儿童福利提供了强有力的制度支撑，也为界定儿童福利提供了基础。随着儿童权利的不断扩展，儿童福利的内涵、外延也不断扩展。然而，对儿童福利的界定，既有的研究总是有意无意地把儿童福利与儿童权利等同。这种等同对待在广义的和统合性的儿童福利概念中表现得最为明显。只要是法律上涉及儿童权益的，都纳入儿童福利的范畴。

儿童福利与儿童权利等同对待，是在普惠型儿童福利观的影响下形成的。但这种等同却混淆了儿童福利与儿童权利的差异，也误解了普惠型儿童福利的真正含义。实际上，儿童福利确实必须以法律上对儿童的赋权为依据，缺乏儿童权利，儿童福利也缺乏存在的基础。但儿童权利并非儿童福利本身。在法律上，对儿童的赋权，主要是通过权利内容或形态而确定

---

① 程燎原，王人博．权利论［M］．桂林：广西师范大学出版社，2014：193－194．

② 赵川芳．我国儿童保护立法政策综述［J］．当代青年研究，2014（5）：71．

的，如生存权、健康权、教育权。而儿童福利仅是这些儿童权利中分离出来的一种权利，或者说是儿童权利的某一个环节，并非儿童权利的全部。即使是普惠型儿童福利，也是这样。普惠型儿童福利的核心内涵是对儿童群体的普惠，而非儿童权利的普惠，更不是与儿童权利等同。儿童福利可以根据儿童主体的差异性及以差异性为基础的权利需求不同，而设定不同的儿童福利。儿童权利是一种平等权，在所有儿童之间相互平等。而儿童福利只在同类儿童中平等，而在不同类型的儿童之间则有差异，体现出不同主体在儿童福利方面的差异性。

二、儿童福利的权利属性认识存在偏差

对儿童福利概念界定的第二个误区就是对儿童福利的权利属性存在认识上的偏差。这与儿童福利权的观念发展相关。儿童福利作为福利的重要组成部分，西方国家经历了从福利政策到福利权利的发展过程。[①] 但在我国，还处于儿童福利政策阶段。尽管当前儿童福利是一种儿童应当享有也可以享有的权利，这一认识已经成为基本共识。但我们对其权利的属性却没有多少认识，更缺乏如何通过《宪法》和法律把儿童福利权固化的认知。这也是当前无法准确界定儿童福利和保护的重要原因。

一直以来，我国沿用大陆法系对法律的类型化方法，把法律分为公法和私法，公法与权力相关，主要调整权力关系及权力与权利的关系。而私法的核心是权利，主要是调整私权利，包括生命权、健康权、教育权、劳动权等。权力关系意味着两个不对等的主体，一个是处于支配地位的国家，另一个是处于被支配地位的公民或组织。而权利关系则是两个平等主体，国家在其中发挥保护作用。随着权利理论的发展，逐渐形成了一种社会权，社会权既具有权利的特征，也具有权力的特征，是一项新兴公法性

① 温泽彬．美国法语境下公民福利权的证成及其启示［J］．法商研究，2014，31（4）：145．

权利，郭道晖教授也称其为社会权力。[1] 社会权与一般的权利有所不同，其重心显然在于要求国家为其提供积极的保护义务[2]。而一般权利，国家只具有消极的救济义务。在宪法学和人权领域中，也会把权利划分为政治权利、经济权利、社会权利和文化权利。这种划分与权利自身的属性划分有所不同，这是把不同属性的权利归属于一个更大类别的权利系统。而社会权利主要是指那些作为一个国家社会成员所应具有的权利。

对儿童这一特殊主体而言，《宪法》并没有对儿童权利作出系统的界定，更没有对儿童福利的权利属性作出界定，即使是《未成年人保护法》也没有界定儿童福利的属性，这是当前儿童福利权利属性存在争议的重要原因。实际上，儿童福利既不是权力关系，也不是简单的权利关系，而是基于在权利系统中无法通过平等主体之间的权利与义务的设定获得救济的一种权利。其本质具有社会权的属性，是一种儿童权利中的社会权。其中，权利主体是儿童，义务主体是国家。而一般的儿童权利，权利主体是儿童，义务主体是其他的平等民事主体。例如，在侵犯儿童健康、生命权的行为中，包含了具体的侵害主体或责任主体，这就是一般的权利关系。但对于儿童的身体缺陷、贫困、困境，一般缺乏具体的责任主体。而这些缺乏具体责任主体的权利关系，最后由国家加以承担责任的，就是社会权。也就是说，儿童福利和保护，应当是儿童权利中的社会权。

与社会权相应的是，国家对社会权利保护有所不同，其所承担的职能也不相同。在一般权利中，国家主要是一个仲裁者角色，通过国家的裁决，恢复社会主体失去的权利。而在社会权中，国家的主要角色则是直接责任人，即国家是直接的义务主体。国家作为直接的义务主体，与国家亲权理论直接相关。国家亲权理论主张国家居于未成年人最终监护人地位，

---

① 郭道晖. 社会权力与公民社会［M］. 南京：译林出版社，2009.

② 邓炜辉. 论社会权的国家保护义务：起源、体系结构及类型化［J］. 法商研究，2015，32(5)：22.

国家亲权高于父母亲权。当父母没有能力，或有能力而不履行职责时，国家直接可以介入。[①] 而国家亲权又是儿童福利的法理基础。因此，只有准确地识别儿童福利的社会权属性，才能有效地识别儿童福利与儿童权利的联系与差别，也才能更为准确地对儿童福利和保护进行法律定位和工作定位，避免法律上的紊乱和各个部门之间职能的交叉重叠，以及工作上的无所适从。

三、儿童福利与相关概念的关系错位

儿童福利与相关概念的关系错位是当前我国对儿童福利界定的误区之一。当前，无论是《宪法》、法律，还是行政法规，都没有规定儿童福利权，甚至没有出现儿童福利这个词，儿童福利这个词主要出现在部门规章中。也就是说，在表述上，目前为此，儿童福利权并非一个法定术语。正是基于这方面的原因，儿童福利的概念只能寄人篱下，作为其他概念的附属概念，从而使得儿童福利与相关概念的关系错位。

从西方儿童福利概念的演进过程中可以发现，儿童福利从救助型逐步拓展为发展型、保护型和参与型，这种概念演进和分类定义模式深刻影响到我国学界和实务界对儿童福利的界定。从法律上来看，《宪法》在公民权利与义务一章中除规定了儿童与成年人同享权利之外，还赋予了儿童特殊的权利。这些权利通过《未成年人保护法》具体表现为生存权、发展权、受保护权、参与权等权利。因此，无论是儿童福利的概念的界定还是福利措施都是基于这些法定的权利衍生出来的。由于我国的儿童福利最早产生于社会保障领域，被视为社会保障的范畴。直到当前为止，社会保障制度体系把社会保险、社会福利、社会救助、优抚安置、住房保障等视为社会保障的范畴，也就是说，我国的福利制度主要涵盖在社会保障这一概

① 姚建龙．国家亲权理论与少年司法：以美国少年司法为中心的研究［J］．法学杂志，2008（3）：92－95．

念中。这也使得儿童福利的概念衍生于社会保障这一概念。而儿童则是社会保障体系中救助的对象之一，并不具有儿童自身的独特性。因此，早期的儿童福利概念，主要是救济型儿童福利的概念。实际上，社会保障与儿童福利并非同一个概念系统，它们有交叉，但不会重叠，所以不应将儿童福利作为社会保障的附属概念。

随着《未成年人保护法》及其相关法律体系的完善，一种基于儿童发展与保护的福利观逐渐形成，尤其是 2011 年，国务院正式公布了《中国儿童发展纲要（2011—2020 年）》，该年被视为儿童福利的元年。在这个文件中，首次增加“儿童与福利”专章，并提出要“建立和完善适度普惠的儿童福利体系”“完善保护儿童的法规体系和保护机制”等，对儿童福利而言，具有里程碑的意义。然而，我们也应注意到，儿童福利是在“儿童发展”概念框架下提出来的，是儿童发展的一个组成部分。显然，这是国务院对儿童发展权具体落实，但实际上，儿童福利不应成为儿童发展的一个附属概念，与此相反，应当转为以儿童福利概念框架为基础的制度框架。① 即儿童福利应当是上位概念，发展权是下位概念。儿童发展权是儿童福利权的一个组成部分。

第四节　儿童福利概念的界定

由于学界与实务界对儿童福利的概念没有统一的界定，在内涵与外延的认识上缺乏共识，这限制了儿童福利工作的发展，也导致了儿童福利立法至今迟迟难以出台。为此，笔者在吸收既有研究成果的基础上，根据新时代儿童福利的新特点和新要求，提出以下界定儿童福利概念的几个基本思路，并以此为基础，对儿童福利的内涵与外延进行更为精准的界定。

---

① 刘继同. 中国特色儿童福利概念框架与儿童福利制度框架建构［J］. 人文杂志，2012（5）：152.

一、界定儿童福利概念的基本思路

（一）融入新时代的新思想

习近平新时代中国特色社会主义思想是儿童福利事业的行动指南，自党的十八大以来，尤其是十九大党中央一系列战略部署，对儿童福利提出了新目标，作出了新部署，制定了新举措，为做好新时代儿童福利工作提供了根本遵循。因此，需要把新时代的新思想融入儿童福利的概念，成为儿童福利的精神、理念。这些思想不仅体现在“民政为民，民政爱民”这些直接关涉儿童福利的战略部署中，而且也内含在富国强民、全面建成小康，甚至在国家治理现代化的战略部署中。即新时代的儿童福利，不仅担负着救助补缺的社会功能，而且担负着助力儿童健康成长，阻断代际传递贫困，从儿童福利的角度实现全面建成小康的历史使命。同时，还可以通过儿童福利实现社会治理的目标。而把习近平新时代中国特色社会主义思想融入儿童福利的概念，就能更准确地把握儿童福利的内涵与外延。

（二）概念应当具有开放性和包容性

开放性和包容性主要表现在两个方面：一方面，儿童福利是一个发展的概念，其内涵和外延会随着历史的发展而变化，这意味着这一概念的界定需要具有前瞻性。否则，就容易因时移世易，而使得概念无法与现实需要相适应。另一方面，儿童福利的概念应与经济社会发展相适应，这意味着儿童福利和国家责任与能力有关。因此，需要对我国儿童福利的基本状况和能力有一个较为准确的判断。很显然，救助补缺型儿童福利概念已经无法准确概括其内涵与外延，2006 年开始，我国不断扩展儿童福利的内涵与外延，2011 年发布的《中国儿童发展纲要（2011—2020 年）》提出“扩大儿童福利范围，推动儿童福利由补缺型向适度普惠型的转变”。以此为依据，2013 年 6 月，民政部发布了《民政部关于开展适度普惠型儿童福利制度建设试点工作的通知》（民函〔2013〕206 号）。这两个文件将困境家庭儿童纳入国家政策范围，表明儿童福利在理念上不仅限于对孤儿、流浪儿等狭义儿童福利对象的补缺型保护，在实践中也逐步落实普惠型保护理念，将包括困境儿童、普通儿童的广义儿童福利对象纳入儿童福利的范围。2014 年民政部又发布了《民政部关于进一步开展适度普惠型儿童福利制度建设试点工作的通知》（民函〔2014〕105 号），国务院于 2016 年颁布了《国务院关于加强困境儿童保障工作的意见》（国发〔2016〕36 号）。这些都表明中国儿童福利事业基本处于社会救助为主、教养取向发展和狭义社会保护为辅的阶段，① 即从补缺型儿童福利逐步向普惠型儿童福利转变。因此，这一概念也必将围绕这一转变进行界定。

（三）儿童福利应当是狭义的概念

这里的狭义是与广义相对的，儿童福利无论是作为一个学术术语，还是官方用语，其概念指向都不应当是广义的。因为广义的概念基本与儿童权利等同，而儿童福利并非儿童权利的全部，而是儿童权利中分离出来的社会权，是基于国家责任与义务所确立的权利。这种权利也可以称之为儿童福利权。也就是说，狭义上的儿童福利具有两个方面的特点：其一，儿童福利的权利属性是狭义的。儿童福利属于社会权，是社会权的一种类型，而非涵盖所有的儿童权利，这也是儿童福利的内涵所在。其二，儿童福利的责任主体是狭义的。儿童权利的保护采取国家各种机构依职权分担，协同保护的方式。而儿童福利就是民政部门的基本职能，不能把儿童福利责任承担主体扩展到其他机构上去。应当注意的是，狭义上的儿童福利，并不意味着缩减儿童福利，而是更为清晰地界定了国家机构之间的职权，以此避免国家机关之间职能不清，交叉重叠，从而造成无法有效保护儿童福利权利的局面。

---

① 刘继同．儿童福利的四种典范与中国儿童福利政策模式的选择［J］．青年研究，2002（6）：41.

二、核心概念的甄别

在确定如何界定儿童福利的内涵和外延的总体思路之后，下一步就需要对儿童福利的核心概念进行甄别。当前实务部门经常会把与儿童福利相近和相关的概念进行混用，这也表明不同机构之间，同一机构不同部门之间对儿童福利的理解有很多分歧。因此，有必要统一各个核心概念的用语和用法，从而使儿童福利的内涵与外延界定得更为精准。具体而言，有两组关键性概念，值得甄别。

（一）儿童与未成年人

在法律术语中，我国的法律对未成年人有非常明确的界定。《民法典》第17条和《未成年人保护法》第2条，都规定了不满18周岁的自然人为未成年人。而有关于儿童这一概念，法律上也有表达，例如，《宪法》第46条、第49条都使用了儿童这一概念。然而，由于《宪法》和其他法律都没有界定儿童的外延，使得有关儿童的界定一直存在争议，甚至是否应当在法律里使用这一概念都存疑。确实，我国日常生活中的儿童概念与法律规定的未成年人概念不太一致，未成年人大致可以涵盖婴儿、儿童和少年。很显然，这里的儿童，明显与未成年人不是一个等同概念，而是一个包含与被包含的概念。因此，就容易引发以下忧虑，用儿童这一概念无法准确界定儿童福利的内涵与外延，而且还将影响国家儿童福利职能和制度的界定。

为了化解儿童与未成年人在概念上的这种困境，学界主张用《儿童权利公约》对儿童的界定，把未满18岁的自然人视为儿童。笔者认为用这一概念较为妥当，尤其是用在与儿童相关的福利工作之上更为恰当。主要理由有以下四点：首先，我国是《儿童权利公约》的签约国，这是我国尊重和履行公约的一种方式。其次，可以使儿童的概念与未成年人的概念重合，解决了两个概念之间的张力。再其次，在有关未成年人的福利法律制度中，使用儿童这一概念与福利搭配是多数国家的立法惯例，他们的机构设置也是采用儿童这一概念来命名。尽管我国台湾地区的所谓“儿童少年福利法”把儿童与少年做了法律上的分割，但也没有用未成年人来替代儿童、少年。最后，我国在有关未成年人的福利工作中，实践部门一直使用的是儿童福利的概念，因此，使用儿童概念也是遵循我国官方实践惯例的要求。

（二）福利与保护

与儿童和未成年人相对应的一组概念就是福利与保护。从儿童工作的实践状况来看，一般情况是，儿童这一术语与福利一起使用，称其为儿童福利。而未成年人这一术语主要与保护一起搭配使用，称为未成年人保护。其中，儿童福利来源于国家儿童福利制度，而未成年人保护则主要是根据《未成年人保护法》。然而，随着儿童福利概念的拓展，儿童福利逐渐吸纳了保护概念，呈现儿童福利与保护并用的概念。这也意味着，保护这一概念，可以从《未成年人保护法》的角度和福利制度角度两个层面去理解。因此，区别福利与保护的概念，也需要从这两个层面进行区别。

福利与《未成年人保护法》意义上的保护，这两个概念相对比较容易作出区别。因为两者的法源不一样，福利基于儿童福利制度确定，保护基于《未成年人保护法》而确定。儿童福利的主要职能部门是民政机关，而未成年人保护的主要职能部门是公安与司法机关①。就此而言，儿童福利与未成年人保护是两个不同的概念，其内涵与外延明显不同。但从法理上讲，基于儿童福利政策是以《未成年人保护法》为依据的，儿童福利权来自未成年人权利，因此，儿童福利是未成年人保护的附属概念，是未成年人权利中的特殊权利，即福利的概念小于保护的概念，其内涵与外延被保护所涵盖。

① 例如，最高人民检察院曾经设置的未成年人检察工作办公室，以及2019年正式成立的主要负责未成年人检察业务的第九检察厅。

然而，福利与福利制度意义上的保护，这两个概念的关系恰好与前者相反。即福利是大概念，保护是小概念，保护的内涵与外延被福利所涵盖。两者的包含与被包含关系是由民政部门的福利本位所决定的。2013 年，儿童福利的内涵开始从补救型儿童福利向儿童保护拓展。2013 年，《民政部关于开展适度普惠型儿童福利制度建设试点工作的通知》（民函〔2013〕206 号）和《民政部关于开展未成年人社会保护试点工作的通知》发布，而 2014 年，又发布了《民政部关于进一步开展适度普惠型儿童福利制度建设试点工作的通知》（民函〔2014〕105 号）和《民政部关于开展第二批全国未成年人社会保护试点工作的通知》（民函〔2014〕240 号）。根据以上文件，民政部门在儿童工作上，把儿童的范围从孤残儿童扩展到困境儿童，甚至扩展至普通儿童。而与此相一致的是，民政部门中的儿童工作机构也由儿童福利部门更名为儿童福利和保护部门，而民政部门的流浪儿童救助保护中心，也更名为未成年人社会保护中心。这也使得我国民政部门在有关儿童福利的问题上，出现福利与保护并存的状态。

这种福利与保护概念并列的状态，并不意味着福利与保护概念的混同。而应当是儿童福利概念发展过程中的暂时或过渡阶段。这一阶段的重要特征，一方面在于现有的儿童福利概念难以涵盖当前民政部门的儿童福利职能；另一方面在于民政部门的儿童新型保护职能是从儿童保护制度中分离出来的。但从所有的试点及政策性文件来看，民政部门对儿童的新型保护都具有福利属性，本质是儿童福利，而非《未成年人保护法》意义上的保护。而民政部门使用福利与保护两个概念并列，一方面在于解决传统福利与新型福利的张力，另一方面可以对传统儿童福利与新型儿童福利做一个界分。因此，从长远来看，随着新时代儿童福利概念的演进，福利概念将会包含以福利为宗旨的保护概念。

三、概念的取舍及内涵、外延的界定

对于儿童与未成年人，福利与保护这两组概念术语的搭配，可以有儿童福利、儿童保护、儿童福利和保护、未成年人福利、未成年人保护、未成年人福利与保护等。通过对这两组概念的甄别，最后如何取舍则需要根据民政部门的职能定位及儿童福利的发展趋势而定。在笔者看来，沿用传统的儿童福利这一概念比较可取。理由有如下几点：首先，用儿童福利这一术语，既是很多国家立法的惯用术语，又是我国民政部门进行儿童工作的惯用术语。这一术语准确确定了民政部门的儿童工作基本职能，并一直被民政部门沿用。其次，用儿童福利可以有效区别未成年人保护这一概念，尽管把儿童概念与未成年人概念等同，但儿童福利是在福利的角度上提出来的，其对应的是儿童福利政策；而未成年人保护则是从儿童权利中提出来的，对应的是《未成年人保护法》。再其次，从职能部门的设置上，通过儿童福利和未成人保护的概念分离，也可以使得主管机构的职能划分相对清晰。民政部门负责儿童福利，以福利为本位，而公安和司法机关主要负责未成年人保护，以权利为本位。最后，当前基于儿童福利职能的扩展，民政部门把原来的内设部门，由儿童福利机构更名为儿童福利和保护机构。很明显，这里的保护概念，并非《未成年人保护法》上的保护概念，《未成年人保护法》中的保护概念是广义的保护概念，其保护的对象、内涵与外延涵盖了所有的儿童及儿童权利。而民政部门中的儿童福利和保护内设机构中的“保护”，是一种狭义的保护。这一“保护”概念应当从福利的含义中理解。实际上，民政机构使用的儿童福利和保护概念，保护是针对狭义的福利概念而提出，即在传统补缺型福利概念无法涵盖扩展后的儿童工作所提出来的新概念。但这些保护依然是以福利为理念的，而且，这些“保护”工作是适度普惠型儿童福利的应有之义，也是新时代儿童福利的基本范畴。也就是说，这里的保护实际上是指福利。因此，直接用儿童福利比用儿童福利和保护这个概念更为简练、准确，既增强了儿童福利这一概念的包容性，也不容易引发对儿童“福利”与“保护”这两个概念并列使用所带来的误解。

当然，需要注意的是，2020 年修改后的《未成年人保护法》第 9 条明确规定，县级以上人民政府应当建立未成年人保护工作协调机制，协调机制具体工作由民政部门承担。这意味着国家已经逐步理顺国家机构的职能，更为清晰地界分相关机构的职权，更好地履行对未成年人保护的国家责任。但或许也会引发新一轮对究竟是用儿童还是未成年人，用福利还是保护或两者并用的概念之争，也容易导致民政部门儿童工作的混乱。在笔者看来，《未成年人保护法》确立民政部门承担未成年人保护协调机制的工作职能，并不意味着“儿童福利”与“未成年人保护”这两个概念的重合。实际上这两个概念的内涵和外延依然没有变化。如果刻意把“儿童”改为“未成年人”，把“福利”改为“保护”或“福利与保护”，以保持立法上的统一，其实就是在法律概念上混淆了福利与保护的内涵与外延上的差异，也混淆了未成年人保护协调机制与民政部门的职权。未成年人保护协调机制的法定职责由各级政府的议事协调机构承担，其办公室设置在哪个机构，具体工作由谁承担并不影响其职能和工作。而儿童福利则是民政部门的法定职责之一，其内设机构是实现民政部门职能的方式。两者不能等同，更不能替代。

在实践中，未成年人保护协调机制一般会与机构中职能相近的业务部门合署办公，一套人马，两块牌子。但合署办公，并不意味着职能混同。实际上，儿童福利与未成年人保护的职权来源、工作性质、范围都有所不同。因此，未来民政部门的儿童工作，应当明确区分儿童福利与未成年人保护的职权，其职权分别由民政部的内设儿童福利机构和未成年人保护委员会办公室承担。也就是说，在民政部门的儿童工作上，内设机构的名称用儿童福利较为妥当。其不仅有助于清晰界分儿童福利与未成年人保护的关系，厘清民政部门的法定职责与授权委托职责，从而更有助于实现新时代儿童福利的宗旨与目标。

基于以上判断，笔者认为，从民政部门的福利本位出发，在概念术语的选择上，用“儿童福利”较为妥当。民政部门的职能设定及机构组建都应以这个概念为基础，儿童福利的战略决策与制度设计也应以这个概念术语为核心。从儿童福利这个概念的界定上讲，其是指儿童应当享有的，基于生存、发展所必需的，并为法律所保护的特殊儿童权利。其中，儿童福利的内涵是基于儿童权利衍生而成的儿童福利权，是儿童权利的特殊权利。其所谓的特殊，就是儿童权利的义务主体的独特性。一般儿童权利的义务主体具有普遍性和平等性。而儿童福利权的义务主体仅指国家，是国家基于国家亲权而承担的一种法律义务和道德义务。而在外延上，包括两个方面：一方面，是主体的外延，即儿童的范围。笔者认为，儿童的外延应当覆盖所有儿童，即未满 18 岁的人。也就是说，只要符合儿童的年龄要求，都属于儿童福利的对象。另一方面，在儿童福利内容的外延上，则需要根据经济社会发展的情势而定。当前，可以通过儿童作分类界定，不同类型的儿童享有不同的儿童福利。也就是说，这一概念对儿童而言，具有普惠性特征，而对儿童福利范畴则具有适度普惠性特征。这种适度既体现了对不同类型的儿童，根据其自身的需求，适用不同的儿童福利；也体现了儿童福利是一个不断发展的概念，应当开放性地吸纳新时代儿童福利的发展需求。

第七章

校园安全、校园暴力防控与社会工作

CHAPTER 7

第一节　校园安全风险理论及防控问题

校园安全一直是国家和社会非常重视的问题，近年来，校园安全工作的力度明显加大，投入增多，安全管理制度也在逐渐完善。然而，随着经济社会的转型，各种社会矛盾和社会问题的激增，校园安全问题日趋多样化、复杂化和严重化，校园安全管理工作也受到越来越多的挑战，尤其是不断暴发的校园安全恶性事件，不仅刺痛了亿万家长的神经，也越来越成为政府治理的隐患。如何应对校园安全的各种风险，解决当前我国校园安全问题，保护好各方主体，为国家教育战略保驾护航，是国家与社会亟须思考的问题。

一、风险防控：校园安全管理的新思维

早期校园安全治理，缺乏安全治理基本理念，基本处于一种无意识治理状态。只有当校园安全事件出现后，才会有临时的应对之策。当前，我国很多地方开始探索安全治理之策，并积累了一些成功的经验。开始有了校园安全管理的意识，校园安全治理不再仅限于事后应对，也开展了卓有成效的延伸扩展，提前预防成为很多地方学校安全管理的基本措施。然而，校园安全事件及其引发的社会不良后果，不仅没有减少和减弱。相反，一直处于高发态势。这一现象的出现，并不能简单地归咎于有关部门没有尽职尽责，更主要的原因可能是校园安全管理之策难以满足校园安全管理之需求，无法适应和应对当前复杂的经济社会环境。要建立有效的校园安全管理，必须创新校园安全管理思维，建立风险管理模式，提高风险管理意识，从国家战略角度建立长效的风险防控机制，实现治理能力的现代化。

（一）创新校园安全管理思维，必须正视风险社会的挑战

风险社会是社会学的一个重要概念，由德国学者贝克（Beck）提出，其主要是对现代理性社会的反思，指出了在现代社会中，人类面临着威胁其生存的由社会所制造的风险。在风险社会中，风险具有不可预测、不被感知、全球性、危险呈指数级等特征。[①] 风险社会从制度上和文化上改变了传统现代社会的运行逻辑。[②] 在我国，风险社会所引发的问题已经开始显现。尽管我国的风险社会与贝克的风险社会概念有所不同，但很多学者基本认同我国已经进入风险社会，[③] 并把风险社会视为理解和解释现代社会问题的一把金钥匙。[④] 然而，在社会治理中，却没有建立相应的思维和制度，因此，建立符合风险社会需要的新型风险治理体制已经成为一项紧迫的任务。[⑤]尤其是在校园安全管理中，学校一直以常规管理为主，缺乏应有的风险管理思维，没有采取任何相应的防御措施，以至于难以应对风险社会所带来的挑战。

（二）创新校园安全管理思维，必须防止校园成为社会的“减压阀”

“社会安全减压阀”是美国社会学家科塞（Coser A.）提出的著名理论，在他看来，社会系统往往需要为人们提供排泄敌对情绪和进攻性情绪的制度，即安全阀制度。[⑥] 没有安全阀制度或安全阀制度不完备的社会结构，任何人都可能成为排泄敌对情绪和进攻性情绪的牺牲品。当前，校园安全事件中，一个越来越明显的现象是，校园逐渐成为社会的“减压阀”，校园师生成为社会泄愤的无辜受害者。这类安全事件往往具有不可预期性、突发性、社会危害大等特征，容易引起社会的恐慌。如何应对这些潜在的、无形的安全风险，防止学校成为社会的“减压阀”，是当前亟

---

① 乌尔里希·贝克．风险社会［M］．何博闻，译．南京：译林出版社，2004.

②⑤ 赵延东．风险社会与风险治理［J］．中国科技论坛，2004（4）：121.

③ 肖瑛．风险社会与中国［J］．探索与争鸣，2012（4）：49.

④ 成伯清．“风险社会”视角下的社会问题［J］．南京大学学报（哲学·人文科学·社会科学版），2007（2）：129.

⑥ 科塞．社会冲突的功能［M］．孙立平，等译．北京：华夏出版社，1989.

须解决的问题。

（三）创新校园安全管理思维，必须应对权利意识扭曲所带来的风险

在常规的校园安全管理思维中，安全管理，不管是预防性安全管理还是应对安全事件的管理，都主要集中于应对校园安全问题本身而展开。然而，在当前的校园安全事件中，越来越多的“校闹”现象表明，因安全事件引发的次生安全问题也逐渐成为校园安全的一个重要问题。即在校园安全事件中的受害者及其家属在处理安全事件过程中，逐渐转变为校园安全的侵害人。这一现象的形成，一方面，来自社会中权利意识的增长，人们越来越有维权意识；另一方面，权利意识的扭曲导致滥用维权手段，甚至通过非法的手段以达到权利救济的目的。因此，如何解决这一问题，也需要创新校园安全管理思维，建立适当的安全风险管理机制。

（四）创新校园安全管理思维，必须解决脆弱的校园安全管理生态问题

校园安全风险，既有外在的风险因素，也有内在的风险因素。其中较为严重的风险因素可能来自校园内部脆弱的安全管理生态。当前，我国校园安全事件主要发生于社会的边缘地带。边缘地带既包含与城市相对的广大农村地区，也包含在同一城市中部分区域的学校。这些学校缺乏应有的管理思维和制度，是我国校园安全风险管理的短板。

（五）创新校园安全管理思维，必须建立风险协同防控机制

所谓风险协同防控就是各职能部门、各社会主体都应是风险防控的责任主体，都需要参与到风险防控机制中来。在恰当的权利义务设置基础上，在各个部门和社会主体中实现有效合作，共同防范与治理。当前，校园安全管理主要沿用条块分割的管理体制，在安全管理中各自为政。然而，在风险社会中，任何人都不是孤岛，都有可能是校园安全的受害者或施害者，各个部门也无法单独完成风险防控，也难以单独承担校园安全风

险责任。分治必须走向共治，才能解决复杂和多元的校园安全风险，也才能实现风险分担的责任。改变这种状况，就必须打破工业社会的中心－边缘结构，唯有如此，才能建立起一个合作应对风险的行动方略。①

（六）创新校园安全管理思维，必须坚持依法治理模式

法治治理模式是现代社会最优的社会治理模式。尤其是在风险社会中，法治既是权利的保障机制，也是消除不确定因素，促进风险管理常态化，从而建立有效社会预期的机制。对校园安全风险管理而言，校园安全管理是未成年人保护的一个重要方面，也是实现未成年人权利的表现。但在过去的管理过程中，甚至在管理模式和制度设计上，经常存在为了保护一种权利而侵犯其他权利的问题。这一问题在校园安全管理中表现得尤为明显。因此，改变这一现象，必须摒弃非法治思维，坚持依法治理，通过法律界定各方主体的权利和义务，依法设计校园管理制度和模式，依法进行校园安全风险防控，在安全事件中依法处理。

二、学校安全风险：界定、类别与分级

校园安全风险防控机制，首先需要建立校园安全风险理论，提升安全风险意识，推进校园安全管理中的风险思维。但建构校园安全风险防控机制的基础理论绝不能仅限于此，还需要对校园安全风险本身有准确的定位和理论升华。当前，国内既有的校园安全理论无法准确地表达和涵盖校园安全风险所应有的内容，因此，亟须突破既有的思维定式，围绕校园安全管理的新思维建立校园安全风险理论。

（一）学校安全风险的界定

有关校园安全风险的界定，重点在于如何理解校园安全。早期有关校园安全的界定，主要围绕着校园安全主体而展开，通过对学生侵害的类型

① 张康之，熊炎．风险社会中的风险治理原理［J］．南京工业大学学报（社会科学版），2009（2）：5.

提炼校园安全风险的概念，即把校园安全风险等同于学生安全风险。然而，这一概念无法包含所有的校园伤害类型，例如，对教师的伤害，就无法纳入到这一概念。随着校园安全概念的发展，逐渐把校园安全的概念扩展到校园，即在校园中发生的伤害事件，不管针对哪个主体，都可以视为校园安全问题。甚至可以把人、财、物、校园文化综合的安全都纳入校园安全的范畴。[①] 这一概念的提出，无疑大大扩展了校园安全风险的概念。然而，这一概念仍然无法准确概括校园安全的所有内容。当前，社会各界更愿意用学校安全来表达和修正校园安全这一概念，因为学校安全并不局限于校园内部这一地域范围的安全问题，而是可以把与学校相关的任何安全问题都纳入这一范畴。尤其是在当前独特的社会环境中，多维立体式建构学校安全风险概念，可以推进国家及各个层面的政府机构从国家战略的角度对学校安全风险防控做更好的制度安排。

学校安全风险还需对风险有正确的认知和准确的界定，从风险的词义上讲，风险就是指危险，但更强调遭受损失、伤害、不利甚至毁灭等危险或出现相应危害后果的可能性。不确定性是风险的本质属性，社会的复杂性会大大增加不确定性，高度的现代化会带来高度的不确定性，尤其是在风险社会中，将无限扩大风险的不确定性、广泛性和危害后果的严重性。从风险的来源上讲，只要是能对社会主体产生危害后果的因素，都可以视为风险来源，其大体可以分为自然风险和社会风险。在风险理论和风险思维中，除了应对现实风险外，还应特别注意对潜在风险的干预，甚至把风险预防视为最为重要的风险思维。风险预防在于消除风险中的不确定因素，并使风险成为可以预期的社会控制和治理。这也是风险分级治理的理论基础。从风险的治理主体来看，风险思维中的安全管理不仅强调管理部门的责任，更强调管理部门的协同能力。因为风险治理不是一个管理部门力所能及的事情，其需要按照风险的特征，在各职能部门之间、政府与各

---

① 颜湘颖. 论校园安全建设［J］. 青少年犯罪问题，2007（3）：41.

企事业社会团体及其社会公众之间进行协同合作，共担风险，共同治理。

因此，学校安全风险的界定，在基本含义上，是指在学校中可能存在的各种不确定安全危险和隐患。之所以需要在学校安全后加上风险，则在于强调当前学校安全管理需要有风险思维，需要用风险理念对学校安全制度进行顶层设计。

（二）学校安全风险的类别

对于学校安全风险的类别，一般按照学校安全事件的性质加以分类。例如，中国行为法学会新闻监督行为研究会与中国人民大学危机管理研究中心联合发布的《学校安全风险评估 2015 年度报告》提出了学校安全十大频发风险，分别是：师生间暴力、同学间暴力、学校意外伤亡、学生自杀、食物中毒、校外暴力入侵、学生遭性侵、校车事故、校园集群事件、踩踏事故。这种列举式的分类方法比较容易引起社会的关注，然而，可能容易遗漏，难以涵盖所有的学校安全风险。因此，可能需要对这些学校安全风险进行再类型化。

宋雁慧把风险分为人际层面的（主要包括校园暴力、性侵犯、勒索、人身伤害事故、自残自伤）、物理环境层面的（主要包括学校设备设施危险、交通意外事故、地震等自然灾害、食品安全隐患）和网络环境层面的（主要包括网络成瘾、网络欺负、网络色情与暴力）三类；[①] 詹承豫等提炼了几种分类方法：根据风险识别的范围，把学校安全风险分为校园内部结构风险和校园周边环境风险；根据突发事故的类型，把学校安全风险分为自然灾害风险、事故灾害风险、公共卫生风险、校园治安危险；根据风险本身的性质，把学校安全风险分为不可抗风险、人为风险和连带风险。[②]

笔者认为，学校安全风险的分类，一方面，便于对不同风险进行有效

---

① 宋雁慧，田国秀．校园安全［M］．南京：江苏教育出版社，2013.

② 詹承豫，王敬波，等．学校突发事件应急管理理论与实务［M］．北京：中国法制出版社，2014.

防控；另一方面，便于对风险的识别，从而全面认识校园风险，拟定风险清单，以更好地用风险思维进行防控。因此，对学校安全风险的类型的划分标准，既要以校园安全问题为基础，也要注入引发校园安全问题的风险因子。对于校园安全问题，大体可以类型化为两大领域：一是校园伤害事故，包括因校方或者外力因素所造成的人身伤害，二是校园暴力。根据学校安全问题的来源可以将风险分为外部风险、内部风险、周边风险等。然而，这是一种相对常规的分类方法，有时难以体现在风险防控新思维下的学校安全风险管理机制。

因此，作为既有分类的补充，可以把学校风险再类型化为常规风险和新型风险。所谓常规风险主要是指学校安全中常见、多发的风险，这些风险一般可预见，易控制。而新型风险就是在日新月异的社会变迁过程中不断形成和衍生出来的学校安全风险。例如，互联网、手机通信、基因、生化、核能等新技术引发的学校安全风险；再如，学校越来越成为社会"减压阀""爆恐"的目标，这也是学校安全中的新型问题，且必须纳入学校安全防控体系。另外，我们还可以把学校安全风险分为原生风险和次生风险。学校安全防控一直较为重视原生风险，而对次生风险关注不够。然而，次生风险是因原生风险而起，如果原生风险处理不好，其不仅将导致次生风险的产生，而且也将使得在原生风险中的受害者变为次生风险的侵害人。这既不利于学校安全，也不利于受害人的保护。因此，次生风险应成为风险防控的重要组成部分。

（三）学校安全风险的分级

风险分级治理，是风险社会中的精细化、现代化的管理之策，能建立相对健全学校安全风险防控的立体化机制，其目标在于实现风险治理的有序化、可视化，以助于提高风险治理的效率和效果。

对于学校安全风险的分级，当前缺乏统一的标准，也没有相对成熟的分级标准。一般而言，学校及其主管部门主要是通过不同管理归口的相关制度认定学校安全风险的分级。例如，火灾、自然灾害、食品、药品引发的学校安全风险，都有自己的标准。从学理上分析，这些风险分级制度主要是通过伤残及死亡的人数加以认定，其目标在于如何有效应对已发生的学校安全事件。然而，这种分级制度，主要是事件发生后的处置性分级，缺乏风险的前期干预和可能衍生次生风险分级的制度安排。同时，对于学校这一特殊的范畴，也缺乏特殊的分级安排。

笔者认为，风险思维下的学校安全风险的分级，需要以风险分类为基础，并在分级标准上引入以下几个因素，建立立体多维的分级原则和分级标准。其一，风险自身的独特性。即根据风险的不同类型，对学校安全风险的大小，风险自身的特性拟定风险级别。其二，风险对象的特殊性。即需要根据学校这一特殊对象，尤其是学校学生主体的特殊性，根据中小学、幼儿园不同层面学生的特征，设定风险级别。其三，扩展校园安全风险的内涵和外延。内涵扩展可以把新型风险和次生风险纳入分级体系中来，外延拓展则可以把应对风险，扩展至预防型风险防控和善后型风险防控。其四，学校安全风险分级标准不仅需考虑伤亡数，还需考虑社会危害性和影响度。

具体制定学校风险分级还需要注意风险治理主体的立体性，即不同级别的风险，风险治理主体的可介入性，重点考虑不同级别风险防控的启动机制，也需要考虑不同地方和学校的差异性，避免各个地方和学校分级制度的简单复制。

三、学校安全风险防控体系

在学校安全管理中，尽管逐渐有了安全预防意识，但缺乏风险防控观念和意识。学校安全风险防控思维的确立，有助于完善安全管理机制，更好地降低学校安全风险。从风险防控新思维出发，按照风险产生的过程和基本规律，学校安全风险防控体系应致力于以下四个层面的制度建设。

（一）风险防范机制

在现代社会，风险不可避免，但应力求降低风险。所谓风险不可避免就是指在当今社会，学校将面临许多不可预期的安全风险因素，风险存在是必然的，风险因素是否会转化为现实则具有偶然性和不确定性，尤其是学校所面临的外部风险，这些风险因素不会因为学校良好的安全管理机制而消灭，而需依赖国家经济社会政策的综合治理，学校和教育主管部门不应是无限责任主体。确立这一思维，有助于正确认识国家与社会对学校安全管理的各自责任，也有助于正确定位学校安全风险管理的机制。

风险社会中，风险虽不可避免，但有效的风险预防和干预则能降低风险甚至阻断风险的危险性后果。风险思维首先需要前移学校安全风险防控机制，建立健全风险防范机制。甚至可以把风险防范的制度建设视为学校安全风险的中心工作。本质而言，学校安全风险防控的核心就是风险的前期预防。也就是说，对学校安全风险防控机制的建设而言，应当把工作重心下移，加大力量做好风险预防工作，提高风险预防意识。这是当前在学校安全管理工作中最薄弱的工作，需要重点加强。其中，风险防范机制的核心制度是风险清单制度和风险排查和干预制度，以做到学校安全风险能识别，隐患能阻却。

（二）风险治理机制

风险治理是针对学校安全事件的治理策略。风险治理是学校安全管理中的显性工作，容易受到社会的关注。其既取决于前期的预防工作，亦更能体现安全事件中的治理智慧和能力。如果处理不当最容易产生负面影响，也最容易衍生其他社会问题。当前，学校安全管理工作的核心主要是风险治理，但在人力、物力和能力方面仍有许多不足。这不仅是全国的普遍现象，而且在经济落后的地方表现得更为明显。

风险治理包括两个层面，需要进一步加强和完善：一个是常规风险治理。常规风险就是学校常见的安全风险，这类风险国家和地方都有较为健全的管理制度，但在执行和落实方面存在较大的问题。也就是说，常规风险治理的基本思路和路径在于如何推动有效执行与落实。另一个是应急风险治理。应急风险主要是不常见、不可预测的新型风险。这类风险的事前预防和事后控制都是薄弱环节。如何建立应急快速反应机制，是当前学校安全风险治理的中心工作之一。其中，学校安全的风险治理不仅包括原风险治理，也包括次生风险治理。

风险治理需要从制度上解决的问题还包括如何建立多元化、立体化的治理主体，厘清并建立不同治理主体的权利义务体系，建立国家与社会协同共治的机制。另外，风险治理机制的完善需要在风险分级制度上下功夫，在治理过程中，则依赖于风险评估制度的健全，从而做到风险治理的常态化、法治化。

（三）分类防控机制

分类防控思维就是管理精细化、精准化，既可以提高治理效率，节约治理成本，也能提高治理效果。分类风险防控主要是根据学校安全风险的类型加以界定，并拟定分类风险清单及其防控措施。根据不同类型划分方法，学校安全风险的分类会有所不同，而且分类往往相互交叉重叠，又无法全面覆盖。

笔者认为，应制定相对统一的分类控制标准，针对不同层面的风险分类建立立体化的分类防控体系。具体而言，学校安全风险分类防控可以从以下三个层面进行：其一，时间防控。时间防控就是要对不同时间、季节甚至天气状况中可能存在的各种学校安全风险有足够的认识和排查，通过时间的维度拟定风险清单和应对措施。通过时间控制的风险不仅包含自然风险，也包含社会风险。其二，空间防控。空间防控主要是指通过学校内部空间及其延伸空间的控制，以达到风险防控的目标。空间控制维度是指对不同空间场域的风险因子进行分类评估，建立相应的风险清单和应对机制。其中，学校内部空间相对确定，但学校外部空间的控制相对薄弱，其更依赖于地方的综合治理。其三，对象防控。对象防控就是依照对象的类型进行分类风险评估，以此为基础建立相应的应对机制。其中，对象防控不仅包括对校内各类人员的分类控制，也包括对校外相关群体进行分类防控。

以风险分类为基础，建立分类风险防控机制，重点在于建立风险评估机制，建立统一的分类防控平台，针对不同的学校安全风险类型及风险级别，启动不同类型和级别的风险防控机制。

（四）风险分解机制

风险分解是指学校安全风险后果承担的分解，其主要解决当安全风险事件发生后，应由哪些主体承担风险责任及应承担什么样的责任问题。风险分解在当前学校安全管理中关注较少，但却是学校安全风险的必由之路，并且可能成为学校安全风险管理的第三条道路。在学校安全事件中，一方面，对学校安全事件中的受害者而言，一般情况下他们的责任较少，但这种突如其来的灾难很难由一个家庭来承担；另一方面，对学校安全事件中的学校而言，虽然有时是需要承担责任的，但有的学校缺乏承担能力，尤其是在风险社会中，很多安全事件中的学校甚至可能没有责任，或者尽了法律上的责任，但安全风险仍不可避免。那么这种安全风险如何分解一直困扰着学校及教育主管部门。当前的问题是学校安全责任的泛化，由于责任不清晰，导致凡是与学校、学生沾边的事都主要归责于教育部门。但实际上学校没有能力承担，有时也没有责任承担这种风险，从而造成了受害方与学校的对立，衍生了“校闹”问题并造成很多其他不良的社会影响。因此，探索风险分解机制，如何推动其他社会主体参与、纳入风险分解机制中来，如何减轻受害家庭的负担、化解学校及教育主管部门非法律责任，防止学校防御性自我保护而导致的负面效应，应成为当前学校安全风险管理机制亟须解决的重要问题。

四、学校安全风险防控的衍生问题

当前，随着社会的关注、国家的大力推进，学校的安全风险意识已经大大提高，学校安全风险防控的力度也不断加强。然而，由于学校安全风险防控缺乏顶层系统设计，导致学校在安全风险防控方面出现一些负面效应，衍生了许多安全风险防控之外的社会问题，值得重视和研究。具体而言，包括以下几个方面。

（一）防卫型治理问题

在学校安全管理工作衍生的社会问题中，其中最为直接和明显的就是形成了一种防卫型治理，其他问题的形成或多或少与此相关。所谓防卫型治理就是指学校及其相关主管部门在学校安全风险治理过程中，为了避免学校安全风险带来的风险和不利后果，采取一种规避风险、自我保护的安全风险治理之策。防卫型风险治理不是依照学校安全风险的产生原因和规律去寻找治理之策，而是按照管理者利益的自我保护的角度进行安全管理。学校安全的防卫型治理产生的原因与对学校安全的评价相关，也与当前学校安全责任划分的不明确相关。从风险理论上讲，风险是不可避免的，只能降低风险，但无法杜绝，因此，对学校安全风险采取一票否决式的评价机制是不科学的。而应当区别安全风险管理与评价之间的关系，毫无疑问，学校安全管理机制的建构应以零事故和零危险为目标，但在对学校安全风险管理的评价上，容许一定程度的风险概率是有必要的。这就有必要一方面从制度上厘清学校安全风险的各方责任，另一方面建立尽职免责制度，以保护学校安全管理的积极性。

（二）素质教育的偏离

学校安全风险防控的定位不仅是学校安全问题，其本身就是素质教育的一个重要组成部分。既可以通过学校安全风险的管理和教育，提高师生及其他社会主体的风险意识和责任意识，也可以提高社会主体的自我保护能力。但是，由于当前学校及相关部门采取防卫型治理，不仅使得通过安全风险防控的推进以提高师生及其他社会主体的综合素质没有得到体现。更为重要的是，这种防卫型治理模式，还导致了其他素质教育无法有效开展和实施。其中最为明显的就是，现在很多学校以安全为名义减少甚至取消体育课、课外活动、组织参观或春游等各种可能会有安全风险的课程或活动。学生无法在学校获得全方位的教育和能力培养，可能导致学生总体素质偏低，学生性格、心理、能力等问题颇多，难以适应经济社会发展的需求，也为社会治理带来很多隐患。因此，当前学校安全风险防控机制的顶层设计需要妥善解决这一问题。

（三）对防控对象的消极纵容问题

所谓对防控对象的消极纵容，就是指基于学校安全的考虑，为了防止学校安全风险的发生，学校对防控对象采取消极管理措施，从而在某种程度上纵容了防控对象的其他行为，从而有悖于学校的基本宗旨和目标。其中的防控对象，不仅包括学生，也包括老师、学校周边的各种社会主体，还包括与学生相关的主体，但问题最为突出的就是对学生的消极纵容。学校是国家社会化教育和人才培养的场所，如何让学生接受最好的教育是学校的目标。然而，由于学校安全管理在顶层设计中没有理顺各方面的关系，使得安全管理与学校的教育目标产生了矛盾和分歧。实际上，当前学生安全管理还是典型的维稳型思路，把无安全事件视为首要目标，教育好学生则放在其次。学校对学生适当惩戒也经常被要求承担学校安全风险责任，有的学校尤其是老师已经形成不愿管、不敢管学生，放任纵容学生的怪象，甚至连正常的教学秩序都不敢维持。如果这一问题得不到解决，对我们下一代的教育与培养将会带来问题。

（四）对防控对象的过度干预问题

当前，学校安全管理一方面存在对防控对象的消极纵容问题，另一方面出现过度干预的难题。所谓过度干预，就是指学校在安全管理过程中，存在以考虑安全为名义，侵犯防控对象的权利问题。其中过度就是超越法律的限度，而防控对象，不仅包括学生，也包括老师、学校周边的各种社会主体，还包括与学生相关的主体。在我国强调依法治理的当前，过度干预可能存在很多法律风险和问题。在学校安全管理中，为了学生安全的考虑，产生了能否收走学生手机问题、能否取消其他课程或活动问题、学校无私人空间问题等；在学校安全管理中，为了预防特殊人群的安全风险，包括留守儿童、问题儿童等，产生了学校所采取的对学生甚至对家长采取的干预措施是否与他们享有的其他权利相冲突等问题。本质而言，安全管理本身也是未成年人保护的一个重要方面，但在学校进行安全保护又往往容易与上述权利相冲突。原来这些权利被遮蔽，但是在儿童权利不断发现的过程中，尤其是在当前权利话语盛行的时代，学校安全管理的过度干预容易产生法律风险，给学校安全管理带来新的问题。因此，当前学校安全风险防控机制的顶层设计应当注重这一问题。

第二节　校园暴力的发生机理
——对非典型性案例的解读

2008 年 10 月，我国发生了三起“弑师案”，而 10 月 28 日在中国政法大学的课堂里发生的“弑师案”，更是让国人瞠目，让世人震惊。当案件发生后，无论是官方的反思还是社会的质疑，主要聚焦于我们当前的师生关系和教育问题。毋庸置疑，我们确实应当检视被忽视的师生关系和教育问题，却不能停留于此，甚至不能停留在如何给受害人一个正义的判决，我们需要追问的是究竟什么因素才是校园暴力的真正根源。只有揭示校园暴力的真正根源，才能有针对地进行犯罪预防与社会控制。

一、校园暴力原因的一般理论

有关校园暴力的原因论在我国的研究中并没有形成自己的理论流派，而是更多借鉴西方犯罪原因论以解释中国的校园暴力问题。有关西方犯罪原因论的理论大致可以分为两大类：个人原因论和社会原因论。个人原因论又分为生物人类学的理论和精神动力学的理论。[①] 前者把犯罪的原因归

① 阿图尔·考夫曼，温弗里德·哈斯默尔．当代法哲学和法律理论导论［M］．郑永流，译．北京：法律出版社，2002：481.

结为天生的生理结构和基因结构，后者把犯罪的原因归结为个人的心理因素和性格特征。社会原因论还把犯罪的根源归因为特定的社会环境，社会原因论又分为社会反常状态理论、文化传递理论、冲突理论、标签理论等。其中，社会反常状态理论把犯罪归因于社会文化和社会结构之间的极度紧张；文化传递理论认为犯罪是在社会文化传递和人的社会化过程中习得的；冲突理论注重社会中各个次群体之间的关系，犯罪在某种程度上反映了强者与弱者的关系，社会中强大的群体能够把弱小群体的许多价值观和行为定义为违规；标签理论则认为犯罪是相对的，任何行动和有此行动的人只有当被别人标志为犯罪时，才成为违规。[①] 在个人原因论和社会原因论之外，还有比较典型的“二元”原因论和“三元”原因论，前者把犯罪的原因归结为个人原因和社会原因两方面，后者从个人原因、自然原因和社会原因三个方面分析犯罪。可以说，以上理论是以个人原因论和社会原因论为基本模型发展出来的复合理论。

研究犯罪的原因是探寻犯罪规律，制定犯罪预防措施与控制犯罪的依据和基础，而不同时期和不同区域对犯罪原因论的不同理解则是各种刑事法律和政策存在本质性的差异所在。尽管西方理论对中国有很大的借鉴意义，但西方有关犯罪原因论是建立在西方犯罪问题的社会事实之上，而且即使是在西方，有关校园暴力犯罪的原因论也是建立在一般的犯罪理论基础之上的。也就是说，我们不能仅依凭西方理论来解释和应对中国问题，而应该建立在中国社会实践的基础上，连接中国经验和传统，发展从中国实践出发的社会科学和理论。[②] 因此，在有关中国校园暴力问题的研究上，我们也不能局限于用西方理论给犯罪问题盖棺定论，而是从中国社会实践出发，探寻中国校园暴力的真正根源。

---

① 戴维·波普诺．社会学［M］．刘云德，王戈，译．沈阳：辽宁人民出版社，1987：449－454．

② 黄宗智．认识中国：走向从实践出发的社会科学［J］．中国社会科学，2005（1）：83－93．

二、“弑师案”的社会学本质

跳开西方各种犯罪原因论，我们回到案件本身，追问“弑师案”之所以被社会关注的本质所在，这是厘清校园暴力犯罪真正根源的前提。

（一）挑战师生伦理的边界

“弑师案”之痛并不在于其非法剥夺他人的生命，甚至并不在于处于花季的青少年成了杀人犯，其刺痛社会神经的是受害者和加害人的独特社会角色。作为受害者的社会角色是教师，而作为加害人的社会角色却是学生，这两个本为一体的社会角色却叠加在命案之中，无疑挑战了陷入争议的师生伦理边界。

在我国的社会文化中，尊师重教业已成为中国文化血脉中的传统，也是儒家文化的精髓所在。传统中国是以家庭伦理为基础建构了整个社会的秩序伦理,[①] 对师生伦理而言，主要体现在“尊”和“严”两个方面。所谓师之“尊”，表达了长幼尊卑的差序伦理，既从师，就要“尊”师，这也意味着要“遵”师。“一日为师，终身为父”很形象地表达了中国文化中的师生伦理关系。所谓师之“严”，表达了中国传统“师道”之基本精神，即为教之严，管之严，罚之严。“尊”与“严”合二为一，相互建构了中国文化的师生伦理。然而，在当今中国社会，曾经合为一体的师道“尊”“严”，逐渐被剥离，没有“尊”何谈“严”，缺乏“严”也无从“尊”。

（二）挑战社会关系网络的边界

人作为社会性动物，处于社会关系网络之中，在不同的社会关系网络中，社会人扮演不同的社会角色。在同一社会关系网络中，不同社会角色相互依赖，也不断冲突，而不同社会关系网络中的社会角色冲突程度反映

---

① 瞿同祖．中国法律与中国社会［M］．北京：中华书局，2003：28.

了社会关系的紧张程度。在中国社会转型过程中，各种社会关系网络似乎都有矛盾，关系紧张而微妙，甚至在充满亲情伦理的家庭关系网络中，也已经有危机，这也在某种程度上暴露了转型过程中所引发的各种社会矛盾和社会问题。而当前影响中国社会和谐发展的社会关系网络中，最为主要的关系有劳资关系和干群关系，这是中国当前社会矛盾的核心聚集地，也是国家对犯罪现象进行社会控制和法律控制的重点。在这种情况下，社会把最美好的希望寄托在被视为“世外桃源”的校园，它成为社会精神的避风港。因为人们认为校园里师生没有利益冲突，没有世俗纷争，因为校园是铸造精神的花园。但是“弑师案”震醒了社会，原来连最美好的师生关系所构筑的社会关系网络也存在危机。

（三）挑战青少年犯罪问题的边界

青少年犯罪问题在我国越来越成为严重的社会问题，这不仅是因为青少年是主要的犯罪群体，而且因为青少年犯罪量在不断攀升。一方面，青少年犯罪率远远高于其他年龄层的犯罪率是各国的一个普遍现象，[①] 而且在我国，青少年犯罪率居高不下，在全国刑事犯罪中的比例始终维持在70%以上。另一方面，青少年犯罪量也在不断攀升，根据2007年中国青少年研究中心发布的研究成果，“十五”期间青少年犯罪总体数量呈上升趋势，未成年人犯罪增长迅猛。其中，全国人民法院判决的青少年罪犯5年间增长12.6%，未成年人犯罪数量增长情况更加突出，5年间上涨68%。更为重要的是，当前中国青少年犯罪呈现犯罪成员低龄化、犯罪形态团伙化、犯罪手段暴力化、犯罪方式智能化等特点。[②] 这些都显现了我国青少年犯罪问题的突出和严重。而“弑师案”的发生，表明了青少年犯罪所呈现的一个新特点，即青少年犯罪群体从边缘群体向中心群体的扩展，从局部问题青少年向整体青少年扩散。一般而言，在青少年犯罪群体

---

① 郑红丽，罗大华．青少年犯罪成因心理学研究新进展［J］．南京师大学报（社会科学版），2008（1）．

② 周振想．中国的青少年犯罪及其治理对策［J］．中央政法管理干部学院学报，1996（4）．

中，最为突出的就是青少年群体中的边缘群体，即城市和农村中的无业、失业、失学、留守青少年群体，这些人群构成青少年犯罪的核心群体。而深处校园中的学子，往往被视为祖国花朵、国家未来的栋梁，尤其是大学生甚至被视为“天之骄子”，似乎犯罪与这些群体无缘。但是，不被关注的、发生在校园中的青少年犯罪早已显现，而且已经越来越突出，越来越严重，从职业学校到正规学校、从中小学到大学，几乎覆盖了整个学生群体，犯罪程度也绝不亚于社会青少年犯罪。而“弑师案”的不断发生，只不过是以最为极端的方式显现了青少年犯罪问题。

三、校园暴力的社会根源

既然“弑师案”显现了在中国语境下的校园暴力问题，那么我们也应该在中国语境中探寻校园暴力的社会根源。尽管与成年人犯罪相比，暴力的生理学、心理学等因素更显得重要，[①] 但在笔者看来，作为社会问题的暴力犯罪归根结底还是社会化的结果。

（一）社会变迁与社会结构的张力

在中国社会的转型时期，社会结构发生了重大的变化。社会不仅分化为复杂多样的利益群体和社会阶层，而且这些利益群体和社会阶层逐渐向两极化的方向发展。这也使得原来潜在的社会矛盾凸显，两极分化所激发的社会矛盾也变得尖锐而难以调和，尤其当法律制度及各种公共政策难以跟进时更是如此。甚至国家制度不仅不能调适社会矛盾，反而在某种程度上激化了社会矛盾，使得犯罪问题在转型时期就变得更为严重。因此，可以说当代中国的社会犯罪主要缘于社会分化中社会结构方面无以化解的紧张。[②] 而暴力的社会深层根源也在于中国社会转型过程中所引起的群体性

① 舒洪水. 现代犯罪生理学理论与青少年犯罪防控［J］. 青少年犯罪问题，2008（2）：74－76.

② 张小虎. 转型期犯罪率明显增长的社会分层探析［J］. 社会学研究，2002（1）：91－107.

失范。[1]

具体到校园暴力的根源，社会变迁所带来的结构性的张力也是非常明显的。相对社会青少年而言，校园青少年看似被社会影响程度较低，校园可被视为隔绝青少年犯罪的屏障。但事实上，社会分层所带来的结构性压力很容易通过家庭和学校传递到校园青少年群体，而且青少年学生群体本身就是社会分化在个体生活中的投射和缩影。可以说，从校园青少年的心理到行动无疑也是社会化的结果。尤其重要的是，学校的社会结构也在社会转型中发生了质的变化，原有以家庭伦理为基础的教育模式转变为以职业伦理为基础的教育模式，教育的社会功能也从原有传递价值秩序的学校转变为传递职业技术的学校。与此相随的是，学校与老师、老师与学生的关系结构也发生了根本的变化。而这些结构性变化带来了学校教育中的学生与老师、与学校甚至整个社会的矛盾，构成了校园暴力的社会动因。

（二）表征文化与内在文化的冲突

在社会转型过程中，国家主导的社会改革大量吸收以西方为样本的现代制度，但这些制度引入中国却有一个长期性的本土化过程，这一过程始终伴随传统与现代的冲突与融合。尽管我国社会现代化已经取得长足的进步，但在笔者看来，还处于初级的表征阶段。即制度逐步引进，现代化制度框架基本完成，但支撑现代制度的文化和社会基础还没有形成。与此同时，以中国传统为支撑的内在文化始终支配中国人的思维方式，从而决定中国人的行动逻辑。而两种不同文化所预期的社会行动总是相互矛盾，使得社会行动与社会预期发生了错乱。由于难以调适社会文化与制度冲突，最终导致了转型时期中国犯罪现象的出现。

对校园暴力犯罪而言，也是表征文化与内在文化相互冲突的结果。在建构现代民主、法治社会的语境中，表征文化传递到了包括教育在内的各

---

① 张旭．转型中的中国社会与未成年人犯罪预防：一种整合性教育预防体系的建构理路［J］．吉林大学社会科学学报，2006（6）：44－49.

个社会系统之中。我们建构了民主治校、依法治校的教育制度，建构了师生平等、学校与学生之间相互平等的表征文化，更为重要的是，学校教育以服务于社会主义民主法治为基本目标来塑造人才，传播以现代社会为基准的知识。但在教育的社会实践中，在学校管理和学校教育中，内在文化却主导了教育实践的行动逻辑。以家庭伦理秩序为基础建构的师生伦理继续主导了当前的师生关系，学校的管理也充满了“父爱主义”情结，使得制度的表达与社会实践发生了背离。而正是这种背离聚集到学生身上，不断加深了学生对学校教育直至整个社会制度的敌视和叛逆。“弑师案”只不过是表征文化与内在文化的冲突所引发的青少年学生对抗制度的一种极端表达。

（三）社会关联与社会控制的断裂

在社会转型过程中，国家推进的社会改革逐渐解构原有的社会结构和社会秩序，以此重建具有现代意义的秩序与文明。这就使得原有的社会关系纽带逐渐断裂，而这些社会关系纽带所承载的社会功能也在逐步消失。具体而言，改革开放前，中国的社会由两个最为基本的组织构成：一个是家庭，另一个就是单位。以家庭为根本的伦理秩序一直是传统社会的基石，而单位则是传统时代的社会基础。可以说家庭和单位不仅构建了中国社会的关系网络，也是其社会控制的基础。而社会转型却在某种意义上解构了这一社会关联，把处于家庭中的人和处于单位中的人推向了社会，成了社会人。然而新的社会关联并没有形成，原有社会控制又在不断弱化，甚至消失。更为重要的是，现代化、一体化的法律控制机制并不完善，使得社会越轨和犯罪问题显得更加突出和严重。

对青少年学生而言，尽管似乎与世隔绝，但也身处于这样的社会变迁之中。在现代的民主法治的表征文化中，传统家庭的结构和功能已经被解构，与此同时，传统的师生关系结构和功能也基本被解构，这也意味着对校园青少年来说，原有的社会关联和建立在这种关联基础上的社会控制基本被颠覆，而新的社会关联和社会控制网络又没有形成。尤其是试图取而代之的国家法律秩序，却又在校园的屏障下似乎与学生无缘，也使得校园暴力不被关注。这些因素的综合在某种程度上造就了校园中法律与社会控制的空白。因此，社会关联与社会控制的断裂对特定年龄段的青少年而言，更容易产生暴力问题。

接连不断的“弑师案”或许仅仅是巧合，但却显露了社会转型时期严重的暴力犯罪问题，尤其是从社会边缘向校园扩散的暴力犯罪问题。这也表明，尽管个体原因论对犯罪现象具有深刻的解释力，但校园暴力所显现的种种本质特征只不过是社会转型的一种表达或者说是社会化的结果。也就是说，犯罪作为一种重要的社会现象，更具有深刻的社会根源。因此，尽管建立在个体原因论的社会控制必不可少，但核心还是基于社会原因论的社会控制。或许，在社会转型不可逆转的情况下，在传统与现代不断冲突与融合的社会语境中，有针对地研究校园暴力的社会本质，有针对地研究不同主体犯罪的社会原因，这才是犯罪预防和社会控制的基础，才是制定刑事法律政策的基础。

四、我国校园暴力防控模式

针对校园暴力，传统的防控模式比较注重官方的力量和事后控制，尽管当前随着校园暴力的多发，人们开始关注到了家庭在防控校园暴力中的作用，甚至强调采取政府、学校、家庭“三位一体”的防控机制，但效果甚不明显。为此，我们必须进入校园暴力原有的防控模式，并探索当前校园暴力控制模式难以产生实际效果的社会学原因。

（一）国家控制之模式

从宏观上讲，国家对违法犯罪的控制方式主要是通过建构现代的法律制度，建构具有现代意义的法律组织，并培养公民的现代法律意识，从而最终实现国家的法治治理。具体而言，国家对校园暴力控制的方法主要分为三个层次：一是通过立法及相关规范保护青少年并预防校园暴力。制度建构是现代社会控制校园暴力的前提，通过制度的建构，既出台了《义务教育法》《未成年人保护法》等法律，又联合各有关部委颁布了《中央综治委、教育部、公安部关于深入开展安全文明校园创建活动的意见》（教社政〔2004〕7号）、《公安机关维护校园及周边治安秩序八条措施》《中小学幼儿园安全管理办法》等规范性文件，以最大限度保护青少年，预防校园暴力的发生。二是通过政府及相关部门与校方合作建立校园暴力防控系统，甚至提倡在学校推广校园社区警务模式。[①] 这样做，一方面，可以优化校园周边环境，防止青少年学生被侵害，被社会环境所影响，减少外界对校园的侵蚀；另一方面，可以预防、干预、打击校园内暴力行为，防控暴力情绪和阴影任意在校园内滋长。三是通过公、检、法等部门进行法制宣传以增强法制意识。即由这些部门的相关人员到学校兼任法制辅导员，讲解、辅导、宣传法制，增强学生法制意识，提高防范能力。

（二）学校控制之模式

学校对校园暴力的控制负有不可推卸的责任。实践中，学校一方面要配合政府各部门做好校园暴力防控工作，另一方面要探索自己的防控模式，但并没有成熟的防控机制。而且基于学校职能的限制，其更主要是对学校内的暴力进行防控，而很难对校园周边的校园暴力进行有效防控。对学校自身而言，最好的控制方法可能就是把有暴力倾向的学生通过各种方式排挤出校园，但这种简单化的处理方法或许只是一种不负责任的做法，对校园暴力的防控并没有益处，甚至会适得其反。而学校常见的防控校园暴力的方式主要是制定学校规章制度，规范学生行为，另外就是通过学校教育、思想政治工作及心理辅导与干预等对校园暴力进行防控。但这些控

---

① 陈永峰．公安机关应对校园安全危机的角色定位［J］．青少年犯罪问题，2007（2）：30.

制模式更侧重于事前预防，而很难对校园暴力采取直接介入与干预。其通常的做法是把校园暴力直接移交给公安机关、人民检察院、人民法院及相关部门处理。

（三）家庭控制之模式

家庭控制之模式是一种非正式的防控模式，但与校园暴力控制的其他模式相比可能具有优越性。但也正是由于家庭控制是一种非正式的社会控制，也使得其控制方式并不成形。当然，家庭控制模式还是有其侧重点的，其主要是针对家庭环境的改善以利于青少年健康成长，通过亲情教育增强其对社会的认知、认同，增强其对校园暴力的防范意识，以避免被校园暴力侵害，更要避免其沦为校园暴力的施暴者。

（四）联合控制之模式

这一模式基本上是前三种模式的综合，其控制的社会基础为校园暴力是一种社会现象，其产生必定是多方面的结果，单一的控制难以达到应有的效果。因此，政府、学校和家庭必须合作，建立联合的防控机制。事实上，在校园暴力的防控实践中，很少会对校园暴力采取单一的防控，对校园暴力的预防与干预，学校更愿意选择与政府合作，或者更愿意把这一难题转移给政府。但在研究中，则更强调在学校与家庭之间建立合作的桥梁，以对校园暴力进行预防和干预，甚至建议针对校园暴力建立以家庭为核心的多系统治疗模式。[①]

五、校园暴力难以控制之原因

校园暴力在我国的不断发生，在某种程度上是社会转型过程中的必然结果，但也与校园暴力控制模式存在很大欠缺相关，事实上，我们甚至难以深入了解校园暴力产生的真正根源，对校园暴力形成的机理也知之甚

① CHARLES M. BORDUIN. Multisystemic treatment of criminality and violence in ado lescents [J]. Journal of the American Academy of Child & Adolescent Psychiatry, 1999, 38 (3): 242-249.

少，这又在某种程度上使得对校园暴力的控制显得束手无策。

（一）对校园暴力的形成机理缺乏认识

对校园暴力原因论的社会学研究可以把校园暴力归结为社会转型时期的一个必然结果，也可以由此推导出个人因素、家庭因素及社会小环境和大环境等各种因素与校园暴力之间存在某种关联性，以上因素都可以归结为校园暴力产生的条件。然而遗憾的是，我们却没有继续深入研究这些因素如何对学生、老师、家庭发生作用，也没有对校园暴力的形成机理做进一步的社会学阐释。或许校园暴力的形成机理才是预防与控制校园暴力的着力点。

当社会转型的大环境和个人成长的小环境投射到以学校为核心的社会圈子时，学生逐渐被社会化为不同的社会角色，社会区隔的作用也开始显现。一方面，学校中同学与同学之间根据其家庭出身被区隔为富人家庭与穷人家庭，干部子弟与平民子弟，和谐家庭与问题家庭等；另一方面，根据学生的自我特质被区隔为聪明与笨拙、品德好与品德坏、淘气与听话、孤僻与活泼、好学生与坏学生等各种类型。而社会区隔的结果就是在不同的群体之间产生相互排斥，在定义者与被定义者之间产生社会排斥。

或许，社会区隔可能会给老师有针对地教育学生提供指南，但在社会区隔的过程中，“自我实现预言”的悲剧也在发生。“自我实现预言”来自托马斯定理，这一定理指出，自我实现预言的开始是一个虚假的情境定义，由于它引发了新的行动，因而使原有虚假的东西变成了真实。自我实现预言的似是而非的正确性导致了永久的错误。[①] 事实上，当社会给学生不断定位和区隔时，学生对自我的角色定位恰恰是社会区隔所赋予的，而学生又通过自我行动反过来强化了自我定位和社会定位。尤为重要的是，在被社会区隔的同类群体中，很容易获得相互之间的社会认同，使得社会

---

① 罗伯特·K. 默顿. 社会研究与社会政策［M］. 林聚任，等译. 北京：生活·读书·新知三联书店，2001：288.

区隔和社会排斥真正产生。

（二）制度设计与社会实践脱节

部分立法是滞后的，而原因可能就是对社会事实的忽视甚至是无视。这一点在有关校园暴力制度设计中也是非常明显的，尽管校园暴力早已出现，其严重性不亚于一般的社会青少年犯罪，但在制度的设计中不管是国家制度还是学校规范都没有专门的应对措施，甚至还在有意无意地回避中国存在校园暴力这一社会事实。① 我们无从知晓校园暴力产生的社会学根源，更无从知晓校园暴力产生的内在机理，我们还在黑暗中摸索校园暴力的治理之道，而缺乏理性的科学研究。

制度的滞后使得制度预设目标与制度的社会实践发生脱节，也使得国家在有关校园暴力的控制上显得束手无策。当前校园暴力的社会现状，早已超越制度设计对原有校园问题的认识。而如何基于社会事实制定出超前的立法，则是我国社会转型时期制度设计的难题。

（三）缺乏校园暴力控制的着力点

当前，无论是理论研究还是实务探讨，都在比较细致地讨论有关校园暴力的预防与控制问题。既有心理学控制模式，又有社会学控制模式。既有基于个体的控制模式，又有基于家庭、社会等因素的群体的控制模式，甚至还有基于综合各种因素的联合控制模式。但这些模式存在一个共同的问题，那就是由于缺乏控制的着力点和抓手，使得这些制度设计缺乏可操作性。

国家的控制模式主要依赖于国家对校园暴力的介入程度和学校与相关部门的合作程度，目前主要通过法制讲座或兼职教导员方式介入，但这些方式并没有形成长效机制，更为重要的是这些方式在当前基本只具有象征性意义，很难走进学生群体，更难介入和干预校园暴力。学校的

---

① 姚建龙．校园暴力：一个概念的界定［J］．中国青年政治学院学报，2008（4）：38.

校园暴力由于自身职能限制，主要采取思想政治工作、心理辅导等方式预防、干预校园暴力，但这并非老师的特长。家庭虽然在校园暴力控制中被寄予厚望，但却难以制度化，更难把基于家庭控制模式的校园暴力控制落到实处。

第三节　学校社会工作及其介入校园暴力之优势

学校社会工作利用其特有的工作原理和工作方式，可以作为介入校园暴力的一种机制，成为校园暴力的预防与干预体系中的重要组成部分。事实上，学校社会工作的一个重要职能就是预防与控制校园暴力。

一、学校社会工作概述

（一）学校社会工作的基本概念

学校社会工作是在社会工作中发展出来的一个分支，学校社会工作的概念也是从社会工作的概念引申而来，社会工作是指以某种专业方法由政府、社会组织向有需要的人群，特别是贫弱人群提供服务的活动，它是一种社会福利服务，是向贫弱群体传输福利和帮助的服务活动。① 而学校社会工作正是运用社会工作的原理、方法与技术对学校的学生、老师甚至学生家长提供服务的活动。其是教育系统中的一种特殊形态的专业服务，其目的在于促成学校、家庭和社区之间协调合作，协助学校形成“教”与“学”的良好环境，引导学生寻求个性化和生活化教育，建立社会化人格，习得适应现在与未来生活的能力。② 也就是说，学校社会工作在改善学校学习环境和条件，帮助困难的学生适应提高学习和生活能力的过程

① 王思斌．社会政策实施与社会工作的发展［J］．江苏社会科学，2006（2）：49．

② 孙凌寒，朱静．校园暴力与学校社会工作［J］．河北青年管理干部学院学报，2005（4）：93．

中，要实现两个基本目标：一个是个人社会化目标，另一个是教育的目标。①

（二）学校社会工作的基本范围和内容

学校社会工作是以学生为“案主”，并以学生家长、教师和行政人员为延伸“案主”，其包括幼儿园到大学的学生、老师，甚至包括相关社区的有关人员，但更主要集中服务于中小学生。学校社会工作的基本内容主要包括：第一，帮助青少年学生适应学校生活，改善行为及提高学习能力，协助其个人成长，改善人际关系及其家庭生活；第二，帮助青少年认识自己，建立正确的人生观及适当地进行社会化教育；第三，对问题青少年进行专业的辅导与干预。

（三）学校社会工作的基本方式

社会工作内容包括预防、补救和干预，其工作方式主要有个案辅导、个案转介、安排功课辅助以及预防工作等四大方式，具体来说：第一，个案辅导。主要是通过心理辅导来帮助个人，包括个人成长、人际关系、家庭生活及学习适应等。其服务对象是所有学校的学生。第二，个案转介。主要是处理有关经济援助、房屋、医疗及特殊教育等方面个案申请的转介工作，以使求助者获得合适的社会资源来解决其问题。此项服务的对象是涵盖所有中小学及幼儿园的学生及其家庭。第三，安排功课辅助。为那些学习迟缓的学生特别安排额外课时补习，以改善其在学习过程中所遇到的困难。这项服务的对象包括所有学校内部成绩差的学生。第四，预防工作。通过小组辅导、专题讲座、展览及家长日聚会等活动，使学生及其家长对学校生活和学生的学习生活中有关的问题，能有正确的认识，以减少日后有关问题发生的可能性。

---

① 文军．学校社会工作论略［J］．社会，2003（1）：27．

（四）学校社会工作者的基本角色

学校社会工作是以学生为服务对象，并以学生家长、教师和行政人员为延伸的服务对象。围绕着这些服务对象，学校社会工作者承担了两类社会角色：一类是围绕着学生和家长展开的，其所承担的社会角色是学生问题的发现者、服务对象的治疗者、学生及家长与学校的沟通者、学生的教导者；另一类是围绕着学校展开的，其主要承担的社会角色是学校的合作者、咨询提供者、学校与学生的联络者、学生权益的倡导者。

二、学校社会工作的源起与发展

学校社会工作可以追溯到20世纪初期，经历了百年的发展历程，如今，学校社会工作发展得比较成熟，已经成为许多国家和地区教育系统中一种特殊形态的专业服务。其中，美国是西方国家学校社会工作最具有代表性的国家，日本是东亚国家学习西方经验的典型，我国香港地区亦在学校社会工作领域领先一步，现已经基本成熟。

（一）美国的学校社会工作

美国是开展学校社会工作较早的国家，推动美国学校社会工作发展的因素有：义务教育的实施；进步教育运动的兴起；社会工作理论的发展；心理测验运动的发展；精神卫生运动的进步；政府推行的改革；全国社会工作协会的推动等。[①] 从1906年开始，波士顿、哈特福德和纽约等地以各种方式相继推行学校社会工作，其主要针对下层社会的学生，了解移民学生、贫困学生和在种族观念中受歧视的学生，并帮助他们实现与学校、社区及家长的沟通，以优化学校教育。1917年，芝加哥开始开展学校社会工作，其主旨一方面在于加强家庭、学校、社区之间的联络，另一方面在于了解社会贫困、运行不良等问题的根源。[②] 20世纪20年代，社会工作

---

① 闫广芬，苌庆辉．美国学校社会工作体系架构及其启示［J］．外国教育研究，2008（4）：86．

② 闫广芬，苌庆辉．美国学校社会工作体系架构及其启示［J］．外国教育研究，2008（4）：87．

理论的创始人之一玛丽·雷奇蒙德（Mary Richmond）开始把学校社会工作作为社会工作研究的一个领域。20世纪40年代到60年代，个案社会工作在学校已经成为确定的专业。1945年，美国成立了全国学校社会工作者协会，它是后来的“全国社会工作者协会”的一个重要组成部分。如今，美国学校社会工作在法律、政策、机构、人员安排、资源协调方面都形成了一套完备的体系。

（二）日本的学校社会工作

日本虽为东亚国家，却能成功地吸收西方社会文明，解决自身的社会难题，发展自己的文明，其做法值得被借鉴。学校社会工作在日本的引入，也是日本应对20世纪70年代起出现的严重教育危机及青少年犯罪问题的结果。1986年，从美国留学归来的山下英三郎受琦玉县所泽市教育委员会委托，开始了其学校社会工作的生涯，这也是日本学校社会工作的开始。进入20世纪90年代以后，学校社会工作在日本社会更为普遍地被人们所接受。21世纪以来，日本的学校社会工作在校园暴力问题上发挥了更为重要的作用。①

（三）我国香港地区的学校社会工作

早在1971年，我国香港地区的社会福利界就已经以试验计划的形式推行学校社会工作，到了1982年，学校社会工作在我国香港地区所有中学展开。1994年，我国香港地区就已有62所中学享有1∶1000比例的学校社会服务。自学校社会工作推行以后，我国香港地区行政部门曾分别于1986年、1990年、1996年和1999年做过四次主要检讨，并建议制定一套全面综合的社会工作指引，以健全学校社会工作服务。从2000年起，我国香港地区中学实行“一校一社工”制度，基本做到给每个中学配置至少一名专业社会工作者，以加强学校的社会工作。如今我国香港地区的学

① 黄辛隐. 日本学校社会工作现状及发展探析［J］. 苏州大学学报，2006（4）：108.

校社会工作比较发达，基本实现专业化。我国香港地区学校社会工作的工作内容有不少与校园暴力有关。例如，根据我国香港地区社会服务联会的统计，1993 年在我国香港地区学校社会工作处理的个案问题中，属于成长适应、行为、情绪、朋辈的分别占总数的 7.6%、17.8%、12.6%和 14.4%，总计超过一半。

三、学校社会工作介入校园暴力的优势

学校社会工作在世界范围内的兴起很大程度上源于应对社会变迁过程中的校园暴力问题，而且学校社会工作本身的特质也是介入校园暴力的优势所在。

（一）校园暴力的防控——学校社会工作的基本功能

从学校社会工作的显性功能而言，主要以学生为基本对象，以服务并有助于国家教育为目标。但与教育本身所不同的是，学校社会工作主要围绕问题学生开展工作，以此引导学生，疏导学生心理压力，帮助学生与学校和家庭的沟通，帮助学生适应学校生活并适应社会。而学校社会工作在服务于教育目标的同时，另一个潜在的基本功能就是预防青少年学生犯罪，学校社会工作能够把校园暴力消除于无形之中。更为重要的是，学校社会工作从其诞生之日起，就与校园暴力的防控具有天然的联系。因为学校社会工作一直把校园暴力的防控作为其重要的目标。在西方国家以及我国香港、台湾等地区，教育界和社会福利部门均要求行政部门加强学校社会工作的服务，以预防、补救和遏止日趋复杂和严重的青少年问题，社会工作者在不同体系的资源配合及处理学生问题方面，起到了不可替代的作用。[①] 而且他们一直把学校暴力防控作为其重要的内容，并产生了积极而显著的效果。

---

① 刘志红. 学校社会工作的本土化研究［J］. 社会工作，2006（12）：36.

（二）学校社会工作——校园暴力防控的新思路

学校社会工作理论强调学校是一个特殊类型的社会系统，但仅是整个社会系统的一个组成部分。学校如果要成功地实现其目标，很大程度上有赖于其内部若干子系统的推动。作为一个有着可渗透边界的开放型体系，学校活动与其周围环境保持着一种动态平衡，它们之间有着相互的内在的和外在的输入和输出，并通过一定的反馈过程（积极和消极的循环反馈）使自己趋向于稳定。① 学校社会工作的理论基础就是系统理论。因此，在校园暴力的防控上，学校社会工作也立基于此。这与以前的校园暴力防控有本质的不同，以前学校的校园暴力防控思路主要在于把那些涉嫌犯罪的学生送给相关部门处理，或者悄然地把这些涉嫌犯罪的学生或者那些被视为有问题的学生转移给社会。但是由于公安机关及有关部门的主要工作在于治理，因而很难介入学校，做有效的犯罪预防。这种各部门都以自身的部门利益为起点来考虑校园暴力的防控，是现代社会校园暴力难以控制的主要原因。而学校社会工作则可能成为当代校园暴力防控的新思路，尤其是在社会转型过程中，学校预防校园暴力的社会职能逐渐减弱，而国家防控校园暴力的机制尚待完善的时候更显出学校社会工作对校园暴力防控的意义。

（三）学校社会工作的职业特性有利于校园暴力的防控

学校社会工作者的基本职责就是及时发现那些有问题的学生，并找出形成“问题学生”的原因，并根据这些原因找到解决这些问题的方法。在系统论下，“问题学生”不仅是个体的生理原因，更多的是社会原因。因此，社会工作者更愿意与学生的家庭、学校、社区及相关部门合作，积极介入问题学生，使学生适应社会化的需求。而校园暴力本身就是学校社会工作的一个重要内容，学校社会工作不仅从“问题学生”的问题源头

① Paula Allen - Meares. 学校社会工作［M］. 陈蓓丽，蔡屹，等译. 上海：华东理工大学出版社，2008：62 - 63.

出发来帮助其适应学校生活、适应社会，也从源头根除校园暴力的各种社会诱因。不仅如此，学校社会工作还能以其特有的工作方法积极介入校园暴力，“治疗”那些“问题学生”，帮助学生步入正轨；并且能介入那些在校园暴力中的受害者，帮助其恢复自信，适应学校和社会生活。而不像学校、家庭及各种国家机关那样主要依赖区隔和惩戒的方法对校园暴力进行防控。

四、学校社会工作在我国的发展及问题

在新的社会结构中，学校社会工作在防控校园暴力中较传统的防控机制具有无可比拟的优势，但由于学校社会工作在我国还属于一个陌生的事物，其自身发展和对校园暴力的防控还有待探索。

（一）学校社会工作在我国推广的必要性

目前，许多国家或地区以及我国的香港、台湾地区都设有学校社会工作专业，并开展了学校社会工作。但总体而言，学校社会工作在我国还属于一个新生的事物，还没有得到应有的关注。从我国的发展状况来看，学校社会工作在我国的推广不仅具有必然性，还具有紧迫性。就社会大环境而言，工业化、体制改革、一般社会问题的加剧和社会进步促进了社会工作在我国的快速发展，[①] 这给学校社会工作的发展提供了机遇。就小环境而言，学校的职业化、家庭环境的变化及校园周边生态环境的恶化使得学校各种问题尤其是校园暴力问题越来越受到关注。尤其当原有的校园暴力防控机制已经难以奏效时，学校社会工作便被赋予更多的社会使命。因此，发展学校社会工作既是学校教育的需要，也是学生个人成长和社会化的需要。既是社会转型和稳定发展的需要，又是政府工作和社会工作本身职业化的需要。[②] 既是预防校园暴力的需要，也是干预校园暴力的需要。

---

① 王思斌．中国社会工作的经验与发展［J］．中国社会科学，1995（2）：100.

② 文军．学校社会工作论略［J］．社会，2003（1）：28.

（二）学校社会工作在我国的发展状况

一直以来，在学校社会工作还没有引入我国之前，学校社会工作的任务一般由校长、教导主任、教师、辅导员、班主任等承担，但这些任务仅是学校的业余职能，很难发挥很大的作用。自20世纪80年代起，我国的一些大中小学开始开展心理健康辅导，但仅限于个别发达城市与重点学校，其模式也仅限于课堂教育。直到20世纪80年代末期，学校社会工作才逐步进入学术界的视野，但学校社会工作在我国学校的推广则是2000年之后的事情。2002年5月，上海市38所学校开始试行社会工作，推行了“一校一社工”制度。标志学校社会工作正式成为浦东新区学校德育工作的一个新的、补充的内容，也是学校社会工作专业化和职业化发展的一个重要突破。[①] 但时至今日，我国大多数的学校还没有学校社会工作，社会各界对学校社会工作也缺乏应有的认识。

（三）学校社会工作在我国的主要问题

总体而言，学校社会工作在我国还没有受到应有的关注，这主要在于作为新生事物的学校社会工作还没有被完全认识与接受，更重要的是学校在发展过程中存在的问题还没有完全释放，与此同时，经济发展决定论使得教育问题短视，校园暴力及其他学校问题被有关部门有意无意地忽略。从我国社会发展现状而言，区域的差异使得学校社会工作被推行的可行性程度有所不同，经济发达的地区有条件推行学校社会工作，而经济落后的地区推行则很困难。另外，如何在现有社会环境下推行学校社会工作，学校社会工作者如何定位，如何从事学校社会工作则是更主要的难题。尤其是在校园暴力的防控上，各有关部门对此缺乏应有的认识，更谈不上如何运用学校社会工作以降低校园暴力。

---

① 蔡屹．浦东新区学校社会工作本土化发展历程及经验反思［J］．华东理工大学学报（社会科学版），2006（2）：5.

五、学校社会工作的展望

在我国学校社会工作还处于试点探索阶段，我们需要在借鉴各种模式经验的基础上，探索适合我国的学校社会工作，以有效进行学校的社会工作，有效介入校园暴力。

（一）以校园暴力为契机，提高对学校社会工作的认识

学校社会工作难以推行主要在于社会各界对学校社会工作无论是认知度还是认同度都比较低，这就需要各有关部门提高认识。在当前，校园暴力仅依赖现有的国家资源已经难以解决，这是发展学校社会工作的一个重要契机。就教育本身而言，学校社会工作可以促进学生健康成长，增强学校教育之绩效。就学生而言，学校社会工作可以帮助学生适应学校生活，适应社会的教育，最终适应社会。而就社会而言，学校社会工作可以培养学生社会责任感，促成学生成为社会有用人才。更为重要的是，学校社会工作能把校园暴力消除在无形之中，同时学校社会工作还能以其特有的工作方式直接介入校园暴力，减弱校园暴力的危害，并恢复校园暴力给受害者所带来的伤害。

（二）借鉴成熟模式，发展本土学校社会工作服务模式

当前，美国的学校社会工作模式主要由政府支持，社会服务机构提供学校社会工作服务。日本的学校社会工作主要由文部科学省派遣提供，当然有由地方政府派遣的，也有由学校自己聘请的。我国香港地区的学校社会工作模式主要采用的是社会福利署、教育署与社会服务机构合作，由社会服务机构派出社会工作者入驻学校的模式。我国澳门地区的学校社会工作则主要分为三类：一是由教育暨青年司直接聘请并派驻学校服务；二是由教育暨青年司拨款津贴，资助民间机构聘请社工并安排驻校服务；三是由学校自聘或由学校的训导老师或神职人员在学校兼任。而我国内地目前的学校社会工作主要由政府提供，各种学校社会工作服务也由政府垄断。

但随着政府职能的转型，民间组织的发育，可以考虑发展出适合中国本土的学校社会工作服务模式。

（三）学校社会工作的组织方式

学校社会工作服务模式决定了学校如何选取学校社会工作者介入校园暴力的基本模式。如果学校社会工作者独立于学校体制之外，就属于体制外的聘任模式，其中又可以区分为政府提供和民间组织提供模式。如果学校社会工作者来源于学校内部，则属于体制内供给模式。政府提供学校社会工作服务，介入校园暴力，在我国具有很大的优势。但却既不符合政府职能转型的需求，也难以取得学生的信任。民间组织提供学校社会工作服务，介入校园暴力，在我国当前民间组织尚不发达的时候，却又显得难以胜任。学校自己提供学校社会工作又面临资源不足、动员力弱等问题。但无论采取哪种方式，都需要学校与各有关部门的合作。因此，未来我国学校社会工作最为有效的工作模式是政府支持、民间组织提供学校社会工作服务、学校积极合作“三位一体”的模式。但考虑到当前社会发展的实际情况，比较恰当的模式还是政府提供、学校合作的模式。

总而言之，在我国社会转型期间，职业化的教育模式、变迁中的社会结构和家庭结构、尚待健全的法治治理模式，使得校园暴力问题突出，同时原有的防控机制又难以有效控制新形势下的校园暴力。而学校社会工作独特的社会功能，不仅能服务于我国的教育目标，又可以作为校园暴力防控的新机制。发挥学校社会工作的作用，既有利于政府职能转变，又有利于弥补原有防控模式之缺陷；不仅有利于事前预防，还有利于事后干预和补救。因此，学校社会工作作为一项防控校园暴力的公共政策，值得在我国推广。

第八章

青少年犯罪的治理结构及反思

CHAPTER 8

在我国，青少年犯罪作为犯罪学的重要研究范畴，自有犯罪学开始，就有青少年犯罪研究。在某种意义上，可以说中国犯罪学研究的兴起起始于青少年犯罪研究。也自从有了青少年犯罪研究，学界对青少年犯罪这一概念的争议就没有停止过，甚至把青少年犯罪视为引发学科混乱、立法语言混乱的罪魁祸首，并视其为未成年人法学不成熟的重要标志。① 然而，当前对青少年犯罪这一术语主要局限于概念之争，并没有触及青少年犯罪这一概念之下的逻辑与理论基础，也没有深思为何青少年犯罪这一明显有问题的概念能够“带病使用”，依然盛行于理论界和实务界。为了更好地理解青少年犯罪这一概念的前世今生，正确处理青少年犯罪概念及其引发的研究与实务错乱，调适当前立法取向和治理策略的冲突。笔者将从“青少年犯罪”的概念史入手，展现青少年犯罪治理结构的变迁，并以此为基础，讨论当前青少年犯罪治理的趋势和改革方向。

第一节　青少年犯罪概念的发展历程

语言作为思想与学术研究的载体，是不同时空下的社会产物，只有特定的词语才能表达特定的思想。因此，我们在借鉴国外制度与思想的同时，还要沿用他们的术语和概念。然后通过自己的语言转译、传播，逐渐生成相应的社会观念，建构与社会观念相一致的社会制度。青少年犯罪就是一个承载着对青少年这一群体如何进行犯罪治理的概念，在这一概念形成之前，我们对青少年犯罪进行无差异化治理。在这一概念形成之后，不仅在学理上建构了青少年犯罪的知识谱系，也开启了差异化治理的征程。

---

① 姚建龙．青少年犯罪概念研究30年：一个根基性的分歧［J］．甘肃政法学院学报，2009（2）：32.

我国古代并没有青少年犯罪这一词语，其是一个近现代以来才有的术语。我们现在已经无法考证是谁，在什么地方，以什么方式第一次提出和使用青少年犯罪这一术语。虽然第一个吃螃蟹的人无法查证，但青少年犯罪是一个外来词则是毋庸置疑的事情。青少年犯罪这一术语来源于对英语 juvenile delinquency 的翻译，我们并非一开始就称其为青少年犯罪，其间经历了很长一段时间的概念演变，至新中国成立后，随着我国犯罪学的发展和突出的犯罪问题才逐渐盛行使用青少年犯罪这一概念。

追溯我国青少年犯罪这一术语的起源，最早可以定格在清末时期。古代中国的刑事法律制度中，虽也含有恤幼思想，但却一直没有与成年人分殊的司法体系。清末在西方世界的冲击下，我们逐渐打开国门，开眼看世界。而青少年犯罪思想的来源就是来自这些最先走向世界的前辈先贤对国外刑事司法体系考察的感悟，那时他们就已经注意到并记载了存在于国外的，专门针对未成年人的刑事司法机制，而这是国内刑事司法中从来没有过的内容。对此，周颖在其著作《近代中国少年司法的启动》中有详细的整理。[①] 然而，当时国人并没有把他们在法庭上、监狱中、感化院中看到的那些涉罪未成年人称为青少年，而是按照国人的语言习惯称其为"幼童""幼年""童稚"或"儿童"，其中更多地称其为"幼年"，并把未成年犯罪人称为幼年犯。[②] 之后，晚清政府在法律革新中，也吸收了西方的未成年人刑事司法制度，但使用的术语则依然是幼年审判庭、幼年监、幼年感化院等。[③] 尽管最后这些制度设计没有落实，但也是中国少年司法的启蒙。而且这也说明，在清末及之前的中国是没有"青少年"这一概念的。

我们的术语变化深受日本的影响。日本是一个向西方学习较为成功的

---

① 周颖. 近代中国少年司法的启动［M］. 北京：法律出版社，2019.

② 安达峰一郎，钟赓言. 政法界：第六次万国刑事人类学会报告（续前）：预防幼年犯罪者之实际的组织［J］. 新译界，1906（2）.

③ 奉天审判应厅丞许世英呈请提法司特设幼年审判庭文［J］. 法政杂志，1911（5）：80－82.

东亚国家，他们直接把西方的先进思想、制度逐渐融入为日本文化的一个部分。而清末甚至民国时期的中国对西方的学习则主要是通过日本的转介。具体方式是通过官方考察、选贤留学日本，学习它们的成功经验，并把他们的成果转译为中文。对未成年人司法而言，主要的制度设计是参照日本而来，甚至在相关制度的设计上有日本专家参与并指导。而在语言的变化上，最早出现的“未成年”这一术语，是在1906年沈家本奏请董康一行赴日本考察后形成的《调查日本裁判监狱报告书》中有所体现，该报告书中就使用了“未成年监”这一术语，并很推崇日本的“未成年之法”。[①] 之后国人便开始沿用了日本的“少年”的概念。至民国时期，“少年”这一术语逐渐被广泛采用，以至于有关未成年人的违法、犯罪及其相关司法制度的设置，都是采用“少年”这一概念。当然，这一时期，还没有完全放弃传统语言的表述。例如，民国法部关于建设未成年人监狱的文件依然用的是“幼年”之概念[②]。

在民国时期，有关未成年人违法、犯罪的概念表述依然没有出现青少年这一概念。但这并不表明这一时期没有青少年这一个词语。实际上，青少年这个词在民国后期已经广泛采用。但青少年这一个词并不用于未成年人刑事司法领域，而主要是用于国家人才储备与建设范畴，这主要是基于当时的民国政府急缺人才使然。为此，民国政府专门立法，制定《中国青少年团总章》，并在第4条规定青少年的年龄为10～25岁。把青少年这一术语与未成年人司法关联起来应当是1949年之后的事情。当前，我国台湾地区依然用“少年”这一概念，但大陆地区则出现了变化，逐渐有了多种称谓，其中最为重要的就是逐渐出现并建构了青少年犯罪这一概念。

---

① 何勤华，魏琼．董康法学文集［M］．北京：中国政法大学出版社，2005：695－696.

② 如民国时期《幼年监之筹划》（1920第5937号3－32），《法部建设幼年监》（1920第5906号11－11），《幼年监之成立期》（1921第6197号5－5）等官方文件都使用的是幼年。

1949年，新中国成立之初，有关未成年人违法犯罪的法律文件，依然使用的是“少年”这一概念。通过检索北大法宝收录的法律文件可知，当时与未成年人违法犯罪相关的法律文件就是1956年最高人民检察院、最高人民法院、内务部等部门联合发布的《对少年犯收押界限、捕押手续和清理等问题的联合通知》。实际上，“少年犯”这个概念在20世纪90年代依然颇为流行，至今也仍在使用。而“青少年犯罪”这个概念出现在法律文件中，则是在1979年6月中共中央转发了中宣部等八个单位联合发布的《关于提请全党重视解决青少年违法犯罪问题的报告》。之后，很多官方文件中开始采用青少年犯罪这一概念。1982年成立了中国青少年犯罪研究会，后因2001年1月，中央社会治安综合治理委员会成立了预防青少年违法犯罪工作领导小组，2011年中国青少年犯罪研究会更名为中国预防青少年犯罪研究会。这也说明，“青少年犯罪”概念已经被官方广泛采用，而针对青少年犯罪的治理已经融入国家犯罪防控的框架。与此同时，随着《未成年人保护法》和《预防未成年人犯罪法》的出台，未成年人这一术语逐渐成为一个法律专业术语，并有替代“青少年”概念的势头。① 这实际意味着，“青少年犯罪”概念重心由侧重青年转向少年。

在研究文献中，中国期刊网收录最早出现青少年犯罪这一概念的文章是1957年甘雨沛发表在《东北人民大学人文科学学报》上的《关于中华人民共和国刑法的假释问题》。而直接以“青少年犯罪”为研究主题的，则是沈贵龙、箫洪亮写的，于1958年发表在《法学》上的《上海市榆林区政法部门是怎样处理青少年犯罪问题的》这篇文章，但该文并没有说哪些人是“青少年”。通过中国期刊网的全文内容检索，也可以发现，从1957年出现青少年犯罪这一概念到1978年，有关提及“青少年犯罪”这一概念的文章，累计只有9篇。而1979年到1989年则有370篇，但这一

---

① 姚建龙．刑事法视野中的少年：概念之辨［J］．青少年犯罪问题，2005（3）：21．

阶段，每年的文章也只有十位数，其中最多的一年是 1986 年，共有 55 篇。每年超过 100 篇相关文献是在 1994 年，即直接从 1993 年的 23 篇，突然增长到 173 篇。及至 2004 年之后，每年都超过 500 篇，而文献最多的一年是 2006 年，共有 956 篇。这也表明，当前“青少年犯罪”已经成为我国学术界和实务部门广泛使用的一个概念术语。

第二节　青少年犯罪治理“二元”性

青少年犯罪概念的形成，开启了犯罪治理体系中对青少年群体的独特关怀，但这种独特关怀又与我国引入青少年犯罪这一概念有所不同，使得“青少年犯罪”从一开始就是一个富有争议的概念。实际上，自 20 世纪 70 年代末青少年犯罪研究兴起以来，学界关于青少年犯罪概念的争议与分歧从来没有停止过。[①] 其既有对“青少年”概念的论争，也有对“犯罪”概念的论争。表面上看，这是关于我国“青少年犯罪”的语义学、概念界定、范畴及至青少年犯罪理论体系的论争。实际上其争议的缘起、焦点和实质，却是围绕着 juvenile delinquency 这一概念及其在这一概念系统下的“二元”治理模式而展开的。而其中的“二元”治理模式则始终围绕着青年与少年、犯罪与非犯罪行为这两对概念范畴的论争而展开。

众所周知，“青少年”作为一个外来词早已被中国化，并成为中国语言文化中的重要概念。尽管其在不同时期，对哪些人构成青少年群体的年龄上限和下限可能会有所差异，但无论是在语义学上，还是在社会观念中，“青少年”这一概念一直包含少年和青年两个部分。学界对“青少

① 姚建龙．青少年犯罪概念研究 30 年：一个根基性的分歧［J］．甘肃政法学院学报，2009 (2)：26．

年”论争的焦点，不是在于这一概念是否包括少年和青年，而是哪些年龄段的人构成“少年”，哪些年龄段的人构成“青年”。[①] 而且，更为重要的是，通过是否成年这一标准，来界分少年和青年在本质上的差异。[②] 只是对青少年研究的重点，学界更关注18岁以下的少年。[③] 这或许就是我国第一部未成年人保护制度《上海市青少年保护条例》，在其第4条界定青少年是“六周岁至不满十八周岁的未成年人”的法理依据吧。然而，有趣的是，如果要把青少年犯罪这一术语翻译成英文，那么都翻译成juvenile delinquency。其中最为典型的就是中国预防青少年犯罪研究会在其章程的第1条就把青少年犯罪翻译为juvenile delinquency。而我国仅有的《青少年犯罪问题》和《预防青少年犯罪研究》这两本专门以青少年犯罪研究为主旨的杂志也把青少年犯罪翻译成juvenile delinquency。这也意味着青少年犯罪这个词与英语juvenile delinquency应当是同一个意思。但实际上，juvenile作为一个英语法律专业术语，是指尚未成年的人。例如，在加拿大juvenile年龄段是7~16岁。也就是说，在西方，juvenile应当是未成年人。同样有趣的是，如果要把英语juvenile delinquency翻译成中文，则有不同的译法。除了翻译为“青少年”，主要翻译为“少年”和“未成年”等。例如，高维俭教授就把juvenile翻译为“少年”[④]。当前，在学术翻译上，用少年这一术语的居多。而且基于少年概念的专业性、准确性、延续性等特征，姚建龙教授主张用“少年”这一概念更为合适，同时，他也强调这只适用于未成年人的场合。[⑤]

对“青少年犯罪”概念的论争，不仅表现在对“青少年”的理解上，

---

① 姚建龙. 青少年犯罪概念研究30年：一个根基性的分歧［J］. 甘肃政法学院学报，2009（2）：26.

② 康树华. 青少年犯罪、未成年人犯罪概念的界定与涵义［J］. 公安学刊，2000（3）：15.

③ 曹漫之，等. 中国青少年犯罪学［M］. 北京：群众出版社，1987：48.

④ 玛格丽特·K. 罗森海姆，富兰克林·E. 齐姆林，戴维·S. 坦嫩豪斯，等. 少年司法的一个世纪［M］. 高维俭，译. 北京：商务印书馆，2008.

⑤ 姚建龙. 刑事法视野中的少年：概念之辨［J］. 青少年犯罪问题，2005（3）：22-23.

更表现在对“犯罪”这一概念的论争中。Juvenile delinquency 一词，既在适用主体上用于未成年人，以区别成年人，也用其中的 delinquency 来区别 crime。Juvenile 和 delinquency 是两个不可分割的专业术语。在英语话语系统中，有 children crime 或 youth crime 的用法，但不会有 juvenile crime 这样的表达。这是对“青少年犯罪”中有关“犯罪”概念争议的起源。因此，严格说来，这个词不应该翻译成通常所说的“少年犯罪”。姚建龙教授认为应当翻译成“少年罪错”①。熊谋林教授认为应当翻译成“未成年违法”②。上述论争都把问题指向了如何理解 delinquency 及其这个术语与犯罪的关系。姚建龙教授把这种争议概括为狭义上的“青少年犯罪”与广义上的“青少年犯罪”的论争。③

在“青少年犯罪”概念争议的背后，是有关青少年犯罪研究范式的论争，其中不仅涉及有关青少年犯罪的概念系统，还包括青少年犯罪的基本范畴和价值理念。在“青少年犯罪”概念争议的前期阶段，是确立青少年犯罪研究合法性的阶段。早在 20 世纪 80 年代初，就有了“青少年犯罪”是否为法律概念的争鸣。④ 这一争论在某种意义上使得犯罪学从刑法中分离出来，而青少年犯罪则是犯罪学研究的重要范畴。而 20 世纪 90 年代，学界基本认同了“青少年犯罪”是犯罪学概念，而非刑法学概念。⑤ 确实，在我国学科分类系统中，犯罪学作为刑法学科的分支学科，其缺乏自己的研究对象和范畴，那么使得犯罪学难以从刑法学中分离出来。而当前“青少年犯罪”概念争议，则更多地意味着“青少年犯罪”自身范畴的分离，即未成年人法学与成年人法学的分离。因为

---

① 姚建龙．超越刑事司法：美国少年司法史纲［M］．北京．法律出版社，2009：15.

② 熊谋林．比较视角：未成年人违法与矫正措施略考［J］．青少年犯罪问题，2012（2）：89.

③ 姚建龙．青少年犯罪概念研究 30 年：一个根基性的分歧［J］．甘肃政法学院学报，2009（2）：26.

④ 丛文辉．“青少年犯罪”不是法律概念［J］．法学研究，1982（5）；林惠辰．关于“青少年犯罪”是否法律概念问题的探讨：与丛文辉同志商榷［J］．青年研究，1985（3）；丛文辉．再谈“青少年犯罪”不是法律概念：答林惠辰同志［J］．青年研究，1985（11）.

⑤ 王牧．论青少年犯罪的概念（上）［J］．当代法学．1991（1）：36.

未成年人（少年）与成年人（青年）从概念系统到理论体系具有完全不一样的价值理念，这已经不仅是犯罪学研究者的共识，也成为刑法学界的基本共识。

第三节 “二元”混同治理模式的建构

进一步理解“青少年犯罪”概念的论争，不能仅限于概念之争，也不能仅限于学科乃至学术之争，而是对青少年犯罪的治理模式之争。自juvenile delinquency 概念引入以来，我们逐步打破了刑事犯罪的“一元”治理格局，开启了“二元”治理时代。但在对青少年犯罪的治理过程中，没有形成彻底的“二元”治理模式，却建构了“二元”混同治理模式。很显然，这是外来知识传统和治理模式中国化的结果。实际上，在我国，国家对知识的建构发挥了更为深远的影响力。对青少年犯罪研究而言，并非来自学术界的理论自觉，而是来自国家力量的推进。[①] 这也意味着，我们可以通过“青少年犯罪”概念论争来理解国家在解决青少年犯罪问题中所遭遇的困扰，同时也能理解国家在“青少年犯罪”概念体系上建构的刑事法律体系，为何会出现理念冲突与话语系统混乱，为何会出现“二元”混同治理结构。

从清末开始，在涉及未成年人的“青少年犯罪”概念的演进过程中，先是使用传统语言“幼年犯罪”，后引入“少年犯罪”“未成年人犯罪”概念，最后又形成了“青少年犯罪”概念。这些概念的演进只是变化了主体的名称及其群体范围，而没有改变犯罪的本质。尽管从清末开始就已经注意到成年人与未成年人的不同，但两者都是基于犯罪而引发的问题。而有关未成年人犯罪的刑事制度建构也主要局限于狱政方面。改革开放

① 翟英范．热爱生命才会热爱犯罪学：皮艺军先生访谈［J］．河南警察学院学报，2016（5）：6.

后，逐渐建构了“青少年犯罪”概念和知识系统，其中有两个相互作用的原因不可忽视。一个原因是国家试图建构一个与民国时期不一样的社会主义法制体系，而这需要一个新的话语体系。这或许是国家在有关未成年人的法制建设上逐渐废弃“少年”这一概念的重要原因。另一个更为重要的原因是，社会面临越来越严峻的青少年犯罪的挑战，而这里的青少年就不只是未成年人，还包括青年人，而且在某种意义上是以青年人为主。

实际上，无论是中国还是外国，从犯罪群体的年龄构成来看，其主要群体就是青少年。国外有关年龄与犯罪的研究成果表明，犯罪行为的高峰出现于青春期或成年初期，然后随着年龄增长而呈下降趋势。[①] 这也使得在犯罪统计中，青少年往往是犯罪的主要群体。而应对突出的青少年犯罪是各个国家犯罪控制的重点。在我国，国家推动青少年犯罪研究的重要原因在于中央对日益严重的青少年犯罪感到震惊。[②] 据有关统计，14～25岁的青少年犯罪人数，在1956年占总犯罪人数的18%，至“文化大革命”前基本维持在30%左右。1979年为47.6%，1988年为75.7%。而14～18岁的犯罪人数，1977年占1.4%，至1988年占23.8%。[③] 为了应对严重的青少年犯罪问题，早在1979年6月中共中央转发了中宣部等八个单位联合发布的《关于提请全党重视解决青少年违法犯罪问题的报告》，这不仅开启了青少年犯罪的全面治理，也开启了青少年犯罪的研究。响应党中央的号召，1980年共青团中央组织了“青少年保护法座谈会”，并联合全国人大等部门起草了《中华人民共和国青少年保护法（讨论稿）》。[④] 1982年初，在《中共中央关于加强政法工作的指示》中提出，“青少年犯罪已

---

① 斯提芬斯迈耶，何百华．年龄和犯罪行为分布［J］．现代外国哲学社会科学文摘，1990（5）：23.

② 翟英范．热爱生命才会热爱犯罪学：皮艺军先生访谈［J］．河南警察学院学报，2016（5）：8.

③ 博格·巴肯，王寅通．年龄、现代化和青少年犯罪：中国的案例研究［J］．当代青年研究，1997（6）：21.

④ 莫洪宪，康均心，王莉莉，等．未成年人权益保护及救济理论与实务［M］．武汉：武汉大学出版社，2001：5.

经成为一个严重的社会问题”。[1] 同年专门成立了中国青少年犯罪研究会。之后，在1983年开始“严打”。1985年，中共中央又发布了《关于进一步加强青少年教育预防青少年违法犯罪的通知》。这些无不是针对日益严重的青少年犯罪问题的。在1986年有关犯罪团伙成员的年龄分布统计中，发现93.3%的犯罪团伙成员为25岁以下的青少年，而且其中有一半是18岁以下的。[2] 很明显，国家对青少年犯罪这一概念的采用，围绕着这一概念所建构的知识系统及制度体系，确实应对的是青少年的犯罪问题。而且，尽管也关注其中的少年犯罪，但青年犯罪确是其重点。在对青少年犯罪控制的策略上，主要采取的是打击阻却模式。

直到当前，青少年犯罪依然沿用，而且这一概念及其话语体系在国家犯罪控制体系中，依然包括“青年”和“少年”。1999年颁布的《预防未成年人犯罪法》开始从预防犯罪的角度把“青年”和“少年”做了一定程度的区分。然而，在犯罪预防的工作机制中，相关部门依然延续了青少年犯罪概念体系和组织模式。在《预防未成年人犯罪法》颁布之后不久，2001年社会治安综合治理委员会成立了预防青少年违法犯罪工作领导小组。2011年中国青少年犯罪研究会更名为中国预防青少年犯罪研究会。其中，并没有把“青少年”改为“未成年人”。同时，在犯罪预防的组织架构上，采取政府领导、共青团运行的综合治理模式。而共青团不仅担负着未成年人的犯罪预防工作，也担负着青年人的犯罪预防工作。这意味着，尽管立法已经注入juvenile delinquency的元素，但在具体运行中政府依然没有为未成年人“脱罪”。

当然，我们也应注意到，在“青少年犯罪”概念的发展与话语体系形成的过程中，也逐步出现了分离，而分离的主要来源则是“juvenile delinquency”概念及其话语系统的启蒙。最先是从成年人法律系统分离出

---

① 中共中央文献研究室．三中全会以来重要文献选编［M］．北京：中央文献出版社，2011：394.

② 博格·巴肯，王寅通．年龄、现代化和青少年犯罪：中国的案例研究［J］．当代青年研究，1997（6）：23.

来的未成年人狱政，其后就是未成年人法庭、未成年人检察的探索。早在1984年上海市就成立了中国第一个未成年人法庭，之后又在人民检察院探索建立了未成年人检察科。而随着1992年我国加入联合国《儿童权利公约》，未成年人立法也获得了快速的发展。当前，未成年人刑事司法基本实现了专人办案，而涉及未成年人的案件，也有很多与成年人不一样的司法机制。与国家未成年人法治探索相一致的是，学术界也越来越强调“青少年”概念的分离。从某种意义上说，少年司法的逐渐形成，也是学术研究与社会互构的结果。然而，尽管当前“青年”与“少年”确实逐步实现了分离。但在青少年犯罪话语体系下，“少年”是难以“脱罪”的。因为长期以来，未成年人司法只是成人司法的下位体系，而非独立于成年人的少年司法体系。不仅如此，随着未成年人涉罪严重化、低龄化、暴力化、成人化的话语建构，使得未成年人的犯罪预防越来越演变为犯罪治理。其一方面表现为降低刑事责任年龄的理论颇为盛行，另一方面表现为对未成年人触法的泛刑法化。即对那些因年龄不能羁押的触法未成年人，逐渐以建立青少年法制教育中心的方式采取羁押处理。这也说明，未成年人触法依然依附于成年人犯罪之下，使得未成年人触法依旧在青少年犯罪话语系统中运行。

第四节　青少年犯罪治理的反思

青少年犯罪概念的来源、论争绝不是简单的翻译问题，也不是简单的理论分歧。实际上，青少年犯罪概念所内含的两种不同知识谱系，是两种不同治理结构的表达。一方面，这种“二元”治理结构并不总是相互一致的，有时是相互冲突的；另一方面，它们交错融合在一起，共同构成青少年犯罪治理的全景。2020年修改的《预防未成年人犯罪法》已正式实施，我们将如何从概念、知识谱系及治理方式上调适青少年犯罪治理的

“二元”混同治理模式成为目前亟待解决的问题。

在我国，对青少年犯罪的关注首先源于青少年主体性的发现。而其“二元”治理结构的源起则是由于“juvenile delinquency”概念系统与知识谱系在进入中国近百年的演进过程中所引发的一场“制度革命”。在这一过程中，其不仅挑战了传统中国一直沿袭的犯罪观和刑罚观。而且随着juvenile delinquency知识谱系在我国落地生根，还建构出新的社会观念与制度系统。可以说，青少年犯罪概念的形成是社会建构的产物，承载着特定的社会功能，并通过其功能需求建构了青少年犯罪治理逻辑的二重性。其既有助于研究并解决改革开放之后不断恶化的青少年犯罪问题，又能缓解juvenile delinquency知识谱系进入中国而引发的观念冲突。但也应当承认青少年犯罪概念因为其“双重性格”而具有先天缺陷，这也是自从有青少年犯罪这一概念起，就引发概念争议的重要原因。从青少年犯罪概念的演进过程可以看出，青少年犯罪概念起源于juvenile delinquency知识谱系的启蒙，在其概念的中国化过程中，经历了“幼年犯罪”到“少年犯罪”，再到“青少年犯罪”的概念演变过程。而最终采用“青少年犯罪”这一概念与当时突如其来的，又日益严重的青少年犯罪具有内在的联系。也就是说，“青少年犯罪”作为我国对西方“juvenile delinquency”概念的中国化，其既要表达juvenile delinquency的知识谱系，又要融入中国的问题意识。而且，对西方犯罪学知识与犯罪控制经验的引入本来就是为了解决中国既存的犯罪问题。因此，用青少年犯罪这一概念来表达这一特定群体的犯罪问题，是很容易被政府和社会接受的。其既秉承了传统刑罚观，又应对了最为突出的犯罪问题。不仅如此，还具有包容juvenile delinquency知识谱系的功能，使得有关少年司法的理念能够通过青少年犯罪这一概念载体顺理成章地进入中国。然而，也正是这种概念表达，为今后的青少年犯罪的概念论争及治理分歧埋下了隐患。因为这一概念承载了两种迥然不同的观念体系和司法机制。

青少年犯罪治理的“二元”混同结构是被社会双向建构的结果。不同的社会需要不同的治理模式，不同的治理模式也会因社会场域的不同而进行调适、改进，从而使其满足社会治理的需求。在发达国家，以“juvenile delinquency”概念为基础的知识谱系基本与成年犯罪是分离的，这种分离，不仅表现在刑事司法体制上的少年与青年分离，也表现在语言、概念系统的完全分离。从个体及其行为的表述，到每一个司法环节和程序，未成年人与成年人所使用的表达方式和概念都是不一样的。而在这些语言、概念系统里则隐含了不一样的犯罪控制思维和策略。然而，西方有关成年人与未成年人的司法分离并非一蹴而就。尽管少年司法的启蒙很早，但在英国，19 世纪前期对未成年人犯罪还处于严厉打击阶段，中后期才开始有所转变。[①] 至 20 世纪初，继美国之后，才逐步形成了独立于成年人的未成年司法体制。在之前，西方未成年人与成年人的刑事司法是合一的，同时，未成年人的犯罪概念系统与成年人也是一样的。可以说，西方少年司法经历了数百年的启蒙，最后在近代化过程中形成。而且，这种观念也并非没有争议。在美国，20 世纪六七十年代，就开始重新审视少年司法，并呈现回归“一元”刑事司法模式的趋势。[②] 而在加拿大，出于对 juvenile delinquency 知识谱系的反思，于 1985 年就把 Juvenile Delinquency Act 改为 Young Offenders Act，之后又在 2002 年被 Youth Criminal Justice Act 所替代。这种立法的变迁表明要让这些触法少年对自己的行为负一定的责任。[③] 对我国而言，从清末开启少年司法启蒙，至改革开放后“青少年犯罪”全面采用，也不过百年。在这一过程中，有关青少年犯罪概念都是政府官员和社会精英通过自己的知识能力和认知能力来应对他们这一时代所遇到的社会问题而建构的。显而易见的是，如

---

① 陆伟芳. 19 世纪英国少年犯罪惩罚观念的变迁［J］. 史学月刊，2012（4）：77.

② 姚建龙. 超越刑事司法：美国少年司法史纲［M］. 北京：法律出版社，2009：130.

③ EDWARD L GREENSPAN，RICHARD WOLSON. From crime to punishment：an introduction to the criminal law system［M］. Toronto：Carswell，2010：146－147.

何应对严重的青少年犯罪是他们问题意识的根源。即其主要是通过犯罪这一社会事实，来确定青少年这一犯罪群体，而不是通过青少年这一群体的成长规律来探寻更优的保护方略。直到当前，这种观念和意识在青少年犯罪治理思维中依然占据重要的位置。因此，青少年犯罪概念一直是一个“戴罪”的概念。在我国多持报复性刑罚观、青少年犯罪问题尤其是未成年人涉罪问题没有得到有效控制的前提下，未成年人要在“青少年犯罪”概念体系中脱罪，是非常困难的。这也使得青少年犯罪治理结构呈现“二元”交错，混同治理的格局。

青少年犯罪“二元”混同治理模式的正当性来源于青少年犯罪概念及其知识谱系的理论供给。青少年犯罪治理的理论基础，一方面来源于少年从观念到事实与成年人的分离，另一方面来源于国家亲权理论的发展。青少年犯罪治理的理论基础衍生出与青少年保护和福利理论下的治理结构，这种治理结构与其他成年人犯罪的治理相分离，并促成“二元”治理结构的形成。同时，青少年犯罪治理还有一种理论基础，那就是立基于严重的青少年犯罪这一事实基础之上的社会控制理论，它驱动了“一体”治理模式的回归。而在我国，这两种取向，一直交错在青少年犯罪治理结构之中，共同构成青少年犯罪的理论基础和实践指南，塑造了我国青少年犯罪的“二元”治理混同模式。也正因为如此，只要青少年犯罪是主要犯罪群体这一社会事实客观存在，那么青少年犯罪概念及其知识谱系就不会因为其存在争议而消失。实际上，我国有关青少年犯罪的国家机构设置和制度建构将会不断强化青少年犯罪概念及其知识谱系的社会认同。当然，这并不表明青少年犯罪概念将一成不变。从“青少年犯罪”这一术语的采用到知识谱系的形成过程中，其概念内涵一直在不断自我调适。即在主体上从以“青年”为中心转向以“少年”为中心，在行为上以“犯罪”为前提扩展到“非法”，在控制策略上从“打击”转向“预防”“教育”。而在这些转变的背后是以“少年”（未成年人）概念为核心的知识谱系逐渐为社会所接受并转化为少年司法体制，从而建构与成年人犯罪控制迥异的治理模式。

综上所述，青少年犯罪的“二元”治理逻辑表明，以青少年犯罪概念为基础的知识谱系与以少年概念为核心的知识谱系不能相互替代。以青少年犯罪概念混淆未成年人的独特性固然不妥，但完全用未成年人犯罪概念取代青少年犯罪概念，将青年犯罪排除出研究的视域，也是值得反思的。[①]“青少年犯罪”尽管与“少年罪错”在主体上有交叉，但他们的法理基础有本质的差异。因此，无论是“青少年犯罪”取代“少年罪错”，还是“少年罪错”取代“青少年犯罪”都将会导致概念及知识谱系上的残缺。这也意味着，第一，对我们学术研究而言，当前最要紧的事情就是为“青少年犯罪”与“少年罪错”的概念和知识谱系正本清源，并以此为基础，为未成年人保护和青少年犯罪控制提供有效的智识。而如何翻译juvenile delinquency，正确解读这一术语的概念及其知识谱系，或许可以成为正本清源的开始。第二，对青少年犯罪治理而言，随着少年司法在我国渐臻成熟，“少年”与“青年”、“犯罪”与“非行”在概念和知识谱系上的分离不仅必须，也是必然。因此，青少年犯罪概念及其知识谱系如果不能及时调适这种知识和观念上的分野，创新青少年犯罪的控制机制，那么不仅会严重削弱青少年犯罪知识谱系的合法性，而且以“青少年犯罪”概念为核心所建构的犯罪控制系统的合法性也将遭受质疑，最后也必将影响青少年犯罪治理的效果。第三，对预防未成年人犯罪而言，则需以“二元”治理分离为基础，确立立法原则与指导思想，建构“二元”治理体制与机制。与此同时，还需要处理好预防未成年人犯罪立法与青少年犯罪控制的刑事政策的关系，确立未成年人犯罪与成年人犯罪治理的边界。这种治理结构，才是未来青少年犯罪的治理之道。

---

① 姚建龙．青少年犯罪概念研究30年：一个根基性的分歧［J］．甘肃政法学院学报，2009（2）：32.

第九章

高利贷衍生犯罪的治理

CHAPTER 9

发生于2016年4月的“刺死辱母者案”，在刺死辱母者于某于2017年2月被山东省聊城市中级人民法院一审判处无期徒刑之后，经《南方周末》报道引发了全社会的高度关注[①]，成为2017年度首个重大法治事件，也被视为一场全民共享的法治公开课[②]。该案引爆社会舆论的不仅是审判中法律与伦理道德的冲突，也指向了引发血案的高利贷和暴力讨债。确实，近几年来，随着高利贷所寄生的犯罪愈演愈烈，有关高利贷入罪的讨论不绝于耳，全国“两会”期间，也不时有人大代表提出设立高利贷罪。[③] 而“刺死辱母者案”的舆情取向进一步强化了高利贷入罪的必要性和可能性。在笔者看来，如何认识和对待高利贷衍生犯罪现象，不仅关涉高利贷是否入罪问题，更关涉高利贷衍生犯罪的治理成效问题。高利贷入罪或许能在一定程度上抑制其衍生的犯罪，但把高利贷入罪视为治理其衍生犯罪的法宝，则可能过高估计了入罪的功能。为此，笔者通过个案剖析和数据呈现多角度观测高利贷衍生犯罪现象，深入分析高利贷衍生犯罪现象的社会学成因。以此为基础，提出治理高利贷衍生犯罪的“中西两种疗法”，探析其治理原理和功效。

第一节　于某式悲剧中的犯罪社会学隐喻

高利贷由来已久，最早可以追溯到古希腊。而高利贷衍生的犯罪几乎

---

① 王瑞锋，李倩．刺死辱母者［EB/OL］．［2017－03－23］．http：//www. infzm. com/content/123659.

② 法言平．又一堂全民共享的法治“公开课”［EB/OL］．［2017－03－26］．中国法院网，http：//www. chinacourt. org/article/detail/2017/03/id/2632539. shtml.

③ 张宽明．切除高利贷“毒瘤”［EB/OL］．［2013－03－08］．https：//www. chinacourt. org/article/detial/2013/03/id/907209. shtml. 仇逸，何欣荣．人大代表建议：严厉打击打着民间借贷幌子的高利贷行为［EB/OL］．［2015－03－14］．http：//npc. people. com. cn/n/2015/0314/c14576－26693368. html. 侯琳良，林洛頻．胡子敬代表：建议将高利贷行为明确入刑 维护社会稳定［EB/OL］．［2015－03－12］．http：//lianghui. people. com. cn/2015cppcc/n/2015/0312/c393682－26683360. html.

与高利贷的历史一样古老，一直与高利贷相伴相随，只要有高利贷的地方，就有高利贷衍生的犯罪现象。在我国，于某式悲剧，并非首例，也非最后一例，其只是高利贷衍生犯罪的冰山一角，通过一种更为极端的方式，隐喻了高利贷衍生犯罪现象及其可能的问题。

一、高利贷衍生犯罪的整体面貌

早先，国人对高利贷及其衍生犯罪现象的认识及所形成的刻板印象，大多数来自贺敬之、丁毅的歌剧《白毛女》，莎士比亚的《威尼斯商人》等文学作品。而当前，则来自新闻媒体所渲染的罪恶。然而，政治性从来都是传媒的重要特性，[①] 从政治的角度看，高利贷常常成为历史上朝代更替的原因之一。新中国成立后，消除高利贷是新社会的标志性事件。[②] 因此，高利贷的污名化便成为必然。但作为社会科学研究，则应当秉持客观中立的立场。“于某式悲剧”以极端个案的方式再一次隐喻了高利贷背后不可忽视的违法犯罪问题。但对于高利贷所衍生的犯罪问题究竟是一种什么样的社会存在，至今依然缺乏系统的了解。为此，笔者利用开放法律联盟（OpenLaw）[③] 中的法院判决书系统，对2014—2016年因高利贷所衍生的犯罪进行了数据统计和呈现，以全面客观呈现其整体面貌。

通过对开放法律联盟中3475.5万份判决书进行检索，在2014—2016年这三年中，判决书中出现高利贷关键词的判决书有42 317份，其中民事判决书29 381份，刑事判决书10 583份。在刑事判决书中，一审判决书8334份，二审判决书2047份，分别占刑事判决书的78.7%和19.3%。在一审判决中，完全支持公诉意见的有8118件，占一审的97.4%。在二

---

① 陈柏峰．当代传媒的政治性及其法律规制［J］．法制与社会发展，2017（3）：118.

② 岳彩申．民间借贷规制的重点及立法建议［J］．中国法学，2011（5）：89.

③ 开放法律联盟（OpenLaw），2014年成立于上海，是一个面向律师、法官、检察官、法学教师、学者、学生以及从事法律相关工作的人员的开放型非政府组织，开放法律联盟的用户被视为法律技术和知识的源泉，共同分享法律专业知识以及智慧和经验成果。

审判决中，维持一审原判的有 1546 件，占二审的 75.5%。由于二审判决书是立基于一审判决书之上的判决，其本身并非独立的案件。为了避免统计上的重复，只对一审刑事案件进行统计分析。同时，应当注意的是，由于开放法律联盟的数据没有包括我国港澳台地区，因而本章中所涉及的数据都限于中国内地（大陆）。

在 2014—2016 年的一审刑事判决书中，涉及高利贷的判决书共有 8334 份，其中 2014 年有 3140 份，2015 年有 2839 份，2016 年有 2355 份。从各省市这三年涉高利贷一审刑事判决书的数量来看，广东省最多，有 806 件。青海省最少，只有 17 件。于某案件的发生地山东省，判决书数量排列第三，共审判涉高利贷一审刑事案件 686 件。在判决书数量的总体排序上，排在前五位的分别是广东省、浙江省、山东省、江苏省、安徽省，排在最后五位的分别是新疆维吾尔自治区、宁夏回族自治区、海南省、青海省和西藏自治区，具体数据如表 9－1 所示。需要注意的是，数据库中各省市自治区的判决量主要受各省市自治区人民法院审判公开程度的影响，并不能完全反映各省市自治区相关犯罪真实的审判量。但即有公开的判决书，大体能反映高利贷寄生犯罪的全貌。

表 9－1　2014—2016 年中国内地（大陆）各省市涉及高利贷一审刑事案件判决书情况

省份	数量/件	省份	数量/件	省份	数量/件	省份	数量/件
广东	806	四川	348	贵州	191	重庆	116
浙江	695	湖北	332	云南	188	天津	53
山东	686	福建	321	吉林	151	新疆	49
江苏	522	江西	297	甘肃	149	宁夏	41
安徽	494	上海	273	辽宁	146	海南	38
湖南	494	广西	252	北京	136	青海	17
河南	425	山西	205	黑龙江	134	西藏	0
河北	417	陕西	202	内蒙古	122		

对于高利贷寄生犯罪所涉嫌犯罪的类型，在《刑法》的主要章节中均有涉及。大体情况如下：在8334份判决书中，涉及侵犯财产类的犯罪共2947件，妨碍社会管理制度类的犯罪共1982件，侵犯公民人身、民主权利类的犯罪共1535件，破坏社会主义市场经济秩序类的犯罪共1476件，贪污贿赂类的犯罪共206件，危害公共安全类的犯罪共148件，危害国家安全类的犯罪共14件，渎职类的犯罪共10件。具体而言，在涉及高利贷的所有犯罪中，触犯《刑法》中的罪名将近100种。其中，判决书超过100件的罪刑有15种，分别是：涉嫌诈骗罪2004件，抢劫罪277件，敲诈勒索罪179件，盗窃罪135件，职务侵占罪131件，开设赌场罪938件，赌博罪345件，寻衅滋事罪209件，走私、贩卖、运输、制造毒品罪237件，非法拘禁罪1142件，故意伤害罪225件，扰乱市场秩序罪865件，合同诈骗罪831件，金融诈骗罪327件，破坏金融秩序罪251件，具体如图9－1所示。其中，涉罪量排在前五名的罪刑分别是诈骗罪、非法拘禁罪、开设赌场罪、扰乱市场秩序罪和合同诈骗罪，这是高利贷衍生犯罪中最为常见多发的罪刑。而诸如涉及故意杀人罪、绑架罪、聚众斗殴罪、组织领导参加黑社会性质组织罪、放火罪及相关罪刑的判决书都在100件以下。

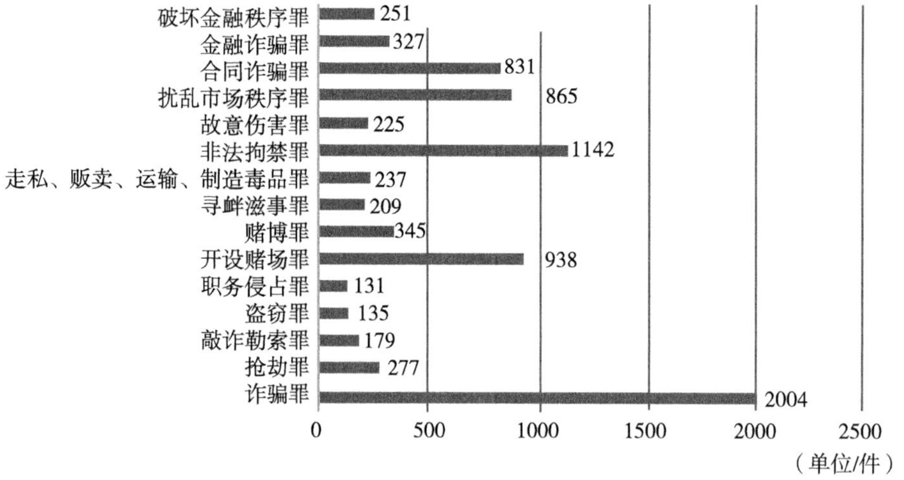

图9－1　2014—2016年涉高利贷一审刑事审判书主要涉罪情况

二、高利贷衍生犯罪的类型

“于某式悲剧”不仅隐喻了高利贷衍生犯罪现象的客观存在及其问题的严重性，同时也隐喻了高利贷衍生犯罪的类型。对高利贷衍生犯罪进行类型学划分，有助于更为深入地了解高利贷衍生犯罪现象。一般而言，刑法学主要是通过高利贷衍生犯罪所涉及的罪刑种类加以划分，这种类型划分有助于了解高利贷衍生犯罪的种类及其频率，以此确定高利贷与其所衍生犯罪的关系强度。在开放法律联盟有关涉高利贷犯罪的统计中，涉罪量越高，说明与高利贷的关联度越强。然而，刑法学作为一门规范法学，主要特征是去人格化和身份化。其只知罪种，而不知犯罪背后的社会学特征，这可能会影响刑事政策的制定和犯罪控制的效果。

犯罪社会学对犯罪人的身份信息情有独钟，这将有助于弥补规范刑法学的不足。而对犯罪人的身份信息进行类型化，则需要对判决书文本进行分析。在于某案件中，如果没有去核查该案的判决书，仅从统计的角度出发，只能发现高利贷与故意伤害罪的相关性，然后再去观察所有高利贷与故意伤害罪的关系强度。然而，我们却无法知道涉案主体的社会特征，我们甚至无法知道实施犯罪的主体究竟是高利贷中的借方还是贷方，但是这一点对理解和解决高利贷衍生犯罪尤其重要。实际上，在于某案件中，于某是故意伤害罪的实施主体，同时他身份特征又是高利贷的贷方，尽管他本人并非借贷主体。被害人杜某浩等是故意伤害罪的对象，同时他们的身份特征又是代表高利贷的发放方，尽管他们并非贷方。而且，于某案还将有一个关联案件，将会进入人民法院判决，那就是作为高利贷的借方吴某占及其团伙将会受到相应的刑法惩罚。也就是说，于某案件，不仅隐喻了高利贷债主的残忍，也隐喻了借债人的悲哀，在一定的条件下他们都可能演变成为高利贷衍生犯罪的主体。因此，基于在高利贷中角色不同，笔者把高利贷衍生犯罪，类型化为寄生型犯罪和倒逼型犯罪两种。

所谓寄生型犯罪，主要是指依附和维系高利贷利益而衍生犯罪的总称。寄生型犯罪包含三个基本要素：第一，放贷方是犯罪的实施主体，其中放贷方既包括高利贷债主及其代理人，也包括其委托人或代理人，而委托人或代理人既可以为自然人，也可以为法人，例如委托讨债公司。在于某案件中，吴某占为高利贷债主，而杜某浩等为吴某占的催债代理人。第二，违法犯罪是维系高利贷利益的必然手段。由于高利贷在我国属于非法，不受法律保护，那么必然需要非法的力量加以维系。尽管高利贷行业也试图避开法律的红线，尽量打擦边球，但最终也无法避免与犯罪共生。第三，寄生性是此类犯罪的基本特征。寄生是一种生物学现象，指一种生物生于另一种生物的体内或体表，并从中摄取养分以维持生活的现象。高利贷债主及其委托人或代理人犯罪依附于高利贷，本质是一种犯罪寄生现象。其通过吸附高利贷这一平台和载体，可以减弱违法犯罪风险，提高犯罪收益，高利贷在某种意义上成为违法犯罪的掩护体。在于某案件中，尽管当事人报案，警察也到场，但警察一般会以民事纠纷为由，不予处理。而这也恰好是高利贷及其衍生犯罪借以生存的法则之一。

所谓倒逼型犯罪，主要是指高利贷中的债务人及其关系主体，偿还或对抗高利贷而衍生出来的犯罪类型总称。倒逼型犯罪包含以下基本特征：第一，高利贷的借贷方为倒逼型犯罪的实施主体，其中，借贷方不仅指借贷者本人，也包括其利益相关者。在于某案件中，于某的母亲是高利贷的借贷人。第二，违法动机往往是一种被动状态。这种被动状态一方面是基于偿还高利贷的压力，另一方面是基于对高利贷债主的暴力讨债的反抗。两者都是在高利贷的倒逼机制下，才产生的犯罪。在于某案件中，于某对杜某浩等人所实施的故意伤害罪，就属于倒逼型犯罪。倒逼型犯罪是于某式悲剧的核心所在，他们往往从高利贷寄生犯罪的受害人转变为侵害人。

在开放法律联盟的司法判决书数据库中，通过统计的方式很难识别实施犯罪的主体究竟是高利贷债主还是借贷者。但我们却可以通过判决书的文本内容加以识别。实际上，在高利贷衍生犯罪中，寄生型犯罪的罪刑相对集中，主要触犯的是非法拘禁罪、开设赌场罪、扰乱市场秩序罪、寻衅滋事罪及组织、领导、参加黑社会性质组织罪等。而倒逼型犯罪所触犯的罪刑则更为多样化。其中在偿还高利贷债务的压力下，所实施的犯罪主要有诈骗罪、抢劫罪、盗窃罪、贪污罪、走私贩卖运输制造毒品罪。在对抗高利贷暴力讨债的犯罪中，主要集中于故意伤害罪、故意杀人罪、放火罪等。社会各界高利贷衍生犯罪的关注主要集中于寄生型犯罪，而忽视倒逼型犯罪。实际上，倒逼型犯罪的数量和暴力程度并不亚于寄生型犯罪。陈志武教授等在对清代债务命案研究中发现利率越高，借贷方死亡的可能性也随之增加。尤其是，对高利贷的道义批判可能加剧了借贷纠纷中的极端冲突。[①] 于某悲剧隐喻了长期以来对高利贷道义批判的结果，同时，又作为一个起点，可能会在债权人与债务人之间催生更多的极端冲突。

第二节　信任与高利贷衍生犯罪

高利贷不仅衍生了寄生型犯罪，也衍生了倒逼型犯罪。社会各界关注和重视的高利贷衍生犯罪主要集中于寄生型犯罪，而忽视倒逼型犯罪。这将导致对高利贷衍生犯罪的治理可能产生一定程度的偏差。从表面上看，寄生型犯罪是债主实现高利贷非法利益的必然手段，倒逼型犯罪是借债人情非得已的选择。而从本质而言，高利贷衍生犯罪一方面与高利贷作为一种反信任机制的特质相关联，另一方面与国家银行信贷的身份型信用体制相关。

---

① 陈志武，林展，彭凯翔．民间借贷中的暴力冲突：清代债务命案研究［J］．经济研究，2014（9）：162.

一、高利贷是一种反信任机制

有关犯罪的原因理论很多，按照不同的分类标准也可以划分为很多不一样的类型。[①] 这些理论可从不同角度解释各种犯罪现象和问题。然而，对高利贷衍生犯罪而言，正确认识高利贷，则是理解高利贷衍生犯罪的关键。

高利贷的历史源远流长，可以追溯到距今 3000 多年前的巴比伦王国，[②] 在我国则大致出现在西周。[③] 对于何为高利贷，简而言之就是超出借贷利息上限的借贷行为，而借贷利息上限则可能在不同时期、不同国家会有所不同。在我国，借贷大体可以分为银行借贷和民间借贷两大类。民间借贷又可以分为合法借贷和非法借贷。而高利贷就属于非法民间借贷中的一种。高利贷在自然属性上属于民间借贷，与其他形式的借贷一样，都应以诚信为原则，从借贷合同的订立到合同的履行，都应立基于信任基础之上。所谓信任，从个体层面看，它是指个体基于对他人行为是否会遵守或破坏道德标准所作的一种反馈行为。[④] 其内含了对交易关系中的利益相关方可能采取的对各方都有利的合作性策略行为的一种概括化的期望。[⑤] 从社会层面而言，信任是指在一个社会团体之中，成员对彼此常态、诚实、合作行为的期待。[⑥] 其是一种社会行为的文化规则。[⑦] 也就是说，信任的核心是信用，其既内含了对信用的可期待利益，也预示着失信风险。

---

① 曹立群，周愫娴. 犯罪学理论与实证［M］. 北京：群众出版社，2007.

② 克里斯塔·萨斯什，乔治斯·安东诺普洛斯. 西方高利贷问题研究综述［J］. 宋瑞，计目，译. 青少年犯罪问题，2015（6）：101.

③ 高石钢. 高利贷在中国古代的起源与发展问题探析［J］. 宁夏大学学报（人文社会科学版），2010（3）：98.

④ MESSICK D M，KRAMER R M. Trust as a form of shallow morality［M］//KAREN COOK. Trust in society. Washington：Russell Sage Foundation，2001：89 – 117.

⑤ ROTTER JULIAN B. A new scales for the measurement of interpersonal trust［J］. Journal of Personality，1967，35（4）：651 – 665.

⑥ 弗兰西斯·福山. 信任：社会道德与繁荣的创造［M］. 李宛容，译. 呼和浩特：远方出版社，1998：35.

⑦ 彼得·什托姆普卡. 信任：一种社会学理论［M］. 程胜利，译. 北京：中华书局，2005：33.

不仅如此，信任还包含着社会规范及其对失信者的制裁力。

在借贷关系中，对于出借方而言，借贷作为一种信任行为，其能否发生，主要受借方信用程度影响。信用越高，借贷越容易，成本也越低。如果没有信任，那么借贷行为一般不会发生。而对于借方而言，信任不仅决定借贷行为的发生，也会影响借贷行为的容易度和深度。有关信任与银行贷款的可获得性研究表明，银行信任与小微企业贷款可获得性呈显著正相关关系，与贷款利率呈负相关关系。[①] 实际上，不仅是企业贷款与信任存在正相关关系，所有的借贷行为包括高利贷都应当如此。信任不仅是借贷行为发生的基础，还是借贷的社会分层机制。借贷中的出借人通过信任机制把不同的社会主体分成不同的信任等级，从而决定借贷行为是否发生及如何发生。同时，借贷人也可以通过信任的社会分层，来获取他们所需要的贷款。借贷行为的现象学，本质上是借贷双方信任关系的社会分布与呈现。

然而，高利贷存在于信任的边缘地带，是一种反信任机制。其利用信任的社会分层机制，通过背离信任原理的运作方式，以获得生存空间和市场。一般而言，在借贷关系主体中，放贷方会通过信任的社会分层，把信用低且偿债能力不足的社会主体，排除在借贷范围之外。而借贷方则更愿意选择利率低的地方借贷，这将使得高利贷没有市场。这种双向选择的结果可能就是，高利贷的生存基础只能是那些缺乏信用且偿债能力不足的社会主体。被借贷机制甩出信任体制之外的社会主体越多，利息也会越高，高利贷市场也会越兴盛。实际上，金融服务的最大特征是必须面对借款人资不抵债的信用风险，因而不得不根据风险的大小来设定不同的利率，以确保在信用度同等的一组债务人当中能够消化、吸收无法回收债权的风

① 邓超，周峰，唐莹．商业银行信任对小微企业信贷影响的研究［J］．国际金融研究，2017（2）：54.

险。[①] 也就是说，高利贷的反信任机制主要表现是，高利贷不能通过信任机制来选择他们的借贷对象，也不能根据信任原理来确立借贷关系。高利贷只能生存于信任的边缘地带，寄生于不信任的社会土壤之中。因此，社会信任度越低，信任信用机制越不健全，高利贷的利率越高，高利贷市场也越兴盛。

二、信任危机与高利贷寄生型犯罪

高利贷衍生的寄生型犯罪，种类繁多，但都有一个共同的特征，那就是通过暴力讨债衍生而来。对于暴力讨债现象，不是高利贷的专利，任何债务甚至任何权利救济都可能衍生暴力讨债，只是高利贷中的暴力讨债更为典型，更为多发。从某种意义上说，高利贷只能依赖暴力讨债而生存。因此，探索暴力讨债的社会成因，是理解高利贷寄生型犯罪的关键钥匙。

从社会学意义上讲，暴力讨债及各类暴力维权，兼具双重属性。一方面，暴力讨债是一种权利的私力救济；另一方面，暴力讨债内含了对债务人的惩罚和制裁。而通过暴力讨债的权利救济与惩罚的功能，既是信任危机的极端表达，又是维系权利义务主体之间信任结构失衡的重要机制。首先，暴力讨债主要诱因在于债权得不到实现。不管债是如何来的，也不管是合法之债还是非法之债，债的存在是前提。而债则以信任为基础，债的未履行属于失信行为。失信概率越高，暴力越多。其次，信任危机是暴力讨债的沃土。信任危机使得暴力讨债的“合法性”增强，从而更容易获得社会，甚至国家的宽容。其必然的结果就是，滋生更多的暴力。再其次，暴力讨债是信任结构失衡的结果。信任是债的均衡机制，然而，信任危机打破了这种均衡。20 世纪 80 年代末期以来，债权人逐渐从“强势”群体，演变为“弱势”群体。欠钱人是“大爷”，已然成为社会的亚文

① 季卫东. 从于某案透视民间金融 [J]. 中国改革，2017 (3)：85 - 88.

化。而作为抗衡机制，暴力就成为债权人的最后武器。最后，暴力讨债折射了债权人对国家提供的各种救济渠道的不信任。国家在权利救济方面，能力越弱，民间暴力讨债的可能性越高。这也表明，对法律的不信任也是暴力讨债的渊源。

高利贷的暴力讨债具备暴力讨债的所有社会学特征。不仅如此，高利贷作为一种反信任机制，暴力讨债更是它的必备工具。一般而言，没有信任，也可能发生借贷的情形主要有两种：一是受关系网络的影响。其中关系网络不仅包括个体私人关系，也包括政治、社会关系。例如，在民间借贷中，缺乏信任的人之间也能发生借贷行为。在机构借贷中，社会信任与政治关系对企业银行贷款具有显著的影响，且这种影响存在替代效应。[①] 二是受利益的诱惑。利益越大，出借方也更愿意借贷。但前提是债权人对还贷有足够的控制力。出借方对借方的控制力越强，即使没有信任也可以发生借贷。高利贷就属于第二种情形。也就是说，作为反信任机制的高利贷，高利率和暴力都是其信任利益的保护机制。尤其是在高利贷无法获得法律保护的情况下，暴力几乎是高利贷讨债的唯一途径。而信任危机则会导致利率更高，暴力更强。

三、信任危机与高利贷倒逼型犯罪

高利贷倒逼型犯罪与寄生型犯罪的发生机理不同，但却与高利贷及其寄生型犯罪相关。寄生型犯罪探讨的是放债人为何犯罪的问题，而倒逼型犯罪则探讨的是借贷人犯罪的问题。而借贷人犯罪一直没有得到应有的重视，也缺乏相应的研究。在笔者看来，倒逼型犯罪是暴力讨债的非预设后果，其核心也是信任问题。

首先，倒逼型犯罪是信任排斥的结果。20 世纪 90 年代以来，社会排

---

① 张敦力，李四海. 社会信任、政治关系与民营企业银行贷款 [J]. 会计研究，2012 (8)：24.

斥现象研究已经成为世界各国关于社会政策和不平等问题研究的一个新取向，[①] 也是犯罪问题研究的基本路径。当前，我国银行体系的信用体系具有明显的身份性特征，“公”“私”较为分明，即把带有官方性质的单位与个人和具有民间性质的单位与个人区别开来，并以此建构差异化的信用标准。而借高利贷者主要由那些被信任机制排斥的群体组成，其基本特征主要有三点：一是这些主体基本属于社会的底层，或者说在社会中处于弱势的群体；二是这些主体的自我偿债能力低；三是缺乏融资的渠道。这三个特征既是信任排斥的原因，也是信任排斥的结果。在于某案件中，主要显现的是中小民营企业的融资危机和借高利贷的问题，实际上，农村中高利贷一直较为盛行，因赌博而借高利贷也是高利贷的重灾区。而当前，大学生群体中的裸贷成为高利贷的新型领域，逐渐演化为较为严重的社会问题。由于他们在现有的信任评价系统中信用度相对较低，无法从银行或其他合法渠道获得贷款，因而只能借高利贷。在社会信任危机的当前，这些社会主体的范围会越来越广，也越来越难以在信任机制中获得有效的信用借款来缓解其经济压力，他们只能在信任体制之外获得经济支持，尽管他们知道这种支持的代价是非常惨痛的。但是正如有学者所言，“只要能借到钱，渡过眼前的生死难关，利息率的高低，是无暇计及的”[②]。

其次，倒逼是借高利贷者违法犯罪最为直接的动因。借高利贷者违法犯罪的类型多样，犯罪原因也各不相同，但最为主要和最为直接的共同动因则是债主倒逼。倒逼型犯罪主要有两种：一种是对抗暴力讨债，另一种为偿还高利贷。前者对倒逼犯罪的特征表现较为明显，在高利贷发放者的暴力讨债下，借高利贷者最后通过以暴制暴，甚至违法犯罪的方式加以对抗；而后者更似借高利贷者为了诚信守约偿还高利贷而不惜犯罪。实际上，并非如此。为偿还高利贷所衍生的犯罪，是发放高利贷者的强有力的

---

① 丁开杰．西方社会排斥理论：四个基本问题［J］．国外理论动态，2009（10）：36.

② 王亚南．中国半封建半殖民地经济形态研究［M］．北京：人民出版社，1957：274.

控制能力的体现。作为被信任体制排斥的社会主体，在还贷能力上是有很大局限的。因此，发放高利贷者要保证其高利贷所预设的可期待利益，必然要加强其还贷的控制力。而且这种控制力，足以使得借高利贷者甘愿冒着违法犯罪的风险，去赚取资金以偿还高利贷。也就是说，借高利贷者为偿还高利贷而犯罪，也是在发放高利贷者的倒逼下产生的犯罪。

最后，对法律的不信任也是倒逼型犯罪的重要因素。在我国，从法律上讲，高利贷属于无效法律行为。[①] 如果说，发放高利贷者因为知道高利贷属于无效法律行为，其高利贷利益无法获得法律保护，他们只能选择暴力以进行“权利救济”，那么借高利贷者则可以主张高利贷无效。但为何借高利贷者却不选择通过法律途径以保护其权益，却选择以违法犯罪的方式偿还高利贷或对抗高利贷暴力讨债。原因之一就是对法律不信任，他们并不相信法律能够保护他们的权利。这种对法律的不信任不仅是对公安机关，也不仅是对人民法院，而是包含了对整个法律系统的不信任。尤其是在信任危机的当前，法律的公信力也受到前所未有的挑战，对法律不信任成了一种亚文化。而处于亚文化中的社会公众，会认为那些具有法律正当性的权利都经常得不到保护，何况他们的权利具有一定的“不正当性”。因此，在法律缺乏信任的地方，总是盛行私人的暴力。

第三节　治理高利贷衍生犯罪的措施

在治理高利贷衍生犯罪的措施上，一直围绕着高利贷能否入罪而进

---

① 规定高利贷为无效法律行为的法律文件有二：一是2002年发布的《中国人民银行关于取缔地下钱庄及打击高利贷行为的通知》（银发〔2002〕30号），该通知规定：“民间个人借贷利率由借贷双方协商确定，但双方协商的利率不得超过中国人民银行公布的金融机构同期、同档次贷款利率（不含浮动）的4倍”；二是最高人民法院在2020年发布的《最高人民法院关于审理民间借贷案件适用法律若干问题的规定》（法释〔2020〕17号）规定，“出借人请求借款人按照合同约定利率支付利息的，人民法院应予支持，但是双方约定的利率超过合同成立时一年期贷款市场报价利率四倍的除外”。

行。然而，从高利贷衍生犯罪的深层原因来看，通过信任机制的治理可能是一种更为有效的途径。如果我们把高利贷入罪作为其衍生犯罪的治理之策比喻为“西医疗法”，那么通过信任机制的治理则是“中医疗法”。“中医西医疗法”各有特色，各有所长。“西医疗法”注重对犯罪的阻却，但可治标，难治本，“中医疗法”则更注重抽丝剥茧和源头治理。

一、高利贷衍生犯罪的入罪化治理

高利贷是否入罪一直是探讨治理高利贷及其衍生犯罪的焦点。自我国改革开放以来，销声匿迹了一段时间的高利贷又死灰复燃，滋生了很多社会问题。针对这一现象，早在20世纪90年代初期，陈兴良教授就提出应当增设发放高利贷罪。[①] 当前，随着高利贷衍生犯罪问题愈发严重，通过《刑法》打击高利贷成为治理高利贷及其衍生犯罪的重要手段，也强化了高利贷单独入罪的必要性和合理性。[②] 使得高利贷治理具有泛刑法化特征。[③] 然而，也有学者指出，在当前《刑法》还没有明确发放高利贷为犯罪的情况下，不应司法犯罪化，[④] 更不应主张高利贷入罪。邱兴隆教授认为民间高利贷应当非罪化，而不能通过修改《刑法》等方式来把它规定为犯罪，并提出了非罪化的五个理由。[⑤] 除了这些直接的原因外，高利贷能否入罪，还涉及《刑法》的基本理念，即如何协调好法益的《刑法》保护早期化和《刑法》的谦抑原则之间的冲突问题。[⑥] 在笔者看来，高利贷入罪是治理高利贷及其衍生犯罪的重要手段，其也具备了入罪的法律基础和社会基础，也符合《刑法》的谦抑精神。具体而言，主要原因有三个方面：

---

① 陈兴良．论发放高利贷罪及其刑事责任［J］．政法学刊，1990（2）：18.

② 龚振军．民间高利贷入罪的合理性及路径探讨［J］．政治与法律，2012（5）：45.

③ 邱兴隆．民间高利贷的泛刑法分析［J］．现代法学，2012（1）：112.

④ 李腾．论民间高利贷不应司法犯罪化［J］．法学杂志，2017（1）：112.

⑤ 邱兴隆．民间高利贷的泛刑法分析［J］．现代法学，2012（1）：120－122.

⑥ 马克昌．危险社会与刑法谦抑原则［J］．人民检察，2010（3）：5.

首先，高利贷干预理论是高利贷入罪的法理基础。反对高利贷入罪的核心理由之一就是高利贷犯罪化有违契约自由与意志自治的基本精神。① 这也是利率自由化的核心思想。然而，任何国家，契约自由在法律中贯彻都有一定的限制，只是对待不同的调整对象，各个国家会根据具体情况采取不同的调整强度而已。而且，事实上，在有关高利贷的法制发展过程中，也并非一直采取利率自由化。早在中世纪时期，托马斯·阿奎那就认为，高利贷合乎人法且具有现实性，但违背自然法和神法而不具有德性。② 这是规制高利贷的法理基础。岳彩申、张晓东考察了西方高利贷规制的法理源流，发现契约自由理论只是自由资本主义这一特定时期高利贷不受规制的法理基础。而在现当代，契约正义理论、金融监管理论和消费者主权理论是民间高利贷规制的主要理论源流。③ 这些理论都为高利贷管制提供了强有力的法理基础，是国家干预、规制高利贷的法理依据。而且，表面上看，最高利率限制影响借贷的自由定价，不利于引导民间借贷主体守法经营。但是，从长远看，如果最高利率限制比较合理，利率限制内的民间借贷能够获得法律保护，同样可以发挥有效的激励功能。④ 对于干预和规制的高利贷方式，其不仅包括民事法律，也包括刑事法律。而是否采用刑事法律来规制高利贷，则主要看民事法律规制能否有效规制高利贷及其衍生的社会问题。美国、意大利、西班牙、日本等国家都有关于高利贷的刑法规制。我国目前对高利贷的法律规制手段主要是民事法律，《刑法》中有关高利贷的规制只有高利贷转贷罪。没有通过高利贷入罪来治理高利贷，不是因为缺乏法理基础，而是因为在立法之时，高利贷及其衍生的社会问题，并没有达到需要《刑法》去调整的要求。而当前高利贷所衍生的违法犯罪问题则已经突破《刑法》谦抑原则的底线。

---

① 邱兴隆. 民间高利贷的泛刑法分析［J］. 现代法学，2012（1）：120.

② 刘招静. 交换、正义与高利贷：托马斯·阿奎那的经济伦理观［J］. 历史研究，2016（6）：119.

③ 岳彩申，张晓东. 民间高利贷规制的法理源流及制度变迁［J］. 政法论丛，2015（2）：11.

④ 岳彩申. 民间借贷的激励性法律规制［J］. 中国社会科学，2013（10）：135.

其次，高利贷衍生社会问题严重，需要入罪化治理。随着高利贷侵入的领域越来越广，高利贷滋生的社会问题（包括犯罪问题）也愈发严重，如果不加控制，势必造成更为严重的社会后果。其主要表现为，高利贷与违法犯罪相伴相随，不仅寄生了大量的违法犯罪，还倒逼了很多进入高利贷的社会主体走向违法犯罪的道路。而且，更为重要的是，高利贷将对社会主义金融制度造成很大危害。[①] 从微观角度看，扰乱公民正常的生活秩序，导致借款人陷入债务深渊而无法自拔，收债过程往往伴随着恐吓、欺诈、暴力等非法行为，容易滋生犯罪；从宏观角度看，扰乱了国家正常的金融秩序，影响金融安全、社会稳定及国家宏观政策的执行。[②] 的确，金融法律秩序对高利贷规制的社会本质是，通过对借贷双方结构关系的均衡，发挥借贷的积极功能，抑制借贷的消极功能。而高利贷通过对金融法律秩序的冲击与破坏，打破了这种社会结构的均衡，其不仅造成金融法律秩序的失范，而且必将激化更多的社会矛盾，衍生更多的社会问题。

最后，高利贷入罪治理的功能源自金融秩序的恢复。反对高利贷入罪化治理的理由之一便是民间高利贷伴生犯罪不能作为民间高利贷应当犯罪化的理由。[③] 任何事物都有正功能，也有负功能。[④] 甚至违法、犯罪本身也有正功能和负功能，[⑤] 高利贷也不例外。但不能由此认为，高利贷不能入罪。高利贷入罪的治理功能，不仅是治理高利贷衍生的违法、犯罪，甚至不仅是治理逐渐失控的金融法律秩序，而是试图通过高利贷入罪，倒逼借贷双方在法律框架内建立良性的借贷关系，以此维护借贷关系的结构均衡。就此而言，高利贷入罪的功能并非直接打击高利贷衍生的犯罪，因为

---

① 陈兴良. 论发放高利贷罪及其刑事责任［J］. 政法学刊，1990（2）：18.

② 岳彩申. 民间借贷规制的重点及立法建议［J］. 中国法学，2011（5）：90.

③ 邱兴隆. 民间高利贷的泛刑法分析［J］. 现代法学，2012（1）：122.

④ 付子堂. 法律功能论［M］. 北京：中国政法大学出版社，1999.

⑤ E. 迪尔凯姆. 社会学方法的准则［M］. 狄玉明，译. 北京：商务印书馆，2007.

这些犯罪本身由《刑法》的相应条款调整。高利贷入罪的主要功能是通过对金融秩序的强制性恢复，抑制高利贷衍生犯罪的发生。另外，高利贷入罪意味着高利贷纠纷不再是民事纠纷，这也使得公安机关提前介入高利贷纠纷具备了合法性基础。而公安机关的提前介入则是化解高利贷矛盾，预防高利贷衍生犯罪的重要手段。

二、通过信任机制治理高利贷衍生犯罪

当前，高利贷入罪既有法理支撑，也具备入罪的社会基础，立法时机基本成熟，是考虑高利贷入罪的时候了。当然，我们也不能高估高利贷入罪的功能。其中，不能过高估计不是指高利贷入罪的实际运行效果，而是指入罪治理只是犯罪治理的一个环节，甚至是一种没有办法的选择。实际上，犯罪治理从来都不只是《刑法》的事情，而是更广义的社会治理问题，适当的公共决策就是最好的解决犯罪问题之道。[①] 对高利贷衍生犯罪治理而言，不仅需要通过入罪化治理，还需要社会治理提前介入，以预防高利贷衍生违法犯罪。基于高利贷本身的特质、发生原理及衍生犯罪的原因总是围绕着信任展开，为此，高利贷衍生犯罪的治理也应围绕着信任机制的治理进行。具体而言，包括三个层面：

首先，从国家层面而言，重点就是祛除身份性信任机制，建立平等的信用分层机制。这是阻却高利贷，预防高利贷衍生犯罪最为直接也最为有效的手段。当前，我国银行信用分层机制存在明显的身份特征。即银行信用分层把国家与社会、国有与私营、公职人员与企业职业及其他职业区别开来，以此进行信用等级的分类，并把国家机构、国有企业及国家公职人员视为高信用度客户，而那些没有国字号的企业、组织及个人，则为低信用度甚至无信用客户。这也是我国当前中小民企、个人难以融资和贷款的

① 赵宝成．犯罪问题是一个公共政策问题：关于犯罪及其控制的政治经济学思考［J］．中国刑事法杂志，2001（4）：91.

重要原因，也是这些社会主体最终走向高利贷的重要根源之一。不仅如此，信用分层身份制，还有弱化信用功能的副作用，为了获得贷款，这些被视为低信用度的社会主体，不会积极提高自我的信用以获得融资和借贷，而是通过获取政治资源或非法手段获得融资和借贷。而祛除信用分层身份制，建立平等的信用分层机制，不仅能使很多在身份制下无法获得融资和借贷的社会主体能够获得融资和借贷，而且还能大大提高信用的激励功能，使更多的社会主体愿意维护自己的信用，从而推进银行与借贷方关系的良性循环。

其次，从民间借贷规制层面而言，重点就是进行信用治理，切实维护借贷双方的信赖利益。借贷本质是一种信任关系，而高利贷的本质是反信任。因此，民间借贷规制的信用治理不仅包括一般借贷市场的信任治理，也包括对高利贷市场反信任的治理。对于高利贷这种反信任机制的治理，主要依赖刑事制裁的刚性手段，阻断这种反信任的借贷行为，倒逼民间借贷在不违背金融管制的前提下进行借贷活动。这不仅能发挥金融管制均衡借贷双方权利结构的功能，也能有效保护出借方的合法利益。从而既能有效预防高利贷寄生型犯罪，也能有效预防高利贷倒逼型犯罪。对于一般借贷的信任治理，重点在于通过法律保护信赖关系和信赖利益，促进民间借贷市场良性发展。一方面，信任治理有助于化解信任危机，恢复私人信贷信心，使得小额信贷能够在熟人关系网络中，甚至在机构借贷中完成，防止相关社会主体在无法向银行借贷的情况下坠入高利贷。另一方面，信任治理有助于降低民间信贷风险和成本。一直以来，民间信贷较银行信贷而言，更依赖自我救济，因此，民间借贷要么减少借贷，要么增加借贷利率以提高其抗风险能力。社会信任度越低，其必然推高借贷利率。而信任治理无疑能降低信贷双方的风险和成本，从而有效阻却借贷双方倒逼进入高利贷市场。

最后，从社会信用层面而言，健全信用机制，提高社会主体信用是预防高利贷衍生犯罪的根本。信任能降低交易成本，信任危机无疑会大大助推交易成本，滋生各种社会问题。当前，这一现象在我国借贷市场中已经较为突出。究其原因，就是信用体制不健全，失信成本低，守信成本高所造成的。随着国家对社会信用的重视，我们应按照国务院印发的《社会信用体系建设规划纲要（2014—2020年）》（国发〔2014〕21号）中的相关精神，以信用记录为基础，以守信激励和失信约束为奖惩机制，健全信用体制，以营造诚实、自律、守信、互信的社会信用环境，最终提高社会主体的信用度。只要社会信用提高了，无论是银行信贷还是民间信贷，其信贷机会和信贷额度都会大大提高，与此同时，信贷成本也必然会大大降低。社会信用提高了，也将使得高利贷缺乏生存土壤，这必然会有效预防高利贷衍生犯罪问题。

第十章

社会互害及其法治规制

CHAPTER 10

当前，我国社会主要矛盾已经转化为人民日益增长的美好生活需要和不平衡不充分的发展之间的矛盾。这一矛盾转化的重要表征之一就是我国逐渐陷入社会互害的困窘。社会互害作为改革开放以来逐渐形成的一个独特社会现象，衍生了很多突出的社会问题，成为国家法治治理的顽疾。敏锐的媒体已经关注到社会互害问题，并在不断警醒国人中国社会的“互害模式”，甚至“互害型社会”的来临。① 然而，学术界对业已成疾的社会互害却缺乏应有的关注，更鲜有相关的研究。国家对社会互害的认知也一直处于无意识状态之中，对其所衍生的社会问题，也难形成有效的治理之策。然而，中国特色社会主义进入新时代，全面深化改革和深化依法治国实践进入关键期的当前，如果对社会互害缺乏应有的治理能力，容易使社会面临失序的危险。② 基于此，笔者将从学理上探索作为社会学现象的社会互害，阐释社会互害的基本理论，厘清互害型社会的基本特点、生成机制及其对社会的危害。与此同时，笔者还将讨论法律在社会互害中的功能与作用，并以此为切入口，讨论在全面深化依法治国实践的背景下，应如何创新治理之策，提升治理能力和水平，以实现法治对社会互害的规制。

第一节 作为社会学现象的社会互害

社会互害现象自古就有，但其成为新型社会问题，成为社会主要矛盾的重要表征则是晚近的事情。在当代中国，我们有很多社会现象和社会矛

① 凤凰视频《全民相对论》第 69 期：互害社会 如何解毒［EB/OL］.［2020－05－23］. http：//phtv. ifeng. com/yuanchuang/detail_2013_05/22/25600963_0. shtml. 郑渝川. 为什么会有互害型社会［N］. 燕赵都市报，2013－06－09. 武志红. 浅说互害型社会［J］. 中外文摘，2013（14）：5. 化定兴. 我们进入了互害社会吗［J］. 检察风云，2015（22）：36.

② 郑永年. 关键时刻：中国改革何处去［M］. 北京：人民东方出版传媒有限公司，2017：5.

盾，很难用原来的学术概念和理论进行解释。社会互害在我国的不断问题化，成为当前我国社会矛盾的重要表现形式，是特定社会条件下的新型社会问题。

一、社会问题的类型化

对于社会问题的研究，每个研究者都直接或间接地有一个社会理论模型，这个模型是他对其所处时代的思考，也是其分析问题的逻辑起点。尽管每一种理论模型的角度不一，但他们都试图把各种复杂的社会现象和社会问题概念化和理论化，从而使得我们更容易理解、解释，甚至解决社会中所存在的各种问题。在我国社会问题的概念化与理论化过程中，建构了许多不同的社会类型和理论模型。

自清末以来，仁人志士在探求中国落后挨打的根源时，一直把清末之前那种社会形态视为中国失败的根源。那么清末之前的中国社会形态究竟是什么，则需要研究者对其概念化和理论化，以便于让社会理解和认识。早期对清末之前的中国社会概念化为封建社会，这一理论渊源于马克思、恩格斯对社会的类型学分析。[①] 尽管这一概念能否准确描述清末前的中国社会，仍存争议。[②] 但不可否认的是，国人通常喜欢用这一概念来描述传统中国。除封建社会之外，当前还常用礼教社会、农业社会、专制社会、传统社会等概念描述中国，礼教社会主要是通过思想意识形态进行界定，农业社会主要是通过经济形态加以区别，专制社会是从国家治理结构形成加以区别，传统社会则是与现代社会加以区别。而在社会学界，通常把形成礼教、农业、专制和传统的社会基础，归结为乡土，即中国社会的本质特征是乡土中国。[③] 乡土这一概念成为理解中国问题的关键，其描述了中

---

① 恩格斯．家庭、私有制和国家的起源［M］．中共中央马克思恩格斯列宁斯大林著作编译局，译．北京：人民出版社，1966.

② 瞿同祖．中国封建社会［M］．上海：上海人民出版社，2003.

③ 费孝通．乡土中国［M］．北京：人民出版社，2008.

国区别于西方社会的典型特征，也诠释了中国社会与西方差异的本质所在。

然而，传统中国并不具有永恒不变的属性。清末之后，中国社会发生了剧烈的变革，尤其是在新中国成立之后七十多年中，翻天覆地的变化使得原有的概念和社会理论模型已经难以准确地描述中国社会现状和社会问题，那些能够高度概括我国新问题和新情况的概念和理论由此产生。正如有的学者所提出的，在我国的改革开放过程中，乡土中国逐渐形成了半熟人化式的新乡土中国。[①] 也正是在改革开放过程中，中国遇到了一系列的社会问题，而问题的根源则归结为转型过程中的必然现象，因此，转型又成为理解中国社会的关键词。转型社会表达了一个社会发展的特定时代和过渡阶段，是我国改革开放后一直面临，而且还要长期面临的阶段。中国社会当前所遇到的问题都可以通过这一概念和理论加以解释。

具体到中国社会内部来观察中国社会的问题，从社会结构来描述当代中国的社会问题，可以用“丁字形”社会来理解，这是20世纪90年代社会理论中的一个非常重要的分析概念。这一概念与“橄榄形”社会相对应，中国可能陷入“倒丁字形”社会结构，其结果将会使中国陷入发展困境。[②] 与“丁字形”社会遥相呼应的社会类型概念，就是孙立平提出的断裂社会。[③] 当前，社会理论又被称为风险社会理论，但这并不是直接对中国社会的概念化，而是对现代社会的一种反思性概念。[④]

二、社会互害现象及其特征

以上对社会类型化的阐述对分析中国社会现象和问题确实起到了支配

① 贺雪峰. 新乡土中国［M］. 修订版. 北京：北京大学出版社，2013.
② 李强. “丁字形”社会结构与“结构紧张”［J］. 社会学研究，2005（2）：55－73.
③ 孙立平. 断裂：20世纪90年代以来的中国社会［M］. 北京：社会科学文献出版社，2003.
④ 乌尔里希·贝克. 风险社会［M］. 何博闻. 译，南京：译林出版社，2004.

性作用，并有利于将其普及为一种社会大众观念。但中国社会的发展，和新问题的出现可能需要一种新理论。社会的发展和变化必然带来理论的发展与变化，不能被现有的理论所绑架。[①] 更为关键的是，现有的概念体系及其理论，已经无法解释现存的社会问题。

当前，国人逐渐对生存环境缺乏安全感，并由此产生焦虑与惶恐。这种焦虑与惶恐首先表现在食品与商品领域。我们都在焦虑于吃什么、用什么才能安全和放心，但当自己是生产者或销售者时却总是把这一关键性的问题忽略掉。商品生产者自己生产的产品（包括农产品），自己不吃、不用，卖给他人，因为自己最清楚这些东西是不能吃或用的，或者说知道这些产品是有害的。但自己无法生产的东西，又不得不到市场上购买。而市场上的其他商品的生产也是基于这样的行动逻辑而形成，最后他自己也成了受害者。这种逐渐相互伤害的现象早已不再局限于食品市场和商品领域，而已经逐渐渗透到社会生活的各个层面。劳资关系、医患关系、师生关系、贫富关系、官民关系甚至我们的家庭关系等，都已经嵌入这种社会生态链，使得原有的相对稳定与和谐的共生社会体逐渐对立和瓦解。

上述现象与问题，展现了社会矛盾的转变，即从人民日益增长的物质文化需要同落后的社会生产之间的矛盾，转化为人民日益增长的美好生活需要和不平衡不充分的发展之间的矛盾。即随着人们生活水平的提高、权利观念的增长，人们逐渐开始追求更高品质的生活。然而，社会发展不平衡不充分难以满足这些需求，从而造成两者之间的矛盾与对立。对于这些现象与问题，我们很难用原有的学术概念与理论来描述和解释。而社会互害恰好能够准确而形象地描述其基本特征和本质，是分析当前中国社会问题的有效理论工具。那么，何为社会互害，我们可以简单描述为在社会的交往和互动中，处于某一社会生态链中的各种社会主体利用自身优势有意

---

① 昂格尔．现代社会中的法律［M］吴玉章，周汉华，译．南京：译林出版社，2001.

无意对其他社会主体进行侵害，使得社会呈现交互循环相互伤害的一种社会状态。社会互害的基本特征有三点：第一，互害的本质是易粪相食。易粪相食这一概念来自《左传》中的词语“易子相食”，即在一个不吃人就无法活下去的生存状态下，自己的孩子又不忍心吃，所以只能交换孩子吃以维持生存。用易粪相食这一概念来描述食品领域，主要用来说明每种食品的生产者都清楚自己制作的食品是垃圾，因此绝对不吃。但长此以往，他只能选择吃别人生产但生产者自己不吃的产品。[①] 即其在实现自己利益的同时，把危害后果转嫁给他人。当社会中越来越多的人的行动逻辑采取此种逻辑时，互害型社会的雏形就已经形成，当这一逻辑逐渐成为社会主流时，社会危害逐渐蔓延时，那么互害型社会就已经形成。第二，互害的方式主要是交互相害。互害型社会并不一定表现为直接互害，而主要是交互相害。直接互害是一种较为原始的互害形态，其主要表现为目标明确的复仇行为，即侵害及因侵害导致的反向侵害是相对确定的社会主体。而交互相害则是更为复杂的社会互害生态链，主要表现为侵害人隐匿于某一特定的社会生态链中，其中侵害人和受害人对双方来说都可能是未知的，受害和侵害都具有不确定性。第三，互害是一种社会病。互害型社会是社会的非正常形态，是一种社会病。任何社会都会存在侵害及因侵害导致违法犯罪，这是社会的常态，但超越常态的侵害和违法犯罪则是社会的非常态。[②] 构成人类社会的基础可能是互利合作，而互害则在不断解构这一基础。互害的本质是每个人都从利己考虑，且不考虑他人利益，尤其是明知可能损害他人利益而处于放任心态。看似在这一行为中，行为者获利，但最后任何人都没有从中获利，反而变成了相互伤害。

① 吴恒. 掷出窗外：中国食品安全问题深度观察［M］. 北京：经济日报出版社，2014.

② E. 迪尔凯姆. 社会学方法的准则［M］. 狄玉明，译. 北京：商务印书馆，2007.

第二节 社会互害的理论基础

如果互害型社会作为一个概念和分析工具，能够较为准确地概括中国当前社会问题的特征，那么我们就有必要对社会互害的理论来源与基础进行深入研究。一般而言，社会学对社会的分类主要有两种：一种是基于结构功能的类型划分；另一种是行动理论的类型划分。社会互害现象就是建立在行动理论上的类型学，其以人的行为动因为基础，侧重对社会行动进行诠释性理解，并从而对社会行动的过程及结果予以因果性解释。① 但笔者对社会行动的解释，不是行为动机的解释，而是行为“动机－结果”的解释。

一、社会行动的类型化

在社会科学中，一个最为基本的研究命题，就是社会是怎么形成的，人与人是如何实现合作与互动的。一般认为，在社会科学对人的行为理论假设中，人是理性的，②法学、经济学、社会学、政治学等社会科学都持有这种观点，尽管也有学者认为人的行为也有很多非理性成分，③ 但总体而言，人是理性动物。所谓理性，就是利益最大化，而其本质特征是行为具有利己性。亚当·斯密（Adam Smith）把人性归结为个人利己主义，认为个人追求一己利益，便会自然而然地促进全社会的利益。④ 而边沁（Bentham）则把这一思想进一步系统化为功利主义理论。⑤ 为了修正个体

①② 马克斯·韦伯. 社会学的基本概念［M］. 顾忠华，译. 桂林：广西师范大学出版社，2005.

③ 帕累托. 普通社会学纲要［M］. 田时纲，等译. 北京：生活·读书·新知三联书店，2001.

④ 亚当·斯密. 国富论［M］. 郭大力，王亚南，译. 北京：商务印书馆，2015.

⑤ 边沁. 道德与立法原理导论［M］. 时殷弘，译. 北京：商务印书馆，2000.

功利主义在道德上的瑕疵，穆勒（Mill）提出了集体功利主义理论，在他看来，构成功利主义行为对错标准的幸福，不是行为者本人的幸福，而是所有相关人员的幸福。[①] 利己行为在道德理论中指出人的本性是自私的，这一点在社会生物理论中也有相应的理论基础。人类的所有行为都可以用基因的自私性来解释，成功基因的一个突出特征就是其无情的自私性，这种基因的自私性会导致个体行为的自私性。[②] 认知神经科学也证实了人类行为的基于功利主义或理性人假设的合理性。[③] 在此，我们可以把那些基于理性人或自私性的理论假设，视为利己主义。

但人作为社会性动物，为了实现和维持社会合作，行为就不能完全利己。因此，在任何社会中都需要并在社会文化和制度中提倡利他主义，把利他行为视为一种美好的社会价值，我们把这一价值称为利他主义。一直以来，对于利他主义的解释总是站在道德的立场上加以讨论。但社会生物学却可能瓦解道德主义者的理论。因为对他们而言，基因的自私性这一基本法则不仅能解释个体的自私性，也能解释个体的利他性。[④] 认知行为科学也在某种程度上证明了利他行为符合经济理性的基本原理。[⑤] 利他不仅是道德上的要求，也是社会生存与延续的经验总结。利他主义本质上是利己主义的延伸，也是人类作为社会性动物的本质需求。

一直以来，社会科学理论认为，人的社会行为逻辑基本上是按照利己和利他主义进行的，以利他和利己为基础，可以把人的行动划分为三大基本类型：一是纯利己行为，即行为只对自己有利，而对他人无利；二是纯利他行为，即行为只对他人有利，而对自己没有利益；三是介于利己和利

---

① 约翰·穆勒．功利主义［M］．徐大建，译．北京：商务印书馆，2014：21．

② 理查德·道金斯．自私的基因［M］．卢允中，等译．北京：中信出版社，2012：3．

③ 郭春镇．经济理性的完善及其与道义理性的对接：认知神经科学的视角［J］．厦门大学学报（哲学社会科学版），2014（5）：9．

④ 理查德·道金斯．自私的基因［M］．卢允中，等译．北京：中信出版社，2012：8．

⑤ 郭春镇．经济理性的完善及其与道义理性的对接：认知神经科学的视角［J］．厦门大学学报（哲学社会科学版），2014（5）：11．

他之间的行为。在现实社会中，不管是古代还是现代，纯利己或纯利他的行为比较少见，而更多的是在一行动中包含了多重利益。按照人的行动心理基础，可以把社会类型化为既利己又利他型社会、利己型社会、利他型社会、不利己也不利他型社会四种。在既利己又利他的交集中，又构成一种互利型社会，而不利己也不利他的社会行为和社会都不常见，具体如表10－1所示。

表10－1　动机与行为类型

类型	利他	不利他
利己	利己又利他（互利）	纯利己
不利己	纯利他	不利己也不利他

如果用坐标轴来绘制它们的关系，从图10－1可以看出，横坐标表示纯利他行为，从原点到正前方为无穷大。纵坐标为纯利己行为，也是从原点到无穷大。其他的行为都介于两者之间。

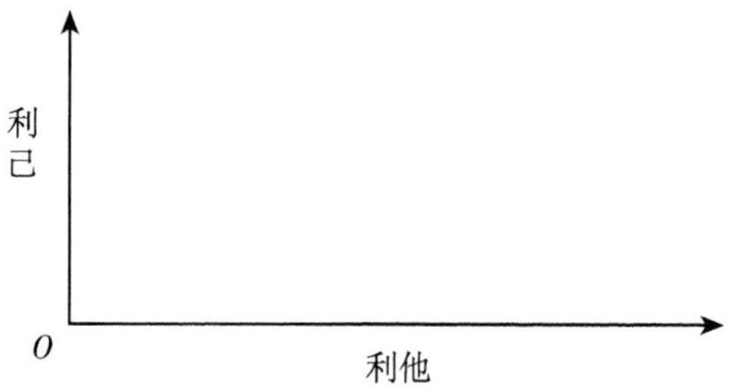

图10－1　动机与行为取向

在笔者看来，这种类型化方法，没有涵盖行动逻辑的全部，无法解释所有的社会行为。或者说用不利己和/或不利他的表述并不完全准确。这主要是因为利他行为的本质是利己，与其说利他是行为的动机，不如说是利己的结果。而且，作为利己结果，不仅是利他，也不仅是利己，还包括害他和害己。也就说，如果结合行为“动机－结果”来区分行为的不同类型时，我们会发现，当横坐标回到原点时，本身就代表不利己了。同样，当纵坐标回到原点时，也就表示不利他了。无论是不利己还是不利他都是原点状态，不能延伸到负无穷大。延伸到负无穷大的不是不利己和不利他，而是害己和害他。即在纵坐标上，当利己回到原点向负向方向延伸时，就是一种害己行为。越往负无穷，损害自己的利益也越多。同样，横坐标向负无穷方向发展时，那么损害他人的利益也越多。也就是说，如果我们做一个坐标轴，那么以横坐标为分界线，上边为利己行为，包括利他型利己，也包括害他型利己。下边是害己行为，包括利他型害己，也包括害他型害己。如果以纵坐标为分界线，那么右边是利他行为，包括利己型利他，也包括害己型利他。左面是害他行为，包括利己型害他，也包括害己型害他。

二、社会互害——基于“动机－结果”社会类型学划分

对社会进行类型学划分，有助于理解社会合作的基础及其不同合作基础所潜在的问题。但应当注意的是，对社会进行类型学划分并不意味着存在某种纯粹的社会类型，而仅是指出构成某种社会类型的必要条件和可能的影响。按照社会行动理论，如果说人的行为动机都是基于利己，但结果却可能出现利己、利他、害己、害他四种类型。而以“动机－结果”的结合则可建构四种不同的社会状态，如图 10－2 所示。

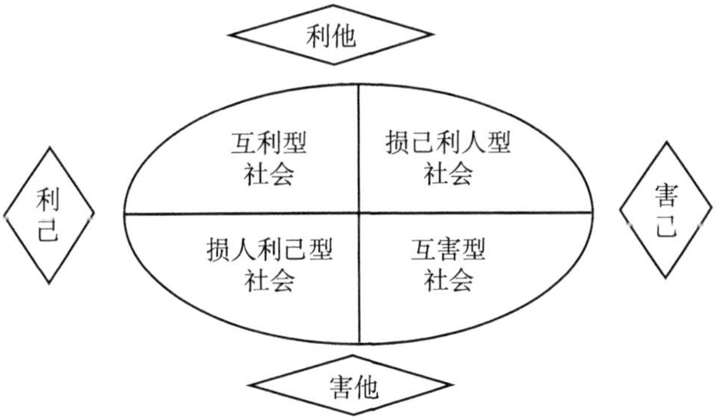

图 10－2　“动机－结果”的社会类型划分

第一，互利型社会。关于利己理论中利己行为比较容易理解，因为人本质是具有功利主义取向的。在利己时考虑他人利己也比较容易理解，因为为了实现自己的利益往往需要考虑他人的利益，否则无法实现自己的利益，我们把其视为互利。在图 10－2 的左上角表示，在互利型社会中，人们往往按照互利的动机寻求合作，这样合作容易达成。在利己和利他的交集地，当这一特征成为主要特征时，我们可以视其为合作型社会。从社会的角度而言，如果社会中大多数的人都会或愿意在实现自我的同时，考虑他人，那么这就构成互利型社会。互利型社会是社会的最优状态，社会容易实现合作、共赢，和谐与发展。一个好的社会往往是互利型社会。

第二，损人利己型社会。在图 10－2 左下角，是利己与害他交集部分，其表达的意义是通过损人的方式来实现自己的利益。在利己主义理论中，社会行为都具有利己取向。但利己行为既包括利他型利己，也包括只利己不利他，甚至还包括害他型利己。害他型利己最主要的表达方式是违法、犯罪，但也经常在违约、侵权中出现。需要注意的是，无论是违法犯罪，还是违约侵权，都是正常的社会现象。只有当其突破一定界限时，才会由常态转为变态。[①] 也就是说，当害他型利己成为主流的社会心理和社会常态时，就可能构成损人利己型社会。损人利己型社会的现实模型可能接近于马克思所批判的那种为了自己利益不惜破坏他人利益的资本主义社会。

第三，损己利人型社会。在图 10－2 右上角，是损己与利他交集部分，其表达的意义是通过损己的方式来实现他人的利益。在利己主义理论中，不存在纯粹的利他主义，因为利他的本源是利己。但无论是从社会行为的动机还是结果来看，不仅存在某种程度的利己型利他，也存在某种程度的害己型利他。例如，E. 迪尔凯姆在研究自杀时，把自杀划分为利己型

① E. 迪尔凯姆. 社会学方法的准则［M］. 狄玉明，译. 北京：商务印书馆，2007.

自杀和利他型自杀。[①] 而利他型自杀就是一种较为极端的害己型利他行为。社会对此种行为给予非常积极的评价，认为是舍人利己、舍小家顾大家的行为。当害己型利他成为社会主流思潮并支配社会行为时，那么损己利人型社会就可能出现。损己利人型社会是一种被异化的道德型社会，其中包含了强烈的集体主义观念，即为了家庭、集体、国家需要牺牲自己的利益乃至生命。中国传统社会至改革开放前，大体符合利他型社会的特征。而害己型社会常见于以军国主义和恐怖主义为特征的社会中。

第四，互害型社会。在图 10－2 右下角，是害己与害他交集部分，其表达的意义是通过害己的方式来实现害他的目的。在社会行动理论中，并不存在以害己型和害他型为基础的理论，因为无论是害己还是害他，其行动的逻辑都是以利己和利他为基础。或者说，害己型或害他型理论都是社会的非常态，尤其是害己与害他的交集。而这个交集恰好是互害型社会，在这样的社会中，没有人是社会的受益者，人与人之间相互损害。互害型社会是社会类型的假想模式，现实社会中没有与之完全对应的社会类型，但在某种特定的社会情势下，却存在互害的危险，这种危险主要来自损人利己型社会或损己利人型社会的异化。而且，互害型社会的本源并非源于互害的行为动机，而是基于利己的结果。即当一个社会生态链基于利己的动机，最后变成交互相害的结果时，互害就已经出现。而当整个社会都处于互害生态链中时，互害社会就可能形成。

第三节　社会互害的生成机制及危害

以社会行为“动机－结果”理论为基础，可以把社会类型化为互利型社会、损人利己型社会、损己利人型社会和互害型社会四种。而社会互

① 埃米尔·迪尔凯姆．自杀论［M］．冯韵文，译．北京：商务印书馆，2020.

害作为社会现象的异化，其是如何产生的，对社会可能造成何种危害，是治理社会互害问题所必须进一步厘清的问题。

一、社会互害的生成机制

互害首先缘起于人本质中的自利主义倾向，并不一定具备直接故意的主观动机，而且社会互害并不是指两个明确的主体之间的直接的相互伤害，而是在这种社会形态中，人与人之间都处于相互伤害的恶性循环之中，其伤害的是不特定的社会主体，但最后每个人都变成了受害者。社会互害违背了人的理性假设，是社会行动的非预期后果。因此，解释社会互害的生成机制，实际上就是回答为何基于利己的动机，最后却出现了互害的结果。对此，有三个相互关联的基本因素特别值得关注。

第一，利己主义的囚徒困境。囚徒困境[①]是一种博弈理论预设，并通过讯问囚徒的例子来说明为什么甚至在合作对双方都有利时，保持合作也是困难的。其假定两个共谋犯罪的人被关入监狱，在不能互相沟通的情况下被警方审讯。如果两个人都不揭发对方，则由于证据不确定，每个人都坐牢一年；若一人揭发，而另一人沉默不揭发，则揭发者因为立功而立即获释，沉默者因不合作而入狱五年；若互相揭发，则因证据确实，两者都判刑两到三年，如表10－2所示。从结果上来讲，嫌疑人A与B合作，都不相互揭发，可能结果对大家都好。但是因为每个人都从利己主义出发，他们都愿意通过揭发他人获得最大的好处，即可获得无罪释放。也正因为如此，嫌疑人A与B都倾向于互相揭发，而不是同守沉默。因此，他们都将受到相互背叛的惩罚，被处以较重的刑罚。囚徒困境不仅是在犯罪人中才具有的现象，实际上，在任何具有博弈关系的领域中都存在这种困

---

① 囚徒困境，是1950年美国兰德公司的梅里尔·弗勒德和梅尔文·德雷希尔拟定出相关困境的理论，后来由顾问美国数学家艾伯特·塔克以囚徒方式阐述，并命名为囚徒困境。参见威廉姆·庞德斯通．囚徒的困境［M］．吴鹤龄，译．北京：北京理工大学出版社，2005：10－11．

境。而且，囚徒困境的社会心理根源就是利己主义，而互害型社会的本质就是利己主义的囚徒困境。大家都是以纯粹利己主义出发，那么不仅将形成互不合作的状态，最后也必然会因利己动机而陷入互害的结果。

表10－2　囚徒困境

	类型	嫌疑人B	
		不揭发	揭发
嫌疑人A	不揭发	A与B各判一年	B无罪释放 A判五年
	揭发	A无罪释放 B判五年	A与B各判 两到三年

第二，利己主义的过度膨胀。利己主义的囚徒困境从理论上来说，确实必然导致社会互害的结果。但在不同国家的历史进程中，尽管囚徒困境普遍存在，我们也很少看到互害型社会。而目前，互害型社会却若隐若现，时常能看到其身影。其中最为重要的原因之一，就是利己主义的过度膨胀。即互害型社会的形成是在不受约束与控制的社会体制下，利己主义膨胀为极端利己主义的结果。每一个社会主体包括自然人、法人，甚至政府自身，为了自我利益的最大化，不惜牺牲其他人的利益。这主要是源于改革开放以来，我国逐步从集体主义解禁，过渡到张扬个体权利的时代。[1] 市场、经济和个体权利是社会行动的逻辑基础，利己主义渐已盛行。与此同时，社会道德、伦理、社会规范和法律制度，并没有对其进行有效的引导和规范。

第三，断裂的社会键。囚徒困境并不必然导致互害社会的生成，还有一个重要的原因，就是在不同的社会中可能存在克服囚徒困境的某种社会关系结构，我们可以称之为社会键。社会键是社会生态链中各种关系主体

① 夏勇. 走向权利的时代：中国公民权利发展研究［M］. 修订版. 北京：中国政法大学出版社，2000；张文显，于宁. 当代中国法哲学研究范式的转换：从阶级斗争范式到权利本位范式［J］. 中国法学，2001（1）：62－78.

之间的联系纽带，有助于维系不同社会主体之间的稳定关系，建立有效的信任，并对违背信任的主体进行有效惩罚。也就是说，社会键能促进社会主体之间的有效合作，并能有效防止社会主体的相互背叛或互害的出现。在我国社会高速转型过程中，各种社会结构逐渐被解体，社会键基本被破坏，处于某个社会生态链中的社会主体之间的关系亦处于断裂状态。在这种状态下，社会主体无法保证，也难以预期其他社会主体会与其建立有效的合作关系。社会盛行的将是“一锤子”买卖，其只注重短期效应。一方面，他们无须与其他关系主体建立有效信任关系，也没有对他们的惩罚机制；另一方面，市场需求饱和到不需要固定的顾客都能生存，甚至暴富。因此，只要利己就行，而不会顾及买方的利益。也就是说，社会键的断裂，将无法抑制和阻却囚徒困境效应，这使得社会逐渐呈现互害型的状态。

二、社会互害的危害

社会互害是一种病态社会，其危害已经开始显现并逐步向各个领域蔓延和渗透，成为我国社会治理的顽疾和瓶颈，必须引起关注和重视。具体而言，社会互害的危害包括以下四个层面：

第一，社会互害会使每个人都可能成为受害者。不管是强者还是弱者，贫者还是富者，也不管是官员还是民众，都难以逃脱。社会互害最为直接的危害是对人之身体的伤害与生命威胁。其中，对人身体的伤害与生命的威胁包括食品、药品等商品的质量安全问题对人体所造成的伤害，这些问题已经存在。而且，对人身体的伤害绝不仅限于被动的潜在伤害，还包括直接的显性伤害。直接的显性伤害既是互害的现象，也是互害的结果，例如，医疗暴力，仇官、仇富、仇恨社会所引发的暴力事件等实际上就与互害互为因果。

第二，社会互害不仅使每个人都可能成为受害者，也可能使每个人都成为潜在的侵害人。在社会互害生态链中，人人都可能成为受害者的另一面，就是侵害人。社会互害中互害生态链的形成，将具有无限的复制力和吞噬力，其会倒逼社会主体成为互害生态链中的一员。社会互害是一种恶的社会体制，能倒逼好人变坏。社会互害不仅造成商品与服务（包括政府的产品与服务）呈现劣币逐良币的现象，还造成社会的恶性竞争，使得优质的产品和服务难以生存，最终使得大家都制造劣质产品去祸害别人。而且，在互害的倒逼下，受害人容易滋生社会怨恨，倒逼受害人转化为侵害人。也就是说，在互害生态链的作用下，越来越多的人被吞噬，成为自己曾经痛恨的侵害人。

第三，社会互害将塑造防卫型社会结构，解构并摧毁社会的信任体系，使社会陷入危机。在社会互害中，很容易形成人人相互防备的社会结构。基于人的利己主义，没有人愿意选择被害，而互害生态链最容易让人陷入被害。因此，在社会互害中，每个人都会警惕他人，警惕一切，并在自己能力范围内降低被害的机会或者被害的损失。这就使得各种社会主体之间相互缺乏基本信任，相互过度戒备和防范，社会陷入越需要信任却越不信任的困境。防卫型社会结构还将使得社会运行受到防卫机制的阻滞，社会运行成本激增。当社会难以承载互害之困时，往往是社会陷入危机，面临瓦解与崩溃之日。

第四，社会互害在不断挑战和冲击社会的道德底线、法律底线，使得违法、犯罪及社会危机丛生。社会互害不仅是道德问题，更是法律问题。社会互害最为直接的表现形式就是违法和犯罪，但如果我们把那些因互害而产生的违法犯罪视为单纯的违法、犯罪，就难以起到应有的治理效果。社会互害中的违法、犯罪，是缺乏道德底线和法律底线的犯罪，其违法犯罪本身可能并不一定表现为极端和残忍，但却在不断突破社会底线。如果不从互害的逻辑探索防止互害的产生，单纯的违法犯罪治理将可能适得其反，反而更容易导致国家的失序。

第四节 互害型社会的治理

对法律人而言，实现法治治理的前提是了解其所治理的社会，而互害型社会理论则是打开当前中国社会问题的一把钥匙。实际上，社会互害是当前社会主要矛盾转化的重要表征，其不仅是道德问题，更是社会问题和法律问题。因此，对互害型社会，法律人不仅需要思考法律在互害型社会形成过程中的作用与功能，更重要的是，应当探索互害型社会所引发的各种社会问题，并思考面对这些问题时法律将有何作为及如何作为。

一、法律功能缺失是互害型社会的催生剂

法律功能理论是法律社会学的重要范畴，法律在社会中可能产生的各种功能需要得到重视，低能的法律难以形成真正的法治。[①] 互害型社会是在极端利己主义不受制约、控制的情形下才会产生，其作为一种社会病，不仅危害社会、市场，同时也危及政府及国家，其对政府公信力及权威将造成整体性损害。其中法律的低能，在社会控制与治理中，没有起到应有的功能是最为重要的一个方面。

首先，法律引导的滞后。我国改革开放以来的法律建设与发展，逐渐跳出了阶级斗争的桎梏，迈向服务、保障经济社会发展的目标。一切以经济为中心的发展思路释放了利己主义，也在很大程度上激发了人的活力和生产力，但也引发了自由与权利的不当扩张。自由与权利观念脱离和超越社会结构而飞速发展，使得不受干预的自由主义比较盛行，逐渐促进利己主义的无限膨胀。同时，经济社会发展缺乏长远的设计。然而，此时的法

① 付子堂. 法律功能论［M］. 北京：中国政法大学出版社，1999.

律以服务于经济发展为中心，沦为经济发展的工具，而不是引领经济的发展。更为重要的是，法律在为权利本位和权利时代的到来欢欣鼓舞之时，并没有意识到社会已经把权利与利己混同，也没有意识到不受制约的利己主义所带来的社会风险，更缺乏对可能出现极端利己主义进行法律控制的制度设计。

其次，法律功能的错位。改革开放以来，法律的功能定位于服务，甚至服从于经济发展和政治需求。只要是有利于经济发展（在某种程度上说是有利于国内生产总值）的，法律就必须进行保护。不利于国内生产总值的，法律就加以干预。这不仅体现在司法、执法上，还体现在立法之中。某些地方政府，在国家的压力型治理结构之下，造成了唯国内生产总值增长的思维模式。① 从而使得某些地方政府为国内生产总值而乱开法律的绿灯，甚至为各种不法行为提供保护。从本质而言，政府的上述行为本身也是一种极端利己主义的短视。但法律不应给极端利己主义的短视保驾护航，否则会带来社会的灾难性后果。

最后，法律控制的缺位。法律引导的滞后，法律功能的错位，必然导致法律控制的缺位。法律若对极端利己主义导致的社会伤害不加干预和控制，则会纵容不合法获利，甚至非法获利的“利己行为”。这会使得有毒有害的食品、药品充斥于社会，不法产品和服务盛行，社会公众深受产品和服务质量、不可预测的环境污染、公共安全等问题的困扰。

二、法治的作为

法治作为现代社会的最优治理模式②，不仅在社会互害的治理中可以有所作为，而且必当大有作为，法治是治理社会互害的利器。而通过法治治理，就是指如何通过法治建构，健全法律功能，替代并修复业已断裂的

① 周尚君. 地方法治竞争范式及其制度约束［J］. 中国法学，2017（3）：89.

② 付子堂. 法治是社会管理创新的最优模式［N］. 法制日报，2011－11－16（9）.

社会键，重建克服囚徒困境的结构，阻断极端利己主义的生成机制，引导利己主义向互利型社会转型。具体而言，主要包括以下三个层面：

第一，重建克服囚徒困境的结构。囚徒困境的逻辑结果必然导致关系主体的互害。但现实社会中，并没有出现具有非常显著特征的互害型社会。这主要是存在一种克服囚徒困境的结构——社会键。而当前中国社会键断裂则是显露社会互害存在的重要原因。而法治可以起到替代和修改社会键的功能。社会键的断裂意味着关系主体的信任缺失和难以长期合作，其本质是关系无法在合作中获得有效的利益期待。而法治则恰恰具备这种建立并加固信任，维持有效合作的品质。因此，只要法治秩序能够得以形成，那么互害型社会就失去了存在的土壤。改革开放过程中，法治没有起到这种功能的原因是，法治正处于一个发展过程中，法律自身处于一个变动的过程。而且我们一直把法律视为经济发展的后盾，而非将其视为引导经济社会发展的关键。这种定位使得我国的法律缺乏应有的远见性和基本的稳定性。为了有效发挥法律的积极功能，首先应提高法律的可预见性，保持法律的稳定性。并且这种稳定性和可预见性必须建立在引领经济社会发展的基础之上，依法改革，防止和控制良性违法现象，全面推进依法治国。

第二，从末梢治理到源头治理。当前，由于我们对社会互害及其生态链缺乏足够的认知，对其造成的危害更缺乏应有的了解，这就使得社会治理把互害当成常规的危害加以治理，而且这种治理往往是滞后性和应对性的末梢治理。即社会互害外化为各种法律问题时才按照常规法律程序加以处理。但这种治理之策只是头痛医头脚痛医脚，无法有效解决社会互害问题。实际上，社会互害往往并不表现为直接互害，而是交互相害。互害主体处于某一个社会生态链中。因此，对于互害型社会的治理应当从末梢治理转向源头治理。源头治理要求准确把握和了解各种互害生态链及其形成、发展规律，通过法律恰当配置各类社会主体的权利与义务，从源头上截断互害生态链。

第三，阻却极端利己主义的泛滥。法治作为现代社会的一种价值和规范体系，必须要有相应的社会基础和观念基础，这个基础就是通过培育公民精神或者说公民性塑造来获得。[①] 极端利己主义滥觞于不加干预的自由主义和个人主义。法治社会倡导权利意识和保护权利，但并非极端利己主义的“权利”。法治社会更应提供公共权利意识，这才是公民社会、法治社会的本质所在。而公民意识也是社会学话语中的社群主义。其提倡的是公共哲学和公共精神。[②] 因此，法治观念的倡导与教育，应以公民教育为基础。只有通过公民教育，引导社会主体正确处理利己主义与利他主义的关系，建立有效的社会合作机制，才能阻却极端利己主义的泛滥，克服社会互害机制的野蛮生长，也才能使互害型社会逐渐转向互利型社会。

---

① 马长山．公民性塑造：中国法治进程的关键要素［J］．社会科学研究，2008（1）：1－8．

② 菲利普·塞尔兹尼克．社群主义的说服力［M］．马洪，李清伟，译．上海：上海人民出版社，2009．

第十一章

村治模式的制度建构

CHAPTER 11

乡村振兴战略是党的十九大报告关于决胜全面建成小康社会的七大战略之一，也是建设现代化经济体系的重要组成部分。为了贯彻落实党的十九大乡村振兴战略，2018 年伊始，《中共中央　国务院关于实施乡村振兴战略的意见》（中发〔2018〕1 号）发布。该意见提出“乡村振兴，治理有效是基础”。的确，有效的乡村治理，既是乡村战略的首要问题，也是乡村振兴战略成败的关键。为此，笔者一方面从村级治理的立法定位着手，讨论转型社会中村治法律模式在实践中所遭遇的困境；另一方面从国家探索村级治理的新机制着手，挖掘国家在突破村治困境中所建构的治理新模式。并以此为基础，探索完善村级治理机制，通过有效治理乡村以推动乡村振兴。

第一节　村级治理的法律模式及实践困境

一、村级治理的法律模式

自古以来，国家为了实现对社会的控制与治理，国家权力对社会的塑造是无所不在的，其不仅触及基层社会，还触及家庭及至每一个社会个体。但不同时期的国家控制和治理基层社会的法律模式则各有不同。

在传统社会，基于历史文化及社会基础等诸多的因素，我国逐渐形成了基层治理的乡绅之治。乡绅之治形成了国家社会治理的“县政绅治”模式。[①] 其中“皇权不下县”为“乡绅之治”提供了地域空间，而“熟人社会”则为“乡绅之治”奠定了组织基础。[②] 随着清末以来国家所面临

① 苏海新，吴家庆．论中国乡村治理模式的历史演进［J］．湖南师范大学社会科学学报，2014（6）：35.

② 秦德君，毛光霞．中国古代“乡绅之治”：治理逻辑与现代意蕴——中国基层社会治理的非行政化启示［J］．党政研究，2016（3）：44.

的重组，乡绅共同体也随之瓦解，而以乡绅为基础的“县政绅治”模式也难以为继。与此同时，中国乡村社会变迁就呈现出国家权力下移和乡村权力结构重组的双重特征，乡村社会逐渐被纳入国家政权体系。① 民国时期，曾在基层试行地方自治，但很难推行。1949 年之后，国家探索形成了两种乡村治理模式，即“政社合一”模式和“乡政村治”模式。前者主要在改革开放之前，是一种政权全面控制乡村的模式。后者开启于改革开放之后，意在激活乡村自身的活力。“乡政村治”是我国当前一直沿用的乡村治理模式。

“乡政村治”是我国政权结构及乡村治理结构的学理表达，准确地概括了我国立法对乡村的基本定位。《宪法》在国家机构这一章确立了我国政权的五个层级制度，即中央、省级、地市级、区县级、乡镇级。而《地方各级人民代表大会和地方各级人民政府组织法》则具体规定了各省、自治区、直辖市、自治州、县、自治县、市、市辖区、乡、民族乡、镇设立人民代表大会和人民政府的组织制度。这些法律制度表明中国政权组织结构只到乡镇这一层级，在这一层级之下没有设置国家机构。至于村民委员会，不是国家机构，《宪法》第 111 条把村民委员会定性为基层群众性自治组织。而《村民委员会组织法》则在第 2 条对村民委员会进行了界定，村民委员会“是村民自我管理、自我教育、自我服务的基层群众性自治组织”，自治的方式为“民主选举、民主决策、民主管理、民主监督”。也就是说，对于乡以下的村，我国主要采取村民自治的方式实现治理。

“乡政村治”的法律模式，既不表明政与村的隔绝，更不意味着治与政的脱离。实际上，“乡政村治”只是在国家机构的设置上采取乡与村的分离，国家权力对村的介入却从来没有中断。这不仅表现在村民及村委都

---

① 李晔晔，孙红艳. 20 世纪 20 年代末至 30 年代乡村权力结构的崩溃与重组 [J]. 史学集刊，2016 (4): 62.

需要按照国家法律行事，更表现在“乡政”与“村治”的法律关系上。当前，国家介入村级治理的法律制度主要有两条主线：一个是党内法规，《中国共产党农村基层组织工作条例》是确立党组织如何介入村级治理的重要党内法规，其在第2条规定了乡镇党委和村党组织是农村各种组织及各项工作的领导核心，在第9条规定了乡镇党委的主要职责之一在于“宣传和贯彻执行党的路线方针政策和党中央、上级党组织及本乡镇党员代表大会（党员大会）的决议”，在第10条规定了村党组织的主要职责之一是“宣传和贯彻执行党的路线方针政策和党中央、上级党组织及本村党员大会（党员代表大会）的决议”；另一个是国家法律，《村民委员会组织法》则是政府如何介入村级治理的主要立法。其中在第4条确立了农村党组织对村委的领导，而第5条确立了乡政与村治的基本关系。一方面规定了“乡、民族乡、镇的人民政府对村民委员会的工作给予指导、支持和帮助，但是不得干预依法属于村民自治范围内的事项”；另一方面规定了“村民委员会协助乡、民族乡、镇的人民政府开展工作”。也就是说，国家实现村治，既包括村级自治，也包括国家权力的介入，而介入的方式则是通过“乡政”中的党政两条线而展开。

二、转型期“乡政村治”的实践困境

改革开放以来形成的“乡政村治”，无论是对于经济社会发展，还是国家管理的有效性，都是较为合理的选择。[1] 然而，随着改革开放不断向纵深推进，“乡政村治”也遇到了前所未有的挑战和整体性危机。这些挑战与危机主要表现在以下几个方面。

（一）乡政介入疲软

国家政权对乡村的介入主要是通过县乡，尤其是乡镇府进行的。乡镇

① 徐勇．论中国农村“乡政村治”治理格局的稳定与完善［J］．社会科学研究，1997（5）：35.

介入村务的动力来自税费征收，使得乡政通过各种机制全面控制农村。乡政介入疲软则来自2000年之后逐渐推行的税费改革，并全面免除农业税。取消农业税从根本上改变了国家与农民的关系，也改变了县乡行为的逻辑。① 使得基层政权从过去的汲取型变为与农民关系更为松散的“悬浮型”，乡镇政府处于“半瘫痪”状态，政府不是能够更加完善、周密地提供公共服务、维持一方平安，而是在国家和农民中间造成一种“真空”状态。② 无论是乡镇政府自身的“半瘫痪”状态，还是国家和农民中间的“真空”状态，都表明乡镇政府介入的疲软。而形成疲软结果的原因，既包括客观因素，也包含主观因素。客观因素是指乡政在村治中缺乏抓手，主观因素则是乡政在缺乏汲取利益的条件下，没有动力去介入乡村。从法律的实践效果来讲，就是国家通过乡政对村进行“指导、支持和帮助”的制度安排悬浮在文本中，无法落地。

（二）农村基层组织权力弱化

我国的村治主要是一种国家法律的安排，是国家权力的毛细血管和微观存在，而非自生自发的自治。村治与国家治理体系一样，包括党政两条线，农村的治理主要通过村党委和村委会实现进行。村党委既要贯彻执行党的路线方针政策和上级党组织的决议，又要领导和支持村民委员会行使职权。而村民委员会作为基层群众性自治组织，既是村民自治的组织体，又是国家权力介入农村的载体。然而，在后税费时代，农村基层组织与基层政权和村民之间呈现循环弱化的现象。一方面，在基层政权与农村基层组织及村民之间形成的管理与服从关系趋于弱化。③ 另一方面，农村基层

① 贺雪峰．取消农业税对国家与农民关系的影响［J］．甘肃社会科学，2007（2）：3．

② 周飞舟．从汲取型政权到“悬浮型”政权：税费改革对国家与农民关系之影响［J］．社会学研究，2006（3）：36．

③ 刘磊．基层政权建设的演变及进路：以政－民关系为视角［J］．中国法律评论，2018（4）：53．

组织由于缺乏国家权力经由村级党政延伸到农村的抓手并且缺乏乡镇基层政权的支持，农村基层组织在村民中的权威也在逐渐弱化。

（三）农村发展面临困境

“乡政村治”在实践中所遭遇的困境还有一个最为重要的社会背景，那就是现代化的浪潮。走向现代化是改革开放后的一个重要目标，也是实现富民强国的必然之路。而现代化的重要标准就是城市化和工业化，这是以牺牲农村为代价的。农村发展出现困境的具体表现不仅是农村和农民的减少，更表现在农村的精英及青壮年劳动力与农村的剥离所导致的农村空心化。这无论是对农村治理还是农村发展都是致命性的打击。对“乡政村治”而言，农村空心化侵蚀了国家的基层权威，实际上这也意味着村民无论是对“乡政”还是“村治”的依赖性进一步减弱，农村基层组织和基层政府的权威也随之降低，农村工作很难开展。另外，也使得农村基层组织，无论是党还是政，都缺乏自我建设能力。缺乏吸引力的农村基层组织，农村党员很难发展，党的工作无法开展。有能力的人都离开农村，不愿当村干部，村民自治也出现困境。这也为村霸及村黑恶势力侵入农村基层组织埋下伏笔。

第二节　村级治理的实践探索

随着农村问题的突显，国家一直试图探索其解决之道。尤其是当社会主义的目标从全面建设小康社会转向更为具体的全面建成小康社会时，农村工作也从传统的扶贫转向全面振兴。在国家驱动下，以试点的方式逐渐探索出一些有益的工作经验和模式，笔者把这些经验和模式概括为国家资源进村的强介入模式，具体而言，包括以下三个层面。

一、人力资源进村机制

“乡政村治”的制度安排是国家对乡村的弱干预模式，这种机制在改革开放之初发挥了重大的功能，不仅激发乡村活力，也激活乡村自治，推动了农村的快速发展。但随着改革向纵深发展，“乡政”与“村治”呈现双向弱化，社会快速转型，乡村发展面临整体困境，使得“乡政村治”失去了的根基。也就是说，既有“乡政村治”的立法安排在现有的社会背景下，难以发挥其应有的功能。为了解决这种困境，国家逐渐改革弱干预模式，探索强介入组织模式。国家强介入模式最首要的问题就是解决村治的人的问题，即由哪些人来介入村治。而这一组织模式的最大特点就是通过农村外的组织力量进入农村来实现，比较典型的有以下三种模式。

（一）大学生村干部模式

大学生村干部在从20世纪90年代末由江苏省试点探索开始，历经十余年，在2007年，上升成为党的十七大以来党中央作出的一项重大战略决策。之后2008年，中国共产党中央委员会组织部（以下简称中共中央组织部）和教育部、财政部、人力资源和社会保障部联合下发《关于选聘高校毕业生到村任职工作的意见（试行）》，大学生村干部在全国推广，至目前为此，已有十年。按照试行意见，大学生村干部制度的首要目标是“加强农村基层组织建设，培养有知识、有文化的新农村建设带头人”，即国家推动通过有知识、有技术的大学生群体介入农村，实现农村的治理。至2017年底，我国有6.6万名大学生进村任职，其中3.4万人进入村党委和村委会班子。

（二）干部任村第一书记模式

选派机关优秀干部到村任第一书记，是很多地方多年来在加强农村基层组织建设、解决农村“软、散、乱、穷”等突出问题的重要举措，是国家通过选派优秀干部强力介入农村工作、推动农村发展的成功经验。为此，中共中央组织部、中央农村工作领导小组办公室、国务院扶贫开发领导小组办公室于 2015 年联合下发了《关于做好选派机关优秀干部到村任第一书记工作的通知》。该通知是为了深入贯彻落实习近平总书记关于大抓基层、推动基层建设全面进步全面过硬和精准扶贫、精准脱贫等重要指示精神。选派的范围大体分为三种情况：一是对党组织软弱涣散村要全覆盖和对建档立卡贫困村要全覆盖选派；二是对原中央苏区、革命老区、边疆地区和民族地区、灾后恢复重建地区，要加大选派第一书记力度，做到应派尽派；三是对其他类型的村，则可以根据实际选派。而村第一书记主要通过建强基层组织、推动精准扶贫、为民办事服务、提升治理水平四个方面的工作，加强党对农村的领导，帮助并提升农村党政治理能力和治理水平。

（三）干部驻村工作模式

与干部任村第一书记模式一样，干部驻村工作也是很多地方多年来探索形成的基本经验。为此，中共中央办公厅、国务院办公厅于 2017 年底下发了《关于加强贫困村驻村工作队选派管理工作的指导意见》，在国家层面上推动干部驻村模式，该指导意见确立了建档立卡贫困村一村一队制度。干部驻村模式与村第一书记模式有所不同：一方面，干部驻村主要进驻需要脱贫的贫困村，而第一书记则可能在各种类型的农村都可能存在；另一方面，干部驻村职能在于脱贫攻坚，一般不介入农村基层组织的工作，而第一书记职能包含了农村基层组织的所有职能。两者也有重合点，即在建档立卡贫困村，驻村工作队队长原则上由驻村第一书记兼任。干部驻村模式主要根据贫困村实际需求精准选派驻村工作队，充分发挥派出单位和驻村干部自身优势，帮助贫困村解决脱贫攻坚面临的突出困难和问题。

二、项目资源进村机制

项目资源进村机制（以下简称项目制）是一种以项目的方式将国家从中央到地方的各层级关系以及社会各领域统合起来的治理模式。[①] 其起源于后税费时代，与财政转移支付的“专项化”演进以及国家部门管理和治理目标的“项目化”过程密切相关，为了解决基层政权从“汲取型政权”走向“悬浮型政权”所引发的基层治理的难题，一套复杂的转移支付体系开始建立。大量转移支付资金进入基层社会的同时，财政资金项目化的趋势加强，导致了“项目治国”时代的来临。[②]

国家的农村工作主要以项目制为抓手，通过自上而下的分包进行推进。国家通过中央职能部门管理权限进行项目条线控制，逐级分包给地方基层政府，并通过基层政府推进项目资源进村。基层政府推进项目资源进村的同时，也获得了农村治理资源，增强了基层政府的治理能力。这也使得各级政府增加了一项重要工作就是通过各种渠道获取项目。同样，农村基层组织也可以借助项目控制，增强治理能力。因此，项目制的运行逻辑是分级治理，双向塑造。其主要包含两条主线：一条是自上而下的科层“发包”的控制逻辑，是关系主导下的竞争机制，是权力运作下的“打包”和“抓包”操作；另一条是自下而上的“打包”和“抓包”的反控制逻辑，是专业技术化的项目竞标制度，是市场化的竞标竞争制度。[③]

当前，在乡村振兴战略背景下，国家资源进村主要依托脱贫攻坚而展开。项目资源的实施机制依然依托于从国家至农村的层层分包机制，按照国家各个机构的职能，归口管理，自上而下，层层推进。而项目的内容则根据国家对不同省市的农村经济、社会发展状况而确定项目资源的分配。

---

① 渠敬东. 项目制：一种新的国家治理体制［J］. 中国社会科学，2012（5）：114.

② 付伟，焦长权. “协调型”政权：项目制运作下的乡镇政府［J］. 社会学研究，2015（2）：98.

③ 折晓叶，陈婴婴. 项目制的分级运作机制和治理逻辑：对“项目进村”案例的社会学分析［J］. 中国社会科学，2011（4）：146.

大体而言，当前项目资源的配置主要包括以下几条主线：第一，精准扶贫。精准扶贫是脱贫攻坚的重要实施机制。其主要在“扶贫对象精准、项目安排精准、资金使用精准、措施到户精准、因村派人精准、脱贫成效精准”六个方面对扶贫项目进行制度安排，从而实现农村脱真贫、真脱贫、不返贫。第二，乡村产业。推动乡村产业发展，既是乡村扶贫手段，又是乡村振兴基本措施。产业作为乡村振兴项目不仅包括产业的规划、引入、实施，还包括配套性的产业投入保障机制。第三，美丽乡村。在美丽乡村计划中，覆盖了生态保护、环境污染治理、乡村卫生、厕所革命、乡村风貌等项目资源的配置。第四，乡风文明。在乡风文明建设中，主要覆盖了农村思想道德建设、农村优秀文化传统保护、公共文化建设和移风易俗行动等方面的项目资源配置。实际上，项目资源的配置不仅包括这几条主线下的项目资源配置。凡是党和国家的农村工作涉及资源配置的，几乎都通过项目资源进村的方式加以实施。

三、农村基层组织的强干预机制

农村基层组织是农村发展与振兴的关键点，也是农村治理的主体。农村工作主要通过农村基层组织实现。然而，农村基层组织软弱、工作停滞一直是后税费时代所面临的问题。为了扭转这种局面，国家采取对农村基层组织的强干预机制。农村基层组织的强干预机制主要是指国家政权直接对农村中的村支部和村委进行组织建设、管理、监督，从而驱动农村基层组织复苏，提升农村基层组织的工作动力和能力，发挥其在乡村振兴中应有的功能。

农村基层组织的强干预机制的特点就是国家权力直接进入农村，对农村基层组织进行全面整治，但这种控制模式又与“政社合一”的机制和目标有所不同。农村基层组织的强干预机制主要是对基层组织的干预，而不具体到农村与村民，其目的是通过权力干预恢复农村的自治能力。同时，我们还需要注意到，从某种意义上说，人力资源进村机制，包括大学生村干部、村第一书记和驻村干部等，本质上可以认为是一种对农村基层组织的强干预机制。但这种强干预机制主要是通过农村基层组织之外的组织力量的引入来激发和推动基层组织建设，恢复农村基层组织的功能。

当前，农村基层组织的强干预机制主要通过村书记、村主任职业化的方式展开。所谓村书记、村主任职业化就是村书记、村主任、村副书记、村副主任等农村基层组织中的干部参照公职人员的上班方式实施坐班制，镇政府对这些实施坐班制的农村基层组织中的干部按月给付工资。通过村干部的职业化，镇政府可以控制干部的选拔，并可以对这些干部实施绩效考核管理，从而推动农村基层组织建设。村干部职业化，使得农村基层组织越来越显现半行政化或行政化特征，而本质上意味着村民委员会由自治组织向基层政府科层单位的转变。① 这是在农村基层组织普遍存在软弱状态下的制度创新，并成为当前村级治理改革的基本趋势，而这也将使得“乡政村治”模式可能会走向“村政”格局。毫无疑问，村干部的职业化意味着国家权力直接向农村基层组织延伸，加强了政府对农村干部的全面管理，并倒逼农村基层组织良性运转。

农村基层组织的强干预机制除了管人、管干部之外，还有一个重要干预机制就是管钱，其基本模式就是“村财乡管”。“村财乡管”制度起源于20世纪90年代中后期，财政部首先对村合作经济组织财务管理进行探索，2000年之后，在国家的推动下这一制度逐步实现了在全国范围内的推行。“村财乡管”不仅意味着村级财务的上移，也不仅意味着“乡政”对村级财务的监管，更意味着“乡政”对村干部的监督。实际上，“村财乡管”制度起源于农村合作经济财务的规范化，后来逐步演变为规范农村基层组织财务的制度。“村财乡管”还具有防止村级腐败现象和问题，

---

① 王丽惠. 控制的自治：村级治理半行政化的形成机制与内在困境——以城乡一体化为背景的问题讨论［J］. 中国农村观察，2015（2）：57－58.

提升村民对农村基层组织信任的功能。

第三节　村级治理的制度完善

当前，我国村级治理主要是通过“乡政村治”的立法建构的。然而，文本中的法律在国家改革和社会变迁的大潮中，出现了诸多的难题和挑战。“乡政村治”中的村治模式难以实现应有的功能。为此，国家在实践探索加强基层政权建设的过程中，形成了很多有效治理乡村的新机制，所有新机制的汇集点，就是国家政权逐渐把村治纳入政权建设范畴，使得“乡政村治”逐渐转向“村政”。“村政”模式确实激活了有效的村级治理，但也带来了“乡政村治”立法体制上的难题。因此，如何完善立法，这也是当前推进乡村振兴战略所急需解决的问题。具体而言，包括以下几个方面。

一、科学立法引领和规范村级治理

根据十九大乡村振兴战略的要求，2018 年伊始，《中共中央　国务院关于实施乡村振兴战略的意见》（中发〔2018〕1 号）发布，该意见特别强调法治保障，并提出了“要抓紧研究制定乡村振兴法的有关工作，把行之有效的乡村振兴政策法定化，充分发挥立法在乡村振兴中的保障和推动作用”。而在 2018 年 9 月中共中央、国务院印发的《乡村振兴战略规划（2018—2022 年）》进一步提出“完善乡村振兴法律法规和标准体系，充分发挥立法在乡村振兴中的保障和推动作用”。不仅如此，自十八大以来，国家特别强调任何改革都要于法有据，发挥法治的引领和规范作用。村级治理立法作为乡村振兴立法的重要组成部分，作为全面依法治国的一个重要环节，也必须发挥好它的保障、推动、引领和规范功能。

当前，我国的村级治理立法确立了“乡政村治”模式，这一立法模式的制度渊源就是中国自古以来形成的国家对乡村社会的弱干预传统。然而，随着国家改革向纵深推进，社会的快速变迁，现有的“乡政村治”制度无法实现对农村的有效治理。虽然国家在缺乏有效制度安排的情况下做了很多的改革性探索，也创新了很多制度性措施，但很多创新措施都是通过先行先试的方式建立起来的，缺乏相应法律依据。在我国，先行先试是探索建设中国特色社会主义法治的基本经验，但也带来良性违法的质疑。[①] 这种矛盾，也必然体现在村级治理问题上，一方面相关立法滞后，解决不了现实的难题，另一方面创新性制度又有可能存在违法的嫌疑。因此，在社会主义新时代，通过立法引领和规范村级治理成为必然的要求，实现立法与改革决策相衔接，做到立法主动适应改革和经济社会发展的需要。也就是说，村级治理机制应以立法先行为前提，实施依法治理，而不应在法律外运行。

村级治理的立法引领和规范目标在于建立科学、系统的村级治理体系和机制。所谓科学就是指立法要做到符合农村实际、农村发展规律，也要符合农村工作的规律。所谓系统就是捋顺“国家上面千条线，基层下面一根针”的关系，协调好国家权力、基层自治组织和村民之间的关系，避免各部门之间职能交叉重叠，规则相互冲突，基层无法适从等问题。通过科学统筹，系统清理，把国家在农村工作中探索出来的好经验和好做法，能够转化为法律的转化为国家法律，能够转化为党内法规的转化为党内法规。在国家没有立法之前，地方也可以制定相应的地方性法规，以确保将涉农各项工作纳入法治化轨道，引领村级治理的法治化进程。

二、加强村治的党内法规建设

乡村振兴战略的首要原则就是坚持党管农村工作。而党管农村的基本

---

① 封丽霞．地方“先行先试”的法治困境［M］//葛洪义．法律方法与法律思维（第六辑）．北京：法律出版社，2010：14－15．

方略则是“健全党管农村工作领导体制机制和党内法规，确保党在农村工作中始终总揽全局、协调各方，为乡村振兴提供坚强有力的政治保障”。坚持党对一切工作的领导是习近平总书记新时代中国特色社会主义思想最为重要的表现，也是推动中国各项事业的首要原则。而如何坚持党对一切工作的领导，就是要加强党内法规建设，依法执政、依规治党。实际上，自十八大以来，党中央越来越重视党内法规的系统化建设，并把党内法规纳入中国特色社会主义法治体系的重要组成部分。然而，我国有关农村的党内法规相对比较匮乏，十八大之前仅有一部党内法规《中国共产党农村基层组织工作条例》是在20世纪末制定的。

从党中央党内法规的两个五年规划纲要来看，十八大后，于2013年发布的《中央党内法规制定工作五年规划纲要（2013—2017年）》中，直接涉及农村的党内法规只有一个，就是提出了修改完善《中国共产党农村基层组织工作条例》。十九大后，于2018年发布的《中央党内法规制定工作第二个五年规划（2018—2022年）》中，直接涉及农村的党内法规有两个：一个就是完成《中国共产党农村基层组织工作条例》的修订工作，另一个就是重点制定《中国共产党农村工作条例》。目前，这两部条例的修改和制定工作已经完成。这两部党内法规，一个就是强化农村基层党组织建设，解决基层党组织涣散、软弱无力的问题；另一个就是确立党在农村工作中的领导体制机制，形成党委统一领导、政府负责、党委农村工作部门统筹协调的农村工作领导体制，建立权责明晰、组织高效的农村工作体制。

当前，党中央在推动农村工作中，积累了非常丰富、有效的组织经验和工作经验。例如，全面向贫困村、软弱涣散村和集体经济薄弱村党组织派出第一书记。通过驻村干部制度，吸引高校毕业生、农民工、机关企事业单位优秀党员干部到村任职，选优配强村党组织书记。从优秀村党组织书记中选拔乡镇领导干部、考录乡镇机关公务员、招聘乡镇事业编制人员。推动村级组织运转经费保障政策，推动村党组织书记通过选举担任村委会主任，等等。这些制度一方面从外源性输入国家资源以驱动农村基层党组织建设和工作能力，另一方面从内源性塑造以激励农村基层组织的自我完善与能力提升。这些机制可以上升为立法，成为农村基层组织工作和党的农村工作党内法规的重要组成部分。当然，无论是《中国共产党农村基层组织工作条例》，还是《中国共产党农村工作条例》，都需要协调处理好党与政的关系，处理好党与农村基层组织自治的关系。

三、完善村级治理的国家立法

对于农村治理的法律完善，《中共中央　国务院关于实施乡村振兴战略的意见》（中发〔2018〕1号）提出要“坚持自治为基，加强农村群众性自治组织建设，健全和创新村党组织领导的充满活力的村民自治机制”。在“乡政村治”立法体系下，“乡政”与“村治”之间的法律界限相对清晰，村民自治法律地位业已确立。但在农村社会快速转型过程中，农村自治社会基础逐渐削弱，活力不足，自治能力也越来越低。伴随的结果就是，农村治理的成效低，从而也衍生了农村颓败的绩效。因此，在“乡政村治”立法体系不变的情况下，要改变这种现状，扭转农村局面，首先就要从完善村级治理立法着手。

在国家既往的村治实践探索中，国家通过权力下沉、治理重心下移等方式，形成了基层治理“行政—基层党组织—自治”的三元构造。[①] 这一构造建构了国家权力进村的机制，从治理效果而言，明显提升了农村基层组织的组织能力和治理能力。但也由此衍生了农村基层组织行政化趋势，这一趋势的本质是通过国家权力把村委会纳入“行政体制”加以选拔、管理。而这与《宪法》和《村民委员会组织法》等法律确立的村民自治制度相冲突，面临制度合法性问题。[②] 同样，国家为了健全村级财务，防

---

① 朱政，徐铜柱．村级治理的“行政化”与村级治理体系的重建［J］．社会主义研究，2018（1）：130.

② 王丽惠．控制的自治：村级治理半行政化的形成机制与内在困境——以城乡一体化为背景的问题讨论［J］．中国农村观察，2015（2）：57－58.

范村级腐败，逐渐推行“村财乡管”，这一制度不仅缺乏相应的法律依据，也与村民自治的法理是相背离的。[①] 然而，在乡村振兴战略背景下，国家更可能会加大乡村社会的干预力度和尺度，也就是说，当前这种有效的村治机制，可能不仅不会放松，反而会不断加强。但也需要看到的是，这种乡村治理方式是需要大量的行政资源输入来驱动的，这将大大增加国家的行政成本。“乡政村治”法律模式既具有历史传统，又是节约国家行政成本的治理方式。因此，完善农村治理立法不是要把国家权力介入村委会的模式转化为国家法律，其只是在当前农村发展存在困境的背景下的权宜之计。实际上，政府对村委会的强干预机制的初衷也不是要控制农村，更不是要替代村委会，而是驱动村委会发挥其应有的功能。

也就是说，完善村级治理立法要在“乡政村治”法律框架内，把村级治理立法纳入乡村振兴法的范畴内进行系统化的设计。具体而言，包括以下几个方面：第一，乡村治理立法以乡村振兴为中心。乡村振兴的本质是在乡村全面建成小康，而立法则需要为乡村振兴提供法律引领和保障。这些保障包括完善农村基本经营制度、激活土地流转的法律，完善农业支持保护制度，扶持农村企业发展的法律等。只有通过制度的驱动与激励，农村才能实现真正的发展，才能使村民回流，甚至能吸引外面各种人才入村发展。只有这样，村级基层自治组织及其自治能力才有坚实的社会基础，而村民自治才有实现的可能。第二，乡村治理立法应以城乡统筹、平等、融合、一体化为基本方向。乡村振兴的一个重要方面，就是实现城乡平等、城乡融合。这就需要一系列的法律制度得以修改和完善，例如，农村的医疗、教育、社会保障、公共服务、居住环境、户籍制度等。如何实现与城市一体化，这些都需要国家整体性的制度供给，而不是暂时性的资源输入。而乡村基层组织就可以通过这些制度供给，为村民提供更好的公共服务，从而有效提升其治理效力。第三，乡村治理立法可以从地方立法

---

① 周珩．村财乡管的法理悖论及改革路径［J］．法学论坛，2017（5）：142.

突破。基于我国当前乡村发展具有很强的地域性，乡村的发展不平衡，东部和西部、南方和北方存在很大差异，继而分化为不同发展模式的农村。而农村的分化必然带来农民和农业的分化。[①] 这也使得全国统一的乡村治理立法体系很难实现。而地方基于不同农村自身的特质和发展模式的差异，则需要建立与地方相适应的村治立法，而这也是在乡村振兴战略中要提出制定促进乡村振兴的地方性法规、地方政府规章的重要原因。

最后，回到如何提升乡村自治的问题，在《中共中央　国务院关于实施乡村振兴战略的意见》（中发〔2018〕1号）中有很多具体的实施方案，但并不是意味着制度越多越好。事实上，在解决当前村民自治实践难题的权益选择上，越是复杂的制度，越可能造成制度效率的低下和制度运作的高成本，并因此导致基层治理陷入困境。[②] 从立法的角度来看，也并不需要所有的措施都纳入立法。立法的功能应当让这些复杂的制度更加简化。也就是说，立法只能解决“乡政村治”的合理界分，赋予并保障农村基层组织，包括村党委、村委及其他经济组织的合法地位，通过完善立法规范农村基层组织的活动。而真正激活农村基层组织，提升村民自治能力的方式，可能在这些立法之外。的确，无论是农村基层组织建设，还是村民自治能力建设，最终都要依赖于农村自身的振兴。只有农村振兴，才能真正提升农村基层组织建设，提升村民自治能力。而这也是笔者建议把村级治理立法纳入乡村振兴法的范畴加以系统考量的根本原因。通过立法促进并恢复农村生机，实现振兴，才是实现村民自治的根本。

---

① 贺雪峰．关于实施乡村振兴战略的几个问题［J］．南京农业大学学报（社会科学版），2018（3）：20-21．

② 贺雪峰．论村级治理中的复杂制度［J］．学海，2017（4）：15．

参考文献

一、中文著作类

[1] 埃米尔·涂尔干．社会分工论［M］．渠东，译．北京：生活·读书·新知三联书店，2013.

[2] 埃米尔·迪尔凯姆．自杀论［M］．冯韵文，译．北京：商务印书馆，2020.

[3] 昂格尔．现代社会中的法律［M］．吴玉章，周汉华，译．南京：译林出版社，2001.

[4] 边沁．道德与立法原理导论［M］．时殷弘，译．北京：商务印书馆，2000.

[5] 彼得·什托姆普卡．信任：一种社会学理论［M］．程胜利，译．北京：中华书局，2005：33.

[6] 曹漫之，等．中国青少年犯罪学［M］．北京：群众出版社，1987：48.

[7] 曹立群，周愫娴．犯罪学理论与实证［M］．北京：群众出版社，2007.

[8] 恩格斯．家庭、私有制和国家的起源［M］．中共中央马克思恩格斯列宁斯大林著作编译局，译．北京：人民出版社，1966.

[9] 费孝通．乡土中国［M］．北京：人民出版社，2008.

[10] 范燕宁，席小华．矫正社会工作研究：2008［M］．北京：中国人民公安大学出版社，2009：173.

[11] 付子堂．法律功能论［M］．北京：法律出版社，1999.

[12] 弗兰西斯·福山．信任：社会道德与繁荣的创造［M］．李宛容，译．呼和浩特：远方出版社，1998：35.

[13] 菲利普·塞尔兹尼克. 社群主义的说服力 [M]. 马洪，李清伟，译. 上海：上海人民出版社，2009.

[14] 郭道晖. 社会权力与公民社会 [M]. 南京：译林出版社，2009.

[15] 胡艳华，徐前权，李向玉，等. 司法社会工作理论与实务 [M]. 北京：中国社会科学出版社，2017：7.

[16] 贺雪峰. 新乡土中国 [M]. 修订版. 北京：北京大学出版社，2013.

[17] 理查德·道金斯. 自私的基因 [M]. 卢允中，等译. 北京：中信出版社，2012：3，8.

[18] 科塞. 社会冲突的功能 [M]. 孙立平，等译. 北京：华夏出版社，1989.

[19] 罗伯特·K. 默顿. 社会研究与社会政策 [M]. 林聚任，等译. 北京：生活·读书·新知三联书店，2001：288.

[20] 罗森海姆，富兰克林·E. 齐姆林，戴维·S. 坦嫩豪斯. 少年司法的一个世纪 [M]. 高维俭，译. 北京：商务印书馆，2008.

[21] 陆学艺. 当代中国社会阶层研究报告 [M]. 北京：社会科学文献出版社，2002.

[22] 林胜义. 儿童福利行政：儿童福利行政 [M]. 台北：五南图书出版有限公司，1997：121.

[23] 孟德斯鸠. 论法的精神 [M]. 张雁深，译. 北京：商务印书馆，1997：152－153.

[24] 马克斯·韦伯. 论经济与社会中的法律 [M]. 埃德华·希尔斯，马克斯·莱因斯坦，张乃根，译. 北京：中国大百科全书出版社，1998.

[25] 马克斯·韦伯. 社会学的基本概念 [M]. 顾忠华，译. 桂林：广西师范大学出版社，2005.

[26] 莫洪宪，康均心，王莉莉，等. 未成年人权益保护及救济理论与实务 [M]. 武汉：武汉大学出版社，2001：5.

[27] 帕累托. 普通社会学纲要 [M]. 田时纲，等译. 北京：生活·读书·新知三联书店，2001.

[28] Paula Allen－Meares. 学校社会工作 [M]. 陈蓓丽，蔡屹，等译. 上海：华

东理工大学出版社，2008：62－63.

［29］瞿同祖．中国法律与中国社会［M］．北京：中华书局，2003：28.

［30］宋林飞，朱力．社会工作概论（修订版）［M］．2版．南京：南京大学出版社，2002.

［31］王雪梅．儿童权利论：一个初步的比较研究［M］．北京：社会科学文献出版社，2005：26.

［32］王思斌．社会工作概论［M］．北京：高等教育出版社，2006.

［33］吴鹏飞．儿童权利一般理论研究［M］．北京：中国政法大学出版社，2013.

［34］乌尔里希·贝克．风险社会［M］．何博闻，译．南京：译林出版社，2004.

［35］姚建龙．青少年犯罪与司法论要［M］．北京：中国政法大学出版社，2014：173.

［36］姚建龙．超越刑事司法：美国少年司法史纲［M］．北京：法律出版社，2009.

［37］约翰·穆勒．功利主义［M］．徐大建，译．北京：商务印书馆，2014：21.

［38］张乐天．社会工作概论［M］．上海：华东理工大学出版社，1997.

［39］周颖．近代中国少年司法的启动［M］．北京：法律出版社，2019.

二、中文期刊类

［40］成伯清．“风险社会”视角下的社会问题［J］．南京大学学报（哲学·人文科学·社会科学版），2007（2）：129.

［41］丁开杰．西方社会排斥理论：四个基本问题［J］．国外理论动态，2009，（10）：36.

［42］高维俭．少年司法之社会人格调查报告制度论要［J］．环球法律评论，2010，32（3）：20.

[43] 何明升. 司法社会工作概念的缺位及其补足 [J]. 法学论坛, 2012, 27 (2): 144.

[44] 何挺. 合适成年人讯问时在场: 形式化背后的"无用论"反思 [J]. 环球法律评论, 2019, 41 (6): 121.

[45] 黄河. 少年刑事案件社会调查报告初论: 以德国少年司法实践为视角 [J]. 研究生法学, 2011 (1): 179 - 185.

[46] 黄宗智. 认识中国: 走向从实践出发的社会科学 [J]. 中国社会科学, 2005 (1): 83 - 93.

[47] 黄辛隐. 日本学校社会工作现状及发展探析 [J]. 苏州大学学报, 2006, (4): 108.

[48] 康树华. 青少年犯罪、未成年人犯罪概念的界定与涵义 [J]. 公安学刊, 2000 (3): 15.

[49] 刘继同. 儿童福利的四种典范与中国儿童福利政策模式的选择 [J]. 青年研究, 2002 (6): 41.

[50] 刘继同. 中国特色儿童福利概念框架与儿童福利制度框架建构 [J]. 人文杂志, 2012 (5) .

[51] 刘志红. 学校社会工作的本土化研究 [J]. 社会工作, 2006 (12): 36.

[52] 陆士桢. 简论中国儿童福利 [J]. 华中师范大学学报 (哲学社会科学版), 1997 (6): 30 - 34.

[53] 陆伟芳. 19 世纪英国少年犯罪惩罚观念的变迁 [J]. 史学月刊, 2012 (4): 77.

[54] 孟亚男. 民国时期"社会工作"概念之辨 [J]. 河北大学学报 (哲学社会科学版), 2013, 38 (3): 40.

[55] 渠敬东. 项目制: 一种新的国家治理体制 [J]. 中国社会科学, 2012 (5): 114.

[56] 乔东平, 谢倩雯. 西方儿童福利理念和政策演变及对中国的启示 [J]. 东岳论丛, 2014, 35 (11): 116.

[57] 尚晓援. "社会福利"与"社会保障"再认识 [J]. 中国社会科学, 2001 (3): 116.

[58] 文军. 学校社会工作论略 [J]. 社会，2003 (1)：27 – 28.
[59] 王思斌. 社会政策实施与社会工作的发展 [J]. 江苏社会科学，2006 (2)：49.
[60] 王思斌. 中国社会工作的经验与发展 [J]. 中国社会科学，1995 (2)：100.
[61] 王牧. 论青少年犯罪的概念（上）[J]. 当代法学，1991 (1)：36.
[62] 席小华，杨新娥. 量刑规范化改革背景下关于司法社会调查主体的思考 [J]. 法学杂志，2011，32 (4)：105.
[63] 徐月宾. 儿童福利服务的概念与实践 [J]. 民政论坛，2001 (4)：17 – 21.
[64] 许建军. 未成年人刑事诉讼中社会调查制度正当性研究 [J]. 金卡工程（经济与法），2008 (8)：22.
[65] 肖瑛. 风险社会与中国 [J]. 探索与争鸣，2012 (4)：49.
[66] 姚建龙. 少年司法与社会工作的整合：以少年法庭法官的“非审判事务”为论证中心 [J]. 法学杂志，2007 (6)：65.
[67] 姚建龙. 英国适当成年人介入制度及其在中国的引入 [J]. 中国刑事法杂志，2004 (4)：106.
[68] 姚建龙. 论合适成年人在场权 [J]. 政治与法律，2010 (7)：146.
[69] 姚建龙. 未成年人法的困境与出路：论《未成年人保护法》与《预防未成年人犯罪法》的修改 [J]. 青年研究，2019 (1)：2.
[70] 姚建龙. 青少年犯罪概念研究 30 年：一个根基性的分歧 [J]. 甘肃政法学院学报，2009 (2).
[71] 杨旭. 美国司法社会工作的发展及借鉴 [J]. 学术交流，2013 (3)：102 – 106.
[72] 颜湘颖. 论校园安全建设 [J]. 青少年犯罪问题，2007 (3)：41.
[73] 闫广芬，苌庆辉. 美国学校社会工作体系架构及其启示 [J]. 外国教育研究，2008 (4).
[74] 郑怡世. 国家、福利治理与社会工作：英国 1968 年后国家社会工作发展的历史分析 [J]. 社会政策与社会工作学刊，2010 (1)：165.

[75] 郑红丽，罗大华．青少年犯罪成因心理学研究新进展［J］．南京师大学报（社会科学版），2008（1）．

[76] 张昱，罗玲．司法社会工作的内源性根据及其实践指向［J］．甘肃政法学院学报，2017（5）．

[77] 张小虎．转型期犯罪率明显增长的社会分层探析［J］．社会学研究，2002（1）：91－107.

三、外文著作类

[78] COMPTON B R. Introduction to social welfare and social work：structure, function and process［M］. Homewood, Ill. and Georgetown, Ont：The Dorsey Press, 1980：109.

[79] MESSICK D M, KRAMER R M. Trust as a form of shallow morality［M］// KAREN COOK. Trust in society. Washington：Russell Sage Foundation, 2001：89－117.

[80] GREENSPAN E L, WOLSON R. From crime to punishment：an introduction to the criminal law system［M］. Toronto：Carswell, 2010：146－147.

四、外文期刊类

[81] BORDUIN C M. Multisystemic treatment of criminality and violence in adolescents［J］. Journal of the American Academy of Child & Adolescent Psychiatry, 1999, 38（3）：242－249.

[82] ROTTER, JULIAN B. A new scales for the measurement of interpersonal trust［J］. Journal of Personality, 1967, 35（4）：651－665.

[83] STEVEN MINTZ. Placing children's rights in historical perspective［J］. Criminal Law Bulletin 2, 2008, 3（44）：35.

后　　记

时光荏苒，岁月如梭，自离开家乡到西安求学，一晃就过了22个年头。已入了不惑之年的我，回首自己的学问之路，经历丰富，感慨颇多。大体而言，我用三个“三”来概括。

第一个三是指我求学的十年，我分别在西北政法学院、上海师范大学和上海大学这三所大学求学，上了三个不同的专业。十年磨一剑，为的是筑牢未来的学问之路。第二个三是指我博士毕业之后做学问的12年，我分别在华东政法大学、西南政法大学和上海政法学院这三所政法类大学就职，在三个不同的学科之中历练自己。第三个三是指我在工作的三所大学分别出版了一本专著，写了三个明显不同的主题。其中第一本是博士论文的成果，第二本是博士后报告的成果，而第三本也就是本书是我在就职的第三所高校即将出版的专著，这本专著汇集了前两本专著之外的主要科研成果和相关教学成果。

转型无论是对一个社会而言，还是对一个人而言，都是比较困难的。而我，在22年的学问过程中，无论是求学过程还是教学科研过程，都在不断地转型之中。在转型中，我不得不中断原来的教学、科研，不断地调整自己，以适应新的教学科研。转型中，收获也是满满的。我阅历了不同的大学和很多不同的人，在不同的环境中慢慢历练自己、提升自己。我也在不同的学校和不同的学科中触摸了很多风格迥异的研究，让自己的研究更加丰富和多元。

本书的出版，起源于我从西南政法大学调入上海政法学院。新的工作要求我完成一定数量的包括专著在内的科研任务，而新的工作岗位需要我重新定位自己的教学科研方向。基于我的研究兴趣和学术积累，结合学科发展的需要，我选择了“司法社会工作与社会治理”作为我的专著选题。实际上，这一选题是我在教学科研中一直关注且不断研究，但却没有系统研究的问题。因此，以学院及学科支持出版的系列丛书为契机，我把自己从前的教学科研成果做了一番梳理，也建立了一个相对成熟的研究框架。通过书稿的写作，我不仅逐渐适应了当前的教学科研工作，也给自己的教学科研有了一个交代，而这也意味着我的研究旨趣与研究领域将迎来一个新的开始。

在人生转型的关键几步中，我得到了众多师友的帮助，总感觉每一段经历都是满满的回忆、怀恋与感恩。首先，非常感恩老师付子堂教授、周尚君教授及原学院领导和同事，虽然我的离去给诸位师友带来了一定程度的困扰，但无论是我选择去西南政法大学还是离开西南政法大学，他们都尊重我的意见，并一如既往地关心我及我的家人。其次，我要感谢时任上海政法学院副校长的姚建龙教授，是他的积极引荐，让我最终下定决心选择了上海政法学院。不仅如此，他的学术旨趣和关怀也对我影响深远。实际上，本书的好几个章节都是在参与他的课题过程中形成的成果。最后，我也非常感谢我现在学院的领导与同事，他们不仅给我创造了一个比较宽松的教学科研环境，也让我很快适应了新的工作环境。当然，我还要感谢父母及家人的支持，感谢妻子十年如一日的默默奉献，感谢儿子不断督促、鼓励着我，使本书最终得以面市。正是有诸多师友的支持、亲人的陪伴，我才感觉自己走的路都很踏实。

张善根

2021 年 2 月 18 日于河谷新居